本书为教育部人文社会科学研究项目（项目号：17YJC710073）、吉林大学哲学社会科学校级重点研究基地项目（项目号：2019XXJD11）的研究成果。

马克思恩格斯"三大批判"与科学社会主义

孙慧 著

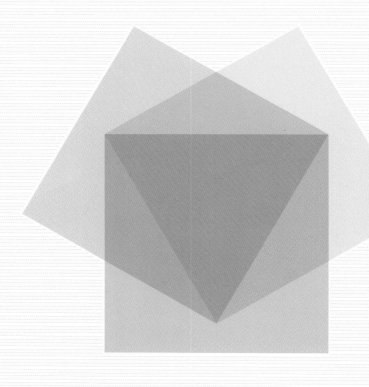

中国社会科学出版社

图书在版编目（CIP）数据

马克思恩格斯"三大批判"与科学社会主义／孙慧著 . —北京：中国社会科学出版社，2024.5

ISBN 978-7-5227-3689-1

Ⅰ.①马… Ⅱ.①孙… Ⅲ.①马克思主义—政治哲学—研究②马克思主义—科学社会主义理论—理论研究 Ⅳ.①A811.64

中国国家版本馆 CIP 数据核字（2024）第 110750 号

出 版 人	赵剑英	
责任编辑	郝玉明	
责任校对	谢　静	
责任印制	张雪娇	

出　　版	中国社会科学出版社	
社　　址	北京鼓楼西大街甲 158 号	
邮　　编	100720	
网　　址	http://www.csspw.cn	
发 行 部	010-84083685	
门 市 部	010-84029450	
经　　销	新华书店及其他书店	

印　　刷	北京君升印刷有限公司	
装　　订	廊坊市广阳区广增装订厂	
版　　次	2024 年 5 月第 1 版	
印　　次	2024 年 5 月第 1 次印刷	

开　　本	710×1000　1/16	
印　　张	14	
字　　数	228 千字	
定　　价	88.00 元	

目　录

导　言 ………………………………………………………………（1）

第一章　哲学批判与社会主义之为"科学" …………………………（13）

　第一节　哲学批判与科学社会主义的新世界观地平 ……………（14）

　　一　近代哲学两极对立的世界观地平 ………………………（15）

　　二　扬弃思维—存在对立的高阶唯心主义 …………………（17）

　　三　"实践转向"与科学社会主义的新世界观地平 …………（21）

　第二节　使"历史作为历史"的科学社会主义新世界观 ………（25）

　　一　思辨唯心主义"仅仅反对这个世界的词句"的历史

　　　　观实质 ………………………………………………………（26）

　　二　以"自然和历史的对立"的历史观为前提的旧唯物主义 ……（30）

　　三　把"历史看做人类的发展过程"的科学社会主义

　　　　新世界观 …………………………………………………（37）

　第三节　马克思主义人类观与超越"人性复归"理路的人类

　　　　　解放构想 ………………………………………………（48）

　　一　费尔巴哈的人类观及其局限 ……………………………（48）

　　二　马克思主义新人类观的历史生成 ………………………（53）

　　三　超越"人性复归"理路的人类解放构想 …………………（57）

第二章　政治经济学批判与社会主义之为"科学" ………………（62）

　第一节　政治经济学批判的"双重向度"及其必要性 …………（63）

　　一　两种不同的"抽象"：马克思与古典政治经济学的

　　　　分道扬镳 …………………………………………………（64）

二　资产阶级政治经济学批判之必要性:"颠倒的意识"
　　具有经济功效 ……………………………………………… (73)

三　资本主义现实政治经济批判之必要性:"颠倒的世界"
　　构成"颠倒的意识"的社会根源 ………………………… (77)

第二节　经济范畴的"术语革命":以价值概念为例 ……… (82)

一　价值概念的"术语革命":马克思对李嘉图和贝利的
　　双重批判 ………………………………………………… (83)

二　作为"历史性"范畴的价值概念 ……………………… (87)

三　价值形式与阶级 ……………………………………… (91)

第三节　人受资本统治的现实处境及其经济根源 ……… (95)

一　人受资本统治的现实处境 …………………………… (96)

二　人受资本统治状况的经济根源 …………………… (102)

三　生产的资本主义形式的结构性矛盾 ……………… (111)

第三章　空想社会主义批判与社会主义之为"科学" ……… (117)

第一节　恩格斯对空想社会主义构建社会主义依据的批判 …… (118)

一　空想社会主义对资产阶级社会实现"理性的胜利"的
　　批判 …………………………………………………… (118)

二　空想社会主义者建立"理性王国"以"解放全人类"的
　　构想 …………………………………………………… (120)

三　恩格斯对构建社会主义依据问题的见解 ………… (122)

第二节　对空想社会主义思想根源的揭露与批判 …… (125)

一　对空想社会主义唯心史观的揭露和批判 ………… (125)

二　对空想社会主义抽象"人类观"的揭露与批判 …… (128)

三　对空想社会主义形而上学立场的揭露和批判 …… (131)

第三节　对空想社会主义"补缀办法"的政治经济学批判 …… (133)

一　对在商品经济条件下"贬黜货币"的改良方案的批判 …… (134)

二　对空想社会主义消除资本弊端改良方案的批判 …… (139)

三　"回到资产阶级经济学的立场上"的空想社会主义 …… (143)

第四章 科学社会主义与人类文明新形态 …………………… (146)

第一节 马克思恩格斯关于实现人类解放路径的可能构想 …… (147)

一 早期构想:典型资本主义国家爆发革命并波及全世界 …… (148)

二 早期构想中的世界历史进程中的东西方文明关系 ……… (153)

三 马克思恩格斯不同于实现人类解放早期构想的思考 …… (158)

第二节 资本主义转型的特殊性及其狭隘之处 …………… (167)

一 资本主义转型的普遍性与特殊性问题 …………… (168)

二 马克思对资本主义转型之特殊性的研究 …………… (172)

三 资本主义转型的社会机理及其狭隘之处 …………… (179)

第三节 超越资本主义现代化道路的人类文明新形态 ……… (186)

一 经济落后国家不通过"资本主义制度的卡夫丁峡谷"的
可能性 …………………………………………… (187)

二 经济落后国家实现现代化的必要条件 …………… (190)

三 与资本主义并存的社会主义国家利用资本主义文明成果的
条件 …………………………………………… (200)

四 中国式现代化实现"生产力的发展"和"生产力归人民所有"
相统一的机理探索 ……………………………… (206)

主要参考文献 ……………………………………… (212)

后 记 …………………………………………… (217)

导　言

　　自 20 世纪 90 年代苏联解体以来，西方主流意识形态将苏联社会主义实践的失败等同于对科学社会主义"科学性"的证伪，将资本主义视为人类社会实现现代化的唯一可行可靠的经济模式和社会制度，视为衡量现代社会"进步"与否的唯一坐标。这一西方主流意识形态不仅构成了西方资本主义提升自我凝聚力、彰显其民族自豪感的自我意识，而且有意识地向全世界输出这一意识形态成为西方发达资本主义国家的内部共识。通过对后发国家在选择何种现代化路径、怎样进行思想启蒙、如何进行文化传承等方面发生影响，而在意识形态层面上推动各个后发国家能够顺利地完成适应于发达资本主义国家资本主义生产方式的改造，则是这一意识形态承载着的历史任务。在西方主流意识形态的话语体系中，后发国家在探索现代化进程中遇到的一切困难，无论是政治上的动荡，还是生产力发展上的困境，抑或文化传承上的困惑，都被归因为没有按照西方资本主义的方式来展开现代化进程的结果。许多国家的现代化进程或被强势打断或被诋毁，例如每每在中国社会主义现代化建设遇到困难、挑战和挫折之际，都会有"资本主义补课论"甚嚣尘上。如今，在西方资本主义现代化道路使人类文明陷入种种危机，而中国式现代化道路取得了举世瞩目的辉煌成就之时，回溯马克思恩格斯所创立的科学社会主义理论的"科学性"的深刻意涵，在彰显马克思主义的真理力量的同时，使中国式现代化的世界历史意义得以自为化，从而为坚定中国式现代化道路提供理论支撑。

　　正是在这一思想背景下，在对马克思恩格斯科学社会主义的经典文本的回溯中，我们发现，对于科学社会主义的研究，我们所面临的首要问题是：以传统教科书为代表的，仅仅从对空想社会主义的继承与发展的维度上来阐释科学社会主义理论的研究模式是否足以揭示科学社会主义"科学性"的深刻理论内涵。我们知道，科学社会主义无论是作为广义上的马克思主义，还是狭义上的马克思主义的三个组成部分之一，即作为马克思主义实现人类解放的现实路径的科学理论，都不是马克思和恩格斯通过仅仅研究当时的社会主义思潮而创建的理论。事实上，科学社会主义之为"科学"，正是因为其学说是建立在对"现实的历史"——资本主义社会的批判基础上的。正如恩格斯在《社会主义从空想到科学的发展》中所指出的那样，"为了使社会主义变为科学，就必须首先把它置于现实的基础之上"①。因而，对于科学社会主义"科学性"的阐释，不能离开马克思和恩格斯以对资本主义批判为基本内涵的"三大批判"——哲学批判、政治经济学批判和空想社会主义批判。

一 哲学批判与社会主义之为"科学"

马克思恩格斯的哲学批判以唯物主义的方式扬弃了建立在近代哲学两极对立世界观地平上的资产阶级意识形态，构成了使改造世界得以可能，从而使社会主义成为"科学"的新世界观。然而，由于马克思恩格斯并未以成体系的方式去论证其新世界观，尤其是其新世界观的哲学地平，甚至与旧哲学体系分享很多用词，这就使得马克思恩格斯通过哲学批判所开辟的新世界观地平不容易被清晰地辨别，甚至至今存在着站在旧哲学的世界观地平上去理解和把握马克思主义哲学的情况。而这不仅使得让社会主义成为"科学"的新世界观不能获得正确理解，同时构成了理解作为"一整块钢铁"的马克思主义整体性的主要障碍。

而我们要指出的是，正如近代哲学自觉到了比存在更具有逻辑先在性的思维，由此构建了思维—存在对立的世界观地平，并在这一世界观地平上重构了新的世界图景以及对人们思想、行为的根据、标准和尺度的反思，从而被称为实现了"认识论转向"一样，马克思恩格斯在扬弃了近代哲学两极对立而达到了高阶唯心主义的黑格尔哲学的基础上，以自觉到了思维与存在的实践中介，立足于实践这一比思维更具有逻辑先在性的平台，以将黑格尔的概念辩证法唯物主义地转变为实践辩证法的方式，以高

① 《马克思恩格斯文集》第 3 卷，人民出版社 2009 年版，第 537 页。

阶唯物主义的方式扬弃了近代哲学二元对立的哲学地平，使哲学实现了新世界观地平的跃迁，构成了我们所称之为的"实践转向"。在这个意义上，马克思恩格斯可谓现代哲学的开辟者。

那么，如果强调实践具有逻辑上的先在性，是否要将马克思主义唯物论理解为实践本体论？这里我们要指出的是，只有超越旧哲学的本体论的思维方式，才能使马克思恩格斯的哲学批判创立的新世界观地平得到自为化理解。对此，正如高清海指出的那样，"实践的发现、实践观点的创立，它绝不是仅仅为哲学增添或补充了一个新的范畴、新的观点和新的原理的问题，而是为我们理解人、理解世界以及理解全部哲学问题提供了一个完全新的立足基点、观察视角和思维模式"①。也就是说，"实践转向"的马克思主义唯物论并非否定不以人的意志为转移，并构成人的实践活动的物质要素的自然，也并非将实践视为可以离开思维、存在而独立存在，并赋予其他所有存在意义的本体，而是以实践作为解释原则去理解人与世界的全部关系及其内在矛盾。正是在这个意义上，我们不能把马克思主义的新世界观理解为分别在自然—历史两个领域各自获得独门知识的辩证唯物主义和历史唯物主义，而应该在扬弃了自然、历史对立的立场上去理解马克思恩格斯以实践辩证法对以往全部旧世界观的超越。

我们知道，马克思恩格斯不是学院派的哲学家，他们毕生关注的问题是如何改变世界，实现人类解放，而改变世界，确是只有在马克思恩格斯所创立的新世界观视域下才是可能的。因为以往的全部旧哲学都离开实践去看待世界，世界要么被理解为恒定不变、只能静观的客体，从而无法改变；要么被理解为由精神所决定，从而通过反对"词句"，即换一种解释世界的方法而根本不是反对这个世界。在马克思主义的新世界观视域下，世界之所以能被改变，是因为世界是在人的具体的、历史的实践活动中生成的"人的世界"。从而，改变世界的现实途径也只有一个，就是诉诸人的实践活动，通过对历史性的实践方式中内蕴的人与自然、人与社会、人与人之间的矛盾关系的揭示，进而变革人们的实践方式来扬弃这些矛盾，去实现对世界的改变，从而实现人类解放。

___

① 高清海：《高清海哲学文存》第 1 卷，吉林人民出版社 1997 年版，第 86 页。

因而，在马克思主义新世界观的视域下，人类解放绝非向某种抽象的、原初的人的类本性的复归，那种将马克思主义的人类解放构想理解为"人的本真状态—人的异化状态—人的本真状态"的复归是站在近代哲学的世界观地平上对马克思主义的人类解放构想的误读。正如二维世界不能理解三维世界那样，将人视为理性存在者以彰显人之为人的道理的传统哲学，将理性视为独立于人的具体的、历史的、社会性的共同活动的抽象本质，实则是站在旧的哲学世界观地平上对在具体的、历史的实践活动中生成的人的本质的误视。在马克思主义的新世界观视域下，人类解放应该诉诸人们历史性的共同实践活动，通过改变共同实践活动的方式去改变人的现实状况。因此，人类解放从来都是和社会变革密切相关的，即通过社会变革来变革人的存在方式，而共产主义就是以变革人们共同活动的方式来实现人类解放的现实运动，由此，马克思恩格斯通过哲学批判为社会主义成为"科学"提供了一个新世界观。

二　政治经济学批判与社会主义之为"科学"

马克思恩格斯从哲学批判转向政治经济学批判领域，恰恰是在其哲学批判构筑的新世界观下合乎逻辑的结果，即通过研究在现实的历史中人们共同实践活动的方式及其内在矛盾，进而为通过社会变革来实现对人的存在方式的变革提供科学的理论依据。在《1857—1858年经济学手稿》中，马克思以人们共同实践活动的不同方式为依据，划分了人的存在的不同历史形态，即"人的依赖关系""以物的依赖性为基础的人的独立性"，以及"建立在个人全面发展和他们共同的、社会的生产能力成为从属于他们的社会财富这一基础上的自由个性"三种形式。① 而生产的资本主义形式就是人处在"以物的依赖性为基础的人的独立性"的历史形态的现实社会根源。也就是说，与资产阶级政治经济学将生产的资本主义形式视为一种永恒的自然形式，是自由、平等的基督教天国的世俗化，并将资本主义社会视为人类社会的千年王国不同，马克思恩格斯将人类未能实现解放的状况视为生产的资本主义形式不

---

① 《马克思恩格斯全集》第 30 卷，人民出版社 1995 年版，第 107—108 页。

断发展的必然结果。①

　　需要指出的是，虽然《资本论》的副标题是政治经济学批判，但是对资产阶级的政治经济学进行批判只是构成了马克思恩格斯的政治经济学批判的第一重维度，对资本主义现实政治经济运行矛盾的揭露和批判构成了马克思恩格斯政治经济学批判的第二重维度。我们认为，区分这两重维度，对于理解马克思主义政治经济学在使社会主义成为"科学"中的重要作用不可或缺。

　　因为资产阶级政治经济学和资本主义现实政治经济运行二者交互作用，共同构成了资本主义现实生产与再生产循环的总体。资产阶级政治经济学作为一种歪曲的、颠倒的意识，构成了资本主义现实政治经济运行矛盾的补充和精神支撑，从而对资产阶级政治经济学批判之所以必要，不仅仅因资产阶级政治经济学作为"直接地、自发地""流行的思维形式"从而不够"科学"②，更是因为这种"颠倒的意识"本身具有经济功效，构成了资本主义社会再生产得以持续下去的必要因素。而通过对资产阶级政治经济学进行批判从而更"科学"地"解释""现实的历史"资本主义社会诸现象间的内部联系绝不是《资本论》及其手稿等政治经济学著作的单一向度和全部内容，而是作为改变人的异化状况的自觉的实践活动的必要手段，揭露资产阶级政治经济学是颠倒的、歪曲的意识，是推翻现实的资本主义社会斗争的必要部分。而对资本主义现实政治经济的批判，揭露作为"颠倒意识"的社会根源的不透明的"颠倒的世界"的现实矛盾，构成了推翻现实的资本主义社会斗争的另一必要部分。并且，在马克思恩格斯看来，颠倒的、歪曲的意识只能在消灭其得以产生的社会根源之后才能被彻底消除。

　　从对资产阶级政治经济学批判的维度来看，马克思主要是通过对经济学概念的"术语革命"展开的。这其中包括两方面。一方面，马克思对已有的经济学概念进行了不同的阐释，例如对商品、价值、货币、资本等早已被资产阶级政治经济学家阐释过的概念进行重新阐释。在资产阶级政

----

　　① 由于恩格斯为给马克思的工作提供经济支持而牺牲了大量自己理论创作的时间的原因，政治经济学批判的工作主要是由马克思完成的，并集中体现在《资本论》及其手稿中，但此期间马克思恩格斯频繁通信对彼此思想进行交流，因而二者在思想上是保持立场一致的。

　　② 参见《马克思恩格斯文集》第 5 卷，人民出版社 2009 年版，第 621 页。

治经济学的最高水平的代表古典政治经济学看来，商品、价值、货币、资本是蕴藏在人类社会早期的经济活动中，并在现代资本主义社会发展成熟的经济范畴，从而将生产的资本主义形式视为非历史的自然形式。也就是说，古典政治经济学未能发现资本主义生产和交换关系的特殊性，只是从其表象形式物与物的关系中去构建了资产阶级政治经济学体系。而马克思则揭示出，这些经济范畴不过是作为资本主义经济运行建制及人的异化的概念化而呈现出来的社会历史范畴。另一方面，马克思创造了新的经济学概念，如剩余价值这一概念，并由此创造了科学地解释资本增殖奥秘的剩余价值学说，其核心在于揭示了资本主义生产方式下剩余价值的产生方式，并不是人类劳动生产率不断提高的必然结果，而是劳动生产率发展的历史恩惠被资产阶级所占有的结果，并构成了被恩格斯称为使社会主义成为科学的"两大发现"之一。

从对资本主义现实政治经济的批判维度来看，马克思恩格斯揭示出了在生产的资本主义形式下，虽然生产力的水平大幅提高，但是人却并未得到解放，而是处在受资本统治的状态下。用马克思恩格斯在《共产党宣言》中的论断则是，"在资产阶级社会里，资本具有独立性和个性，而活动着的个人却没有独立性和个性"①。而马克思在《资本论》中则进一步指出，"它们是属于生产过程支配人而人还没有支配生产过程的那种社会形态的"②。马克思揭示出了被生产过程支配的人不仅仅包括无产阶级，而且包括资产阶级，也就是说，人受资本统治的异化状态不仅体现在无产阶级身上，而且体现在资产阶级身上。正如马克思在《资本论》中尖锐地指出的那样，"无产者不过是生产剩余价值的机器，而资本家也不过是把这剩余价值转化为追加资本的机器"③。我们看到，在马克思恩格斯的政治经济学批判中根植着对资本主义社会的伦理批判，并直指马克思早在《〈黑格尔法哲学批判〉导言》中就已提出的价值关怀，"必须推翻使人成为被侮辱、被奴役、被遗弃和被蔑视的东西的一切关系"④ ——在现实的历史中，就是资本主义生产关系。

---

① 《马克思恩格斯文集》第 2 卷，人民出版社 2009 年版，第 46 页。
② 《马克思恩格斯文集》第 5 卷，人民出版社 2009 年版，第 99 页。
③ 《马克思恩格斯文集》第 5 卷，人民出版社 2009 年版，第 687 页。
④ 《马克思恩格斯文集》第 1 卷，人民出版社 2009 年版，第 11 页。

可以说，对资产阶级政治经济学和资本主义现实政治经济的双重批判在马克思的著作中是以相互缠绕的，而不是各自独立的或是前后相继的方式，共同构成了对资本主义现实总体的批判，从而也使《资本论》及其手稿不仅仅是一门科学地"解释"了资本主义的政治经济学，更是以人类解放为宗旨"改变"世界的真正的历史科学，为社会主义成为"科学"奠定了坚实的理论基础。

三　空想社会主义批判与社会主义之为"科学"

尽管以圣西门、傅立叶、欧文为代表的 19 世纪英法社会主义在马克思恩格斯的时代已经被实践证明为是空想，但是其社会影响深远，在马克思恩格斯创立科学社会主义之后，仍然构成了欧洲众多社会主义者的本质见解。例如，19 世纪 70 年代中期，自认为是社会主义信徒的时任柏林大学哲学系非公聘讲师杜林出版了《哲学教程》、《国民经济学和社会经济学教程》以及《国民经济学和社会主义批判史》，并在这些著作中构建了一整套所谓新的社会主义学说体系。杜林攻击了几乎以往全部的社会主义者，他将圣西门、傅立叶、欧文这三个伟大的空想社会主义者称为"社会炼金术士"[1]，并攻击马克思"理解力褊狭……对我们的领域（社会主义批判史）没有长远意义……"[2]。杜林提出未来的社会主义变革只有以他描述的社会主义结构为蓝本方能实现。而在当时的欧洲，包括伯恩斯坦、莫斯特、倍倍尔在内的很多社会民主党的领导人都成为杜林思想的拥趸，由此构成了欧洲工人运动开展的巨大障碍，也因此成了马克思恩格斯尤其是马克思逝世后恩格斯晚年进行批判的主要对象之一。

事实上，与马克思恩格斯同时代的，以杜林为代表的空想社会主义者与作为科学社会主义直接思想来源的，以圣西门、傅立叶和欧文为代表的英法空想社会主义者享有共同的思想根源，即唯心史观、抽象人类观和形而上学立场，正是这些思想根源使其社会主义主张最终沦为空想。从历史观上来看，空想社会主义的历史观正是用观念去批判观念，而不是去寻找观念背后真正决定观念的社会存在中的矛盾的"旧的、还没有被排除掉

的唯心主义历史观"①。空想社会主义者虽然看到了现实社会存在的不公正、不平等，但是其却诉诸观念上的批判，试图通过天才头脑中对永恒真理、绝对理性的发现，并据此对理想社会制度进行设计，来建立取代资本主义社会的社会主义社会。也就是说，这些空想社会主义者不懂得资产阶级社会未能实现真正的正义、平等和人权，建立起真正的"理性的王国"背后的社会历史根源在于资本主义生产方式，后者才是使理性原则落实为资产阶级的虚假谎言的社会历史根源。而在唯物史观看来，对于新的理想社会形态的寻求，不是诉诸对绝对理性和永恒真理的天才认识，而只能诉诸对资本主义生产方式和交换方式的内在矛盾的分析和扬弃。

从人类观上来看，空想社会主义囿于近代知性、抽象的人类—社会观，将理性视为人的本真的存在方式，未能自觉到在历史性的社会关系下的共同活动中把握人的本质的世界观地平。从而，空想社会主义主张通过以超历史、超阶级的人的本质作为根据、标准和尺度，来使现实社会与其相吻合，即通过回归人的理性本质的方式来实现社会变革，构成了其未能真正实现社会变革的另一思想根源。而马克思恩格斯指出了"人们的存在就是他们的现实生活过程"②，即只有到具体的、历史的现实活动中才能考察并找到人的"本质—存在"不同一的根源。正如列宁指出的那样，"社会主义学说正是在它抛弃了关于合乎人的本性的社会条件的议论，而着手唯物主义地分析现代社会关系并说明现在剥削制度的必然性的时候取得成就的"③。

从立场上来看，空想社会主义在本质上是一种产生于资本主义生产方式内部的自然意识，未能超越资产阶级政治经济学的形而上学立场。空想社会主义将资本主义商品经济与简单的商品流通相等同，未能发现资本主义社会弊病的根源在于资本主义生产方式内在的结构性基本矛盾，反而是认为生产的资本主义形式没有问题，问题只在于流通领域。空想社会主义提出在流通领域采取种种"补缀办法"消除资本主义社会弊病，其实质是把生产的资本主义形式当成永恒的自然形式，陷入了与资产阶级政治经

---

①　《马克思恩格斯文集》第9卷，人民出版社2009年版，第29页。
②　《马克思恩格斯文集》第1卷，人民出版社2009年版，第525页。
③　《列宁选集》第1卷，人民出版社2012年版，第52页。

济学相同的形而上学立场。可以说,对于资本主义生产方式,空想社会主义"不能说明这个生产方式,因而也就不能对付这个生产方式"①。

马克思对空想社会主义者通过在流通领域废除货币,取消资本家等以消除货币、资本带来的商品交换过程中产生的不公正、不平等社会弊病的改良方案进行了批判,揭示出资本主义社会弊病的症结并不在于货币、资本的物质承载者本身的物理性质,而是其所承载的资本主义生产关系。与空想社会主义相区别的科学社会主义,关键就在于指出绝不能离开生产关系去空谈公平流通和分配。集中体现在货币、资本上的资本主义商品生产中的矛盾和弊病,并不是不能解决,而是只有通过扬弃资本主义生产关系的方式才能解决。从而,马克思通过揭示了试图在保留生产的资本主义形式的前提下,在流通领域用种种"补缀办法"消除资本主义社会弊病的不可能,从而封闭了社会主义走向空想的歧途,划清了科学社会主义与空想社会主义的界限,为社会主义从空想到科学的发展扫清了道路。

四 科学社会主义与人类文明新形态

马克思恩格斯在"三大批判"的基础上,对实现人类解放的现实路径做了具体构想,并先后形成了两种不同的实现人类解放的思路。在早期构想中,马克思恩格斯认为革命将率先爆发在典型资本主义国家,并扩展到整个资本主义世界体系,在资本主义社会已经奠定了的物质基础上,生产的资本主义体系将被扬弃,人类扬弃受生产过程统治的历史阶段,开始自觉地创造历史。而在马克思晚年,世界历史发展形势的变化,使得马克思恩格斯开始思考不同于早期构想的通向共产主义的可能道路。这些变化主要包括两方面。一方面,在典型资本主义国家内部,虽多次爆发经济危机,但经济危机尚未使资本主义体系崩溃,阶级斗争形势并未如马克思恩格斯所曾期待的那样持续地蓬勃兴起;相反,以英国为例,19世纪80年代英国的工人运动形势非常低落。另一方面,经济落后国家在资本帝国主义推动的世界历史进程中国内社会矛盾复杂化并激化,反而表现出爆发革命的形势,尤其是19世纪80年代起,俄国越来越显现出爆发革命的形势。由此,晚年的马克思恩格斯认为,最先爆发革命的可能不是在资本主

---

① 《马克思恩格斯文集》第9卷,人民出版社2009年版,第30页。

义世界体系的中心——英国、美国等典型资本主义国家，而是在这个世界体系中资本主义发展较为薄弱的环节，如俄国这样资本主义经济薄弱的国家。并且，马克思认为，俄国这样的经济落后国家存在"不通过资本主义制度的卡夫丁峡谷"①，而利用资产阶级文明成果，通向共产主义的理论可能。

对于马克思恩格斯关于实现人类解放的不同可能路径的思考，我们不应将其对立起来看待，也不能据此而否定马克思主义社会历史理论的科学性，而应该在大历史观的视域下，在世界历史的形成与发展的进程中看待这两种不同的思考。世界历史的形成，确是内蕴在率先发端于英国的资本主义生产方式的必然要求。资本主义私有制与社会化大生产之间的矛盾推动着典型资本主义国家的资产阶级不断开辟世界市场，推动资本主义实现从一国、一地到囊括世界上每一个可以利用的角落的扩张，把资本主义由局限在一国一地的独立王国变成了触角伸向全世界的庞然大物。而资本主义推动构建的世界体系，绝非各个国家、地区、民族平等交往的体系，而是一个由资本增殖的逻辑所主导的、以典型资本主义国家为中心构成的弱肉强食的权力场，经济落后的国家、地区、人民被设置并不断改造为为典型资本主义国家的资本主义生产体系服务的工具和手段。正是基于世界历史形成的事实，马克思恩格斯曾合乎逻辑地推断，当中国这最后一个世界市场已被开辟，生产过剩的最后一个安全阀门也被打开后，典型资本主义国家内部的危机就再无缓解的余地，随着危机的爆发，革命也会率先在典型资本主义国家爆发，并推动整个人类社会扬弃资本主义的生产方式。

但是在世界历史的发展中，典型资本主义国家通过将世界上每一个可以利用的角落改造为为生产的资本主义体系提供大量廉价劳动力、自然资源以及世界市场等维持生产的资本主义体系社会再生产循环的必要因素，缓和并稀释了典型资本主义国家的内部矛盾；而典型资本主义国家在经济落后国家的剥削和压迫造成了对经济落后国家的原有社会经济结构的严重破坏，使得后者内部矛盾复杂化并激化。经济落后国家的广大人民除受原有的腐朽的统治阶级剥削和压迫外，现在又加上资本帝国主义的剥削和压迫，直至社会矛盾激化到只能用革命的手段来解决。这里我们看到，经济

---

① 《马克思恩格斯选集》第3卷，人民出版社2012年版，第825页。

落后国家的革命运动本身是由资本主义生产方式推动构建的世界体系内部矛盾运动的表现和结果，并且，除非典型资本主义国家采取新的缓解内部矛盾的方式，否则经济落后国家的革命会反过来加速典型资本主义国家的革命。可见，马克思恩格斯是在世界历史的视域下来讨论社会革命和资本主义的历史命运的。

　　接下来的问题便是，如果革命率先爆发在经济落后国家，那么，经济落后国家是否必须经历资本主义阶段才能通向共产主义？事实上，这一问题正是当时经济落后国家的社会主义者所关注的焦点问题。这一问题背后的理论逻辑是，按照马克思恩格斯的观点，实现共产主义需要以高度发达的社会生产力作为物质基础，而这一基础截止到马克思恩格斯所处的时代是由资本主义生产方式来创造的，前资本主义社会的落后生产力水平不具备实现共产主义的条件。因而，尽管马克思恩格斯从未断言人类社会都必然要经历资本主义阶段，但正如意大利学者穆斯托指出的那样，马克思"发现自己不得不面对一种归咎于他的错误论点：资产阶级的生产方式在任何地方都是历史的必然"①。对此，马克思无奈地感叹道："我的批评家……一定要把我关于西欧资本主义起源的历史概述彻底变成一般发展道路的历史哲学理论，一切民族，不管它们所处的历史环境如何，都注定要走这条道路……'他这样做，会给我过多的荣誉，同时也会给我过多的侮辱。'"②也就是说，马克思恩格斯认为，一个国家、社会、民族究竟要采取什么样的方式通向共产主义，取决于其所处的具体的历史环境，将西欧的发展道路视为强加于处于各种不同具体历史环境下的所有国家、地区和民族的宿命道路，好比是将人硬塞进普洛克路斯忒斯之床中去。

　　但是，由于马克思晚年对此所做论述并不十分充分，从而后来的马克思主义者在阐释这一观点时，反而往往与西方主流观点共享一些基本假设，即认为如果没有阻碍资本主义发展的种种人为障碍，所有前资本主义社会按照自然演进历程都会发展至资本主义。这种理解会导致将马克思晚年提出的"不通过资本主义制度的卡夫丁峡谷"理论被视为一种偏离社

① ［意］马赛罗·穆斯托：《马克思的晚年岁月》，刘同舫、谢静译，人民出版社 2022 年版，第 84 页。

② 《马克思恩格斯选集》第 3 卷，人民出版社 2012 年版，第 730 页。

会演化的自然规律的勉强替代方案，其真实意义被遮蔽，并且会基于此将不同于资本主义的现代化道路视为违背社会历史发展规律的错误道路。

我们认为，对马克思关于资本主义转型的特殊性的考察，有助于我们理解马克思"明确地把这一运动的'历史必然性'限制在西欧各国的范围内"① 的理论依据。这其中的核心观点在于，马克思指出了，社会产权关系的转型——"以自己的劳动为基础的私有制……被以剥削他人劳动即以雇佣劳动为基础的资本主义私有制所排挤"②，才是真正的资本的原始积累，才是资本主义的真正起点。并且，随着资本主义私有制形式与生产力的相互作用，资本主义道路的"狭隘"之处——主要包括：不会因生产力的发展而缓解资本主义在起源阶段以超经济手段造成的贫富分化，相反，随着生产力的发展，社会贫富差距会不断加大；无论生产力有多发达，都避免不了周期性发生且愈演愈烈的社会再生产中断，即经济危机；社会处于"一切人反对一切人的战争"③ 状态，使得社会再生产活动无法顾及社会全局的和长远的利益，内蕴着生态危机的必然趋势——逐渐浮出水面，并日益成为人类社会实现现代化、实现人类解放的障碍。

对此，马克思指出，社会状况的根本改善，"不仅仅决定于生产力的发展，而且还决定于生产力是否归人民所有"④。正是在这个意义上，中国式现代化道路对实现"生产力的发展"与"生产力归人民所有"相统一的探索，使马克思在晚年时设想的利用资本主义的文明成果，但不通过"资本主义制度的卡夫丁峡谷"而通向人类解放的可能路径变成了现实，成功地创造了超越人受资本统治的资本主义文明形态的人类文明新形态，不仅证明了马克思主义的真理力量，也由此为实现人类解放贡献了中国力量，并从而具有世界历史意义。

---

① 《马克思恩格斯选集》第 3 卷，人民出版社 2012 年版，第 820 页。
② 《马克思恩格斯选集》第 3 卷，人民出版社 2012 年版，第 833 页。
③ 《马克思恩格斯文集》第 8 卷，人民出版社 2009 年版，第 50 页。
④ 《马克思恩格斯文集》第 2 卷，人民出版社 2009 年版，第 689 页。

第 一 章

哲学批判与社会主义之为"科学"

科学社会主义的全部理论旨趣是实现人类解放。对此，人们都熟悉马克思在《关于费尔巴哈的提纲》中那句著名的论断，"哲学家们只是用不同的方式解释世界，问题在于改变世界"[1]。问题是，同为哲学家，为什么别的哲学家的哲学只能解释世界，而马克思恩格斯的哲学却能改变世界。这里的关键在于马克思恩格斯在对以往哲学的批判中确立了一个全新的世界观地平，马克思恩格斯在对黑格尔以后的德国哲学的意识形态的批判中，清算了他们"从前的哲学信仰"[2]。马克思恩格斯批判了青年黑格尔派的思辨唯心主义将历史运动把握为概念的自我运动的世界观，但并未由此转向费尔巴哈式的直观唯物主义，而是在对二者的双重批判中，实现了对思维—存在两极对立的近代哲学世界观地平的超越，以哲学的"实践转向"确立了使社会主义成为"科学"的新世界观地平。对此，恩格斯指出，"我们党有个很大的优点，就是有一个新的科学的世界观作为理论的基础"[3]。

然而我们要承认的是，马克思恩格斯并未以成体系的方式去论证其哲学的新地平，甚至在某些用词方面，他们的用词还带有旧思想体系、旧概念的残留。基于这样的原因，其哲学批判带来的新的哲学地平，一种新的世界观，不容易被清晰地辨析。比如说，在西方主流的哲学史著作中都没有为马克思安置应有的一席之地，除了意识形态斗争的因素以外，对马克思恩格斯的哲学批判及其带来的世界观变革的重大意义缺乏正确理解应该也构成了一个重要因素。再比如，现代西方思想界对马克思主义的主流研

---

① 《马克思恩格斯选集》第 1 卷，人民出版社 2012 年版，第 136 页。
② 《马克思恩格斯文集》第 4 卷，人民出版社 2009 年版，第 265 页。
③ 《马克思恩格斯选集》第 2 卷，人民出版社 2012 年版，第 10 页。

究是在政治学视域下对马克思的社会批判学说进行研究，这实质上也是马克思哲学世界观变革的重大意义未被澄明的表现。更需要指出的是，即使在认同马克思主义的思想界，同样存在着仍然站在近代哲学的世界观地平上理解马克思的哲学批判的状况，而这不仅使得科学社会主义的新世界观地平不能获得自为化理解，而且会造成对由哲学、政治经济学和社会主义学说构成的作为一个整体的马克思主义思想的错误理解。例如，在第二国际时期，有的马克思主义理论家认为马克思只有经济学和社会学理论，没有哲学理论，甚至要用其他西方哲学如新康德主义哲学来补上马克思主义的哲学部分。这种观点的思想实质是认为，马克思虽有伟大的社会主义理论，但其在哲学世界观上并未与近代资产阶级意识形态有本质的区别。可以说，正是未能使马克思哲学批判所实现的新世界观地平得以自为化理解，构成了对马克思主义哲学、马克思主义政治经济学和科学社会主义进行分立式理解的重要思想根源。中国马克思主义学术界对如何理解和阐释马克思主义的世界观变革及其重大意义亦存在争论。例如，究竟是将马克思主义的世界观变革理解为从自然领域扩大到历史领域，从而构成了辩证唯物主义和历史唯物主义的统一，还是由历史唯物主义构成马克思主义的新世界观？这些争论本身构成了中国马克思主义学术界使科学社会主义的新世界观获得自为化理解的努力。

第一节　哲学批判与科学社会主义的
新世界观地平

　　笛卡尔开辟了思维—存在二元对立的近代哲学世界观地平，近代哲学在这一地平上的"舞蹈"表现为主观主义与客观主义或者具体化为人本主义与科学主义相互影响的两极化形态。黑格尔将思维—存在的二元对立扬弃为思想自身范围内的对立的方式在唯心主义的范围内克服了近代哲学的难题，并从而使唯心主义进阶为了高阶唯心主义。马克思恩格斯通过对黑格尔之后的德国哲学的哲学批判，以哲学的"实践转向"扬弃了思维—存在的二元对立以及建立其上的只能"解释世界"的资产阶级世界观，开辟了现代哲学的新地平，使唯物主义进阶成为高阶唯物主义，并由此生成了使"改变世界"得以可能的新视界。

一 近代哲学两极对立的世界观地平

正如恩格斯在《路德维希·费尔巴哈和德国古典哲学的终结》中指出的那样,"思维对存在、精神对自然界的关系问题,全部哲学的最高问题……只是在欧洲人从基督教中世纪的长期冬眠中觉醒以后,才被十分清楚地提了出来,才获得了它的完全的意义"①。也就是说,思维—存在、精神—物质的分立关系,不是人们从来就有的世界观图景,而是由笛卡尔的心物分离说开辟了近代哲学的世界观地平,并彻底变革了思维—存在、精神—物质的关系的产物。例如,在中世纪乃至古代的世界观中,万物被理解为由神赋予的灵魂—肉体作为形式—质料的生物体,其内部作用是仰仗神的恩宠的神秘力量。而在笛卡尔的心物分离说中,物质被剥离了灵魂及其神秘性作用,只剩下以机械性体系构成的可量化、分割的存在。人无须通过仰仗上帝的神秘恩宠,只要通过经验便可掌握事物的机械因果律,从而获得知识,并掌控自然。在这一世界观图景中,精神由万物的形式和灵魂转化为与自然相独立的实体。

在由笛卡尔开辟的近代哲学的世界观地平上,能否以及如何达成思维与存在即主观与客观的一致性,构成了作为近代哲学主题的"思想的客观性"问题。思想有无客观性,意味着挣脱了上帝庇佑的人类理性是否有根基。休谟的怀疑论正是明确提出了这一问题,即"独立的能动主体——影像世界——影像世界背后的事物本体"之间的关系问题,并构成了近代哲学世界观地平上不能回避又无法解答的难题。

康德通过对人类理性赋予意识内容以秩序的功能性过程的揭示,来修复被休谟一度摧毁的"思想的客观性",即"思想的客观性"不来源于对客观事物的符合,而源自理性功能性作用的必然过程,以此为人类理性确立根基。这其中因意识内容的来源即客观事物自身不可否认,而意识内容又只是来自对事物的表象的经验把握,所以物自体不过是经验表象背后的那个无法否定,且被形而上学化了的自然实体。在这个意义上,所谓主观唯心主义并非否定常识,即否定感觉之外的事物的存在,以及客观事物对于人的思维的时间先在性,而是说构成意识界的内容的存在只能是能动主

---

① 《马克思恩格斯文集》第4卷,人民出版社2009年版,第278页。

体感知把握到的存在。因此，世界——构成意识内容的世界——只能是影像的世界。可以说，康德竭尽全力将影像世界背后的事物本体悬置出来，以对意识的功能性作用的必然过程的揭示，来肯定影像世界秩序的客观必然性，其实质是宣告了近代哲学世界观地平上主客观统一性问题的无解。关于黑格尔对这一问题的解决方式，我们在本节第二部分单独讨论，在此先按下不表。

从总体来看，基于主体—客体、主观—客观对立的结构来展开对思维与存在关系的哲学构想，构成了我们所称之为的近代认识论哲学。近代哲学家们在笛卡尔开辟的世界观地平上，围绕意识的命题，构成了一方夺取另一方的独立自存的实体性并将其归属于自身的两极对立的哲学运动，由此构成了近代哲学主观主义与客观主义相互影响又相互矛盾之特征。其中，主观主义消除客体的实体性并将其纳入作为主体的优越的自我意识内部，而客观主义则是采取与"主体即实体"的主观主义相反的立场，将自我意识归于客观实在。二者互相诋毁为自我欺骗，即在主观主义看来，客观主义视域下的客观存在，不过是独立的能动精神的构成产物，即物象化了的概念体系。而在客观主义看来，所谓"主体即实体"的人不过是客观实体的傀儡；所谓精神的能动性，不过是事物自身客观规律的反映的载体。但是由于被纳入另一极的一方在客观主义或主观主义那里都残留着最小值，从而思维—存在相对立的主客观图式并没有坍塌。近代哲学就是在这一地平上构成了两极对立且两极相通的哲学形态，并逐渐具体化为人本主义与科学主义的相互影响的两极化形态。

近代的人本主义思潮生成于主观主义的演化。主体由一开始在笛卡尔那里的作为个体的意识，逐步作为一般主体而存在，即作为个体和类、存在和本质的统一的一般主体而存在。广松涉将"把人看作实体的各种意识形态称为'人本主义'"[1]。人本主义力图消除客观实在的实体性，将其容纳至自身的解释原则中。强调自我意识的黑格尔左派是人本主义思潮的极致表现，布鲁诺·鲍威尔对法国唯物主义批判道："他们（法国唯物主义者）还未能看到，宇宙的运动只有作为自我意识的运动，才能实际

---

① ［日］广松涉：《马克思主义的哲学》，邓习议译，张一兵审订，南京大学出版社 2019 年版，第 55 页。

上成为自为的运动，从而达到同自身的统一。"① 进而，布鲁诺·鲍威尔从主观、主体出发，将人——在近代已摆脱了作为上帝的从属地位的世界观束缚，并在黑格尔左派那里取代了上帝位置——转换为作为实体的主体，即自身才是真正的存在并且由此使他物存在的东西，使人获得了形而上学的改造，成为人本主义的极致典型。在这个意义上，当费尔巴哈宣称上帝不过是人的本质的虚幻反映时，显现出其人本主义的出身。

而科学主义思潮则生成于客观主义的演化。科学，本身是近代哲学世界观地平上的产物，其世界观前提正是基于心物分离的对"自然"的理解。如前文所述，由笛卡尔的"心物分离说"所重构的自然被理解为是一种去灵魂化的、同质化的、服从因果规律的机械体系。而科学，就是以这种近代化的"自然"为对象，以获得自然的量化结构和因果联系为目标，而构成合理的经验知识体系。而将这种科学的世界观作为一种自为的哲学观点的意识形态，就是"科学主义"。正如广松涉指出的那样，"科学主义，是一种探求近代所理解的作为客体的实体的观点"②。而 18 世纪的机械唯物主义，正是科学主义的典型代表。在机械唯物主义看来，客观实在是恒定不变的，人不过是客观实在及其规律的"傀儡"，充其量是会思考的机械体。

总之，人本主义和科学主义的相互影响和相互对立，构成了近代世界观地平上的哲学"舞蹈"的主要内容，而只要近代哲学的世界观地平未被超越，就像生活在二维空间无法具有三维空间的视域一样，无法获得超越二元对立的新世界观的视域。

二 扬弃思维—存在对立的高阶唯心主义

黑格尔以唯心主义的方式克服了近代哲学的二元对立，将唯心主义推进到高阶唯心主义，并由此构成了马克思恩格斯以唯物主义的方式开辟新世界观地平的直接理论基础。黑格尔使唯心主义进阶为高阶唯心主义的关键在于扬弃了"把'意识'、'思维'当做某种现成的东西，当做一开始

---

① 《马克思恩格斯全集》第 3 卷，人民出版社 2002 年版，第 313 页。

② ［日］广松涉：《马克思主义的哲学》，邓习议译，张一兵审订，南京大学出版社 2019 年版，第 56 页。

就和存在、自然界相对立的东西"① 的近代哲学思维方式。与康德把思维、自在之物视为两相对立的现成的东西不同，黑格尔将对思维形式的认识同认识自身的矛盾运动视为同一个过程，由此，思维不再是具有静态结构，从而可以被一次性把握，存在也不再是恒定不变的自在之物，从而以跳出单纯从主体立场出发的认识论，而实现认识论和本体论的统一的方式扬弃了思维—存在的对立。

黑格尔以概念为中介将近代认识论哲学思维—存在的对立扬弃为精神作为"实体即主体"的内部差别。"在意识里发生于自我与作为自我的对象的实体之间的不同一性，就是它们两者的差别，一般的否定性。……如果这个否定性首先只表现为自我与对象之间的不同一性，那么它同样也是实体对它自己的不同一性。看起来似乎是在实体以外进行的，似乎是一种指向着实体的活动，事实上就是实体自己的行动，实体因此表明它自己本质上就是主体。当实体已完全表明其自己即是主体的时候，精神也就使它的具体存在与它的本质同一了，它既是它自己又是它自己的对象，而知识与真实性之间的直接性和分裂性所具有的那种抽象因素于是克服了。存在于是被绝对中介了，成了实体性的内容，它同样是自我的财产，是自身性的，或者说，就是概念。"② 作为实体的"绝对精神"被理解为内在过程，理解为一个自我规定和自我运动的过程，自然界和全部人类生活的演化发展过程被把握为自我意识的各个环节，历史的进程内化为了概念自我运动的辩证过程。实体变为了主体，并在哲学家那里获得了对自我意识运动的自觉。由此，黑格尔将人类精神的自我认识活动与绝对精神的自我运动视为同一的唯心主义方式，超越了囿于人类思维去看待世界的近代主观唯心主义立场，而将人类思维置于世界的自我运动和自我认识之中，扬弃了思维—存在、主观—客观的对立。

我们要指出的是，正是扬弃思维—存在对立的高阶唯心主义——黑格尔概念自我运动的辩证法，构成了马克思主义新世界观的直接理论来源。正如列宁指出的那样，"如果不是先有德国哲学，特别是黑格尔哲学，那

---

① 《马克思恩格斯文集》第 9 卷，人民出版社 2009 年版，第 38 页。

② ［德］黑格尔：《精神现象学》上卷，贺麟、王玖兴译，商务印书馆 1962 年版，第 27 页。

么德国科学社会主义，即过去从来没有过的唯一科学的社会主义，就决不可能创立"①。在黑格尔的概念辩证法中，概念作为主体客体化和客体主体化的中介而存在，概念作为客观世界转化为思维规定的同时，又是客观世界的观念形态，思维与存在在概念的自我运动中双向生成。这种辩证法的性质表现为，"一方面是方法与内容不分，另一方面是由它自己来规定自己的节奏"②。而在马克思看来，黑格尔虽然把概念辩证法变成了绝对精神的自我运动和自我发展，但是人及其意识与现实的辩证关系正是蕴藏在辩证法的唯心主义形式中。

恩格斯在批判以休谟和康德为代表的不可知论者时指出，"对驳斥这一观点具有决定性的东西，凡是从唯心主义观点出发所能说的，黑格尔都已经说了"③。恩格斯以黑格尔作为肯定思维和存在具有同一性关系的典型例证，并指出，只不过黑格尔是将思维和存在统一在了"不依赖于世界并且先于世界而在某处存在"的"绝对精神"的"逐步实现"的过程中。④ 并进一步评价道："归根到底，黑格尔的体系只是一种就方法和内容来说唯心主义地倒置过来的唯物主义。"⑤

马克思恩格斯在《神圣家族》中谈到黑格尔的绝对精神时指出，绝对精神作为斯宾诺莎的实体和费希特的自我意识的统一，其中实体是"形而上学地改了装的、同人分离的自然"，自我意识则是"形而上学地改了装的、同自然分离的精神"，绝对精神正是二者充满矛盾的统一"。⑥

我们看到，马克思恩格斯关注的唯心主义主要不是与庸俗唯物主义相对的主观唯心主义，因为那是近代哲学两极对立的世界观视域下讨论的问题。这一地平已被黑格尔超越了，尽管采取了形而上学的方式。马克思恩格斯视域下的唯心主义，或者说作为批判对象的唯心主义，是已在黑格尔那里达到了的高阶唯心主义，即超越了两极对立的近代认识论哲学的地

①　《列宁选集》第 1 卷，人民出版社 2012 年版，第 313 页。

②　[德] 黑格尔：《精神现象学》上卷，贺麟、王玖兴译，商务印书馆 1962 年版，第 44 页。

③　《马克思恩格斯文集》第 4 卷，人民出版社 2009 年版，第 279 页。

④　《马克思恩格斯文集》第 4 卷，人民出版社 2009 年版，第 278—279 页。

⑤　《马克思恩格斯文集》第 4 卷，人民出版社 2009 年版，第 280 页。

⑥　参见《马克思恩格斯文集》第 1 卷，人民出版社 2009 年版，第 341—342 页。

平，而用绝对精神这一观念的自我运动来把握现实世界的辩证联系的高阶唯心主义。因而，当我们理解马克思主义的唯物论的世界观时，本身应是在黑格尔已达到的哲学水平的基础上进行讨论。

而关于黑格尔学派解体过程中涌现出的哲学家施特劳斯、鲍威尔、施蒂纳、费尔巴哈，他们的哲学"都是黑格尔哲学的分支"①。马克思恩格斯虽出身于青年黑格尔派，并分别从鲍威尔和施特劳斯那里获得了对黑格尔哲学的初步了解，但他们很快自觉到了施特劳斯和鲍威尔虽然都批判黑格尔，但二者关于实体和自我意识之争终究不过是在"黑格尔的思辨范围之内进行的论争"②，并且实际上只是各自片面地发展了黑格尔体系中的实体和自我意识这两个因素，并将其发展为脱离了物质、脱离了自然的神化了的绝对，实质上未能实现对黑格尔体系的扬弃。对此，马克思恩格斯在《神圣家族》中批判道："他们两人都继续停留在黑格尔思辨的范围内，而他们之中无论哪一个都只是代表了黑格尔体系的一个方面。"③ 在费尔巴哈将绝对精神替换为"以自然为基础的现实的人"之后④，马克思恩格斯一度"成为费尔巴哈派"⑤，但是，马克思恩格斯很快自觉到无论是青年黑格尔派还是当时以费尔巴哈为最高水平的唯物主义都未能实现对黑格尔哲学的扬弃。

对此，恩格斯指出，"黑格尔学派虽然解体了，但是黑格尔哲学并没有被批判地克服。施特劳斯和鲍威尔各自抓住黑格尔哲学的一个方面，在论战中互相攻击。费尔巴哈打破了黑格尔的体系，简单地把它抛在一旁。但是简单地宣布一种哲学是错误的，还制服不了这种哲学"⑥。费尔巴哈的唯物主义用人取代了绝对精神的位置，对人以及人与世界关系的理解却未能超越近代哲学的世界观地平，从而并没有将唯物主义进阶为高阶唯物主义。正是在这个意义上，列宁指出，"聪明的唯心主义比愚蠢的唯物主

---

① 《马克思恩格斯文集》第4卷，人民出版社2009年版，第296页。
② 《马克思恩格斯文集》第1卷，人民出版社2009年版，第341页。
③ 《马克思恩格斯文集》第1卷，人民出版社2009年版，第342页。
④ 《马克思恩格斯文集》第1卷，人民出版社2009年版，第342页。
⑤ 《马克思恩格斯文集》第4卷，人民出版社2009年版，第276页。
⑥ 《马克思恩格斯文集》第4卷，人民出版社2009年版，第275页。

义更接近聪明的唯物主义"①。马克思主义的唯物论是在真正扬弃黑格尔哲学的基础上确立起来的，与在前黑格尔的哲学水平上的唯心主义和旧唯物主义处在全然不同的世界观地平上。

三 "实践转向"与科学社会主义的新世界观地平

恩格斯在《路德维希·费尔巴哈和德国古典哲学的终结》中指出，"从黑格尔学派的解体过程中还产生了另一个派别，唯一的真正结出果实的派别。这个派别主要是同马克思的名字联系在一起的"②。在马克思看来，黑格尔用以扬弃思维—存在对立的中介环节——概念及其辩证运动——实际上是被神秘化了的人及其与世界的辩证关系。也就是说，黑格尔用绝对精神的自我运动和自我发展来说明人类实践活动的内在矛盾及其历史发展。

在《神圣家族》中，马克思恩格斯指出，黑格尔的绝对精神无非"形而上学地改了装的"作为实体和自我意识矛盾统一体的"现实的人和现实的人类"③。尽管此时的马克思恩格斯还属于"费尔巴哈派"，但二者很快清算了自己的哲学信仰，自觉到"费尔巴哈设定的是'人'，而不是'现实的历史的人'"④。而马克思恩格斯所说的"人们是现实的、从事活动的人们，他们受自己的生产力和与之相适应的交往的一定发展——直到交往的最遥远的形态——所制约。意识在任何时候都只能是被意识到了的存在，而人们的存在就是他们的现实生活过程"⑤。由此，马克思恩格斯经由费尔巴哈将绝对精神替换成人的中介，在构成现实生活过程的实践活动及其矛盾运动中去理解现实的人及其历史发展。实践替换概念成了马克思恩格斯找到实现思维—存在统一的中介环节，实现了哲学的"实践转向"。当然，揭示在"实践转向"中生成的扬弃了黑格尔概念辩证法的实践辩证法的具体内涵对于澄明马克思实践转向构成的科学社会主义新世界观的重大意义非常必要，但是这将放在本章第二节去展开，此处我们着

① 《列宁全集》第 55 卷，人民出版社 1990 年版，第 235 页。
② 《马克思恩格斯文集》第 4 卷，人民出版社 2009 年版，第 296 页。
③ 《马克思恩格斯文集》第 1 卷，人民出版社 2009 年版，第 342 页。
④ 《马克思恩格斯文集》第 1 卷，人民出版社 2009 年版，第 528 页。
⑤ 《马克思恩格斯文集》第 1 卷，人民出版社 2009 年版，第 524—525 页。

重要揭示的是"实践转向"所开辟的哲学新世界观地平的重大意义。

需要指出的是，如果某种哲学思想能被称为实现了"哲学转向"，那么这种哲学思想一定是实现了某种逻辑先在性平台上的层次跃迁。例如，在主流西方哲学史界的认知中，近代哲学被称为实现了"认识论转向"，这是因为其在思维和存在的关系中自觉到了思维比存在更具有逻辑先在性，从而批判离开了思维、意识、认识的理论去谈论关于世界的理论的哲学思维方式，提出"没有认识论的本体论为无效"①。由此，近代哲学构建了不同于古代哲学的新世界观地平，在这一地平上思维—存在的关系问题才明确地被提了出来，并重构了哲学研究的思想主题，即思想的客观性问题，其旨在指明在建立关于世界的知识之前，先要具有关于思维、意识、认识的知识。人类的世界图景以及对人们思想、行为的根据、标准和尺度的反思在思维—存在两极对立的世界观地平上被得以重构。

现代哲学的语言转向则是自觉到了语言比思维更具有逻辑先在性，"人类必须而且只能用'语言'去理解'世界'和自己的'意识'，并用'语言'去表述对'世界'和自己的'意识'的理解；虽然'世界'在人的'意识'之外（世界不依赖于人的意识而存在），但'世界'却在人的'语言'之中（人只能在语言中表述世界和表达对世界的理解）；'语言'既是人类'存在'的消极界限（语言之外的世界对人来说是存在着的无），'语言'又是人类'存在'的积极界限（世界在人的语言中变成属人的世界）；'语言'中凝聚着'思维和存在''主观和客观''主体与客体'的对立统一，因而也是消解主—客二元对立的文化结晶"②。对此，孙正聿教授将现代哲学实现的哲学转向称为"从两极到中介"的哲学变革③，即在寻求思维与存在的"中介环节"的意义上，实现了对新世界观地平的重构，从而重构并丰富了现代哲学的研究主题，在思维—语言—存在的图式中不断推进对世界图景的重构和对人们思想和行为的根据、标准和尺度的反思。

但是，西方主流哲学史在描述现代哲学转向时，往往将代表性的哲学

---

① 孙正聿：《哲学通论》，北京师范大学出版社 2020 年版，第 167 页。
② 孙正聿：《哲学通论》，北京师范大学出版社 2020 年版，第 167 页。
③ 孙正聿：《从两极到中介——现代哲学的革命》，《哲学研究》1988 年第 8 期。

派别限定在语言哲学的范围内，例如欧陆语言哲学以及美国分析哲学，却往往不会提到马克思。当然，马克思不是学院派的哲学家，他的哲学以哲学批判的形态展开，目标是实现人类解放。然而，这绝不意味着马克思的哲学与哲学史脱轨，事实上，恰恰是以人类解放为宗旨的马克思的哲学批判自觉到了思维与存在的实践中介，立足于实践这一比思维更具有逻辑先在性的平台而超越了近代哲学的主—客二元对立的哲学地平，远比语言哲学在先地变革了近代哲学意识形态的世界观，开启了真正现代意义上的哲学地平，成了广松涉所称之为的"当代不可超越的哲学"①。

如何理解哲学在实现了"实践转向"之后的实践、思维与存在的关系，构成了能否使马克思主义唯物论的新世界观地平得以自为化理解的关键。我们要指出的是，作为思维和存在统一的中介的实践，并不是思维的先验形式作用于客观对象之上的工具和手段；相反，只有在实践活动中，思维和存在的综合才得以生成。也就是说，不是先验的意识形式支配着人的实践活动，而是实践活动构成了意识内容和意识形式的现实根源。马克思恩格斯在《德意志意识形态》中考察意识的起源和发展过程的时候揭示出，正是随着人改造自然的实践活动和实践能力的增长，从而人与自然、人与人的关系发生了变化，意识才随之变化。由开始的完全服从于自然，从属于自然，从而与他人之间不过是与绵羊基本无差的动物式的畜群意识；到随着分工的发展，直到精神劳动和物质劳动的分离，才产生了"能摆脱世界而去构造'纯粹的'理论、神学、哲学、道德等等"②。对此，马克思恩格斯指出，"意识一开始就是社会的产物，而且只要人们存在着，它就仍然是这种产物"③。

在这一新世界观地平上重新审视旧唯物主义和唯心主义，会发现二者不过是站在近代二元对立的世界观地平上对实践的逻辑先在性作用形成的误视。例如，马克思恩格斯在《德意志意识形态》中批判费尔巴哈时指出，"他没有看到，他周围的感性世界决不是某种开天辟地以来就直接存

---

① ［日］广松涉：《马克思主义的哲学》，邓习议译，张一兵审订，南京大学出版社2019年版，第41页。

② 《马克思恩格斯文集》第1卷，人民出版社2009年版，第534页。

③ 《马克思恩格斯文集》第1卷，人民出版社2009年版，第533页。

在的、始终如一的东西"①，"这种活动、这种连续不断的感性劳动和创造、这种生产，正是整个现存的感性世界的基础，它哪怕只中断一年，费尔巴哈就会看到，不仅在自然界将发生巨大的变化，而且整个人类世界以及他自己的直观能力，甚至他本身的存在也会很快就没有了"②。也就是说，旧唯物主义所指认的与思维相对立的恒定不变的感性世界，不过是在两极对立的世界观地平上不知道实践的中介作用的视界下的误视。

而对于唯心主义，马克思则站在新世界观地平上，揭示了从康德至黑格尔的唯心主义，何以会逐渐走向极端，将整个世界纳入精神之中。马克思在《关于费尔巴哈的提纲》中那句著名的论断指出，"和唯物主义相反，唯心主义却把能动的方面抽象地发展了，当然，唯心主义是不知道现实的、感性的活动本身的"③。对这句话的理解，应该结合近代唯心主义发展的背景，即随着人类实践的历史形态——资本主义形式的现代大工业的发展，作为人类外部存在的自然逐步被纳入以工业生产为主的人类社会实践活动中，自然变成了人类社会实践活动的一个环节。这种现实的历史进展在唯心主义那里被把握为客观被纳入主观中，或者说主观统摄客观的历史性过程。由此，马克思揭示的是，近代唯心主义是基于近代两极对立的世界观地平上不知道实践的中介作用，而将实践的中介作用及其产物和结果错误地归结为精神的能动性作用及其产物的哲学形态。

正如施密特指出的那样，"马克思的唯物主义首先关心从这个世界上消除饥饿和痛苦的可能性问题"④。而这一问题只有在由"实践转向"开辟的新世界观地平上才可能被解决。这背后的原理在于，一方面，世界可以被改变，是因为要改变的使人异化、没有得到解放的现存世界不是与人无关的、只可静观的恒定不变的世界，也不是由人的意识所决定，单纯靠改变意识就可以改变的世界，而是由人的具体的、历史的实践活动构成的人的世界，由此，改造世界得以可能，并且，改造世界的路径只有一个，就是诉诸人的实践活动。从而，改变世界、实现人类解放的现实路径只有

① 《马克思恩格斯文集》第1卷，人民出版社2009年版，第528页。
② 《马克思恩格斯文集》第1卷，人民出版社2009年版，第529页。
③ 《马克思恩格斯选集》第1卷，人民出版社2012年版，第133页。
④ ［联邦德国］A.施密特：《马克思的自然概念》，欧力同、吴仲昉译，商务印书馆1988年版，第31页。

诉诸人的实践活动。当然，构成人的世界的实践活动并不能随意构造世界，而只能在给定的、从前人那里继承下来的条件下进行构造世界的活动，这些给定的条件构成了人们改造世界的限定性条件，这一问题我们还会在本章第二节讨论。

我们看到，马克思恩格斯诉诸实践这一中介扬弃了近代哲学的两极对立的世界观地平，正是这一新世界观地平使得科学社会主义得以超越建立在近代世界观地平上的主观主义和客观主义以及作为其具体形态的人本主义和科学主义的两种思潮。马克思和恩格斯创立的社会主义之为"科学"在于：一方面超越了人本主义（以黑格尔左派为极致形式），即在意识内部对现实社会的词句改造，从而只是换了种方式去肯定和解释资本主义社会；另一方面超越了科学主义（以 18 世纪唯物主义为古典形式，也包含费尔巴哈的某些观点），将世界视为可量化的静观对象，后者至多"只能达到对'单个人和市民社会'直观"①。科学社会主义是建立在新哲学世界观的地平之上的，只是在这一地平上，社会主义才能成为"科学"。

第二节　使"历史作为历史"的科学社会主义新世界观

科学社会主义的新世界观实现的质的变迁，是与马克思恩格斯的历史观、人类观的发展互为表里的。关于历史观的变革与科学社会主义世界观之生成的关系，恩格斯指出，"自从历史也得到唯物主义的解释以后，一条新的发展道路也在这里开辟出来了"②。这里关于马克思恩格斯的历史观，不仅涉及其如何扬弃了思辨唯心主义和以费尔巴哈为最高水平的旧唯物主义的历史观，而且涉及如何理解历史唯物主义与马克思主义的新世界观的关系问题。对此，我们认为，历史唯物主义绝不是将对自然的理解中构成的基于辩证法的唯物主义运用到历史领域的产物和结果，不是与辩证唯物主义相并列的关于世界的另一领域——历史领域的独门知识，而是本

① 《马克思恩格斯选集》第 1 卷，人民出版社 2012 年版，第 136 页。

② 《马克思恩格斯文集》第 4 卷，人民出版社 2009 年版，第 281—282 页。

身构成了社会主义成为"科学"的新世界观之生成。

一 思辨唯心主义"仅仅反对这个世界的词句"的历史观实质

在《德意志意识形态》中，马克思恩格斯批判了青年黑格尔派"仅仅反对这个世界的词句"①，而不是批判现实的现存世界。青年黑格尔派包括唯心主义和唯物主义两种形式，我们先来看马克思恩格斯对思辨唯心主义的批判。马克思恩格斯对思辨哲学的"仅仅反对这个世界的词句"的实质和把戏进行了揭示，并指出这源于其历史观上的唯心主义，后者的实质是在历史上占统治地位的"不同思想中抽象出'思想'、'观念'等等，并把它们当做历史上占统治地位的东西，从而把这些个别的思想和概念说成是历史上发展着的概念的'自我规定'"②。具体来说，思辨哲学家将思想与其产生的现实条件分离开来，从而现实的人及其历史发展的联系就转变为了"概念的'自我规定'"③，表现为精神内部的自我差别。从而，思辨哲学家完成了赋予这种思想统治历史的形式以秩序，黑格尔就是这种思辨哲学的代表。"黑格尔常常在思辨的叙述中作出把握住事物本身的、现实的叙述。这种在思辨的叙述之中所作的现实的阐述会诱使读者把思辨的阐述看成是现实的，而把现实的阐述看成是思辨的。"④ 现实的历史的运动在黑格尔那里变为了绝对精神的自我运动。

在《神圣家族》中，马克思恩格斯对黑格尔关于历史主体的描述评价道："黑格尔的历史观以抽象的或绝对的精神为前提，这种精神是这样发展的：人类只是这种精神的无意识或有意识的承担者，即群众。"⑤ 也就是说，"现实的人类个体倒仅仅是这一形而上学的主体的体现者"⑥。对于绝对精神这一没有肉身的形而上学主体如何统摄历史的问题，黑格尔以

---

① 《马克思恩格斯文集》第1卷，人民出版社2009年版，第516页。
② 《马克思恩格斯文集》第1卷，人民出版社2009年版，第553页。
③ 《马克思恩格斯文集》第1卷，人民出版社2009年版，第553页。
④ 《马克思恩格斯文集》第1卷，人民出版社2009年版，第280页。
⑤ 《马克思恩格斯文集》第1卷，人民出版社2009年版，第291页。
⑥ 《马克思恩格斯文集》第1卷，人民出版社2009年版，第284页。

"理性的机巧"① 的图式给予了回答。所谓"理性的机巧"就是指，人们虽然总是按照自己的目的、意志和价值取向去行动，但是这些行动却内在地服从着绝对精神的公理和秩序。也就是说，人类及其活动作为绝对精神实现自身的工具和手段而存在，不断确立着精神在历史上的最高统治地位。因而，黑格尔"所考察的仅仅是概念的前进运动"，并在历史方面描述了"真正的神正论"。②

而以布鲁诺·鲍威尔为代表的青年黑格尔派继承了黑格尔用纯粹观念的神秘联系代替人们在现实的历史中发展的不同阶段和不同形态的联系，将一切现实的矛盾转化为思想内部的矛盾。在《神圣家族》中，马克思恩格斯对鲍威尔批判道："绝对的批判从黑格尔的《现象学》中至少学会了这样一种技艺，即把存在于我身外的现实的、客观的链条转变成纯观念的、纯主观的、只存在于我身内的链条，因而也就把一切外在的感性的斗争都转变成纯粹的思想斗争。"③

马克思恩格斯将鲍威尔对历史的理解视为"黑格尔历史观的批判的漫画式的完成"④，其所针对的是，虽然黑格尔站在基督教神学的视域上将现实的、经验的历史进程描述为"思辨的、隐秘的"历史形态，从而"人类的历史变成了抽象精神的历史，因而也就变成了同现实的人相脱离的人类彼岸精神的历史"⑤。但是，黑格尔是将哲学及哲学家视为绝对精神完成了历史进程的"事后"反思，从而使绝对精神获得关于自身的自我意识的存在。因此，绝对精神"制造历史的行动也只是发生在哲学家的意识中、见解中、观念中，只是发生在思辨的想象中"⑥。从而，黑格尔的历史哲学虽然将现实的历史进程表达为绝对精神创造历史的自我运动，但正如马克思恩格斯对其评价的那样，"如果说黑格尔的《现象学》尽管有其思辨的原罪，但还是在许多方面提供了真实地评述人的关系的要

①　[德] 黑格尔：《小逻辑》，贺麟译，商务印书馆1980年版，第394页。
②　《马克思恩格斯文集》第1卷，人民出版社2009年版，第553页。
③　《马克思恩格斯文集》第1卷，人民出版社2009年版，第288页。
④　《马克思恩格斯文集》第1卷，人民出版社2009年版，第291页。
⑤　《马克思恩格斯文集》第1卷，人民出版社2009年版，第292页。
⑥　《马克思恩格斯文集》第1卷，人民出版社2009年版，第292页。

素"①，在《1844 年经济学哲学手稿》中，马克思指出，黑格尔"只是为历史的运动找到抽象的、逻辑的、思辨的表达"②。而鲍威尔将黑格尔那里的现实在观念中的思辨体现直接转变为观念创造现实的历史。他只是从现实的运动或是精神运动中截取一种规定性，并把其变为思想内部的规定性，变为范畴，然后在自我意识的思辨体系内部给予范畴以一个位置，从而最终陷入了唯灵论。

马克思恩格斯揭示了思辨唯心主义历史观的实质和把戏，在于在思辨唯心主义哲学中，"人的自我意识的各种异化形式所具有的物质的、感性的、对象性的基础被置之不理"③。具体表现为，思辨唯心主义将每一历史时期占统治地位的思想和这些思想得以产生的现实条件，即特定的生产方式及其产生的各种物质关系和社会关系分离开来，也就是"和统治阶级本身分割开来，使这些思想独立化"，"不顾生产这些思想的条件和它们的生产者而硬说该时代占统治地位的是这些或那些思想"④。其实质和把戏不过是把"关于自己的真正的实践的'想象'、'观念'变成了一种支配和决定这些人的实践的唯一起决定作用的和积极的力量"⑤。

由此，马克思恩格斯揭示了思辨哲学历史唯心主义的实质和把戏，既然思辨唯心主义哲学家认为思想、观念、概念是决定历史运动的独立力量，他们也就把哲学的任务确立为与这些观念的斗争。而"这种改变意识的要求，就是要求用另一种方式来解释存在的东西，也就是说，借助于另外的解释来承认它"⑥。而马克思恩格斯对思辨唯心主义批判道："如果他们把'人'从这些词句的统治下——而人从来没有受过这些词句的奴役——解放出来，那么'人'的'解放'也并没有前进一步；只有在现实的世界中并使用现实的手段才能实现真正的解放。"⑦

马克思恩格斯还以荣誉、忠诚、自由、平等这些被思辨唯心主义哲学

① 《马克思恩格斯文集》第 1 卷，人民出版社 2009 年版，第 358 页。
② 《马克思恩格斯文集》第 1 卷，人民出版社 2009 年版，第 201 页。
③ 《马克思恩格斯文集》第 1 卷，人民出版社 2009 年版，第 357 页。
④ 《马克思恩格斯文集》第 1 卷，人民出版社 2009 年版，第 552 页。
⑤ 《马克思恩格斯文集》第 1 卷，人民出版社 2009 年版，第 546 页。
⑥ 《马克思恩格斯文集》第 1 卷，人民出版社 2009 年版，第 516 页。
⑦ 《马克思恩格斯文集》第 1 卷，人民出版社 2009 年版，第 526—527 页。

家视为在不同历史时期占统治地位的概念范畴进行了考察，这些思想分别被视为封建贵族统治时期和资产阶级统治时期支配人们行动的决定性力量。然而，在马克思恩格斯看来，这些概念范畴不过是不同时期在不同统治阶级统治之下造成的特定物质关系和社会关系的思想表现而已，不过是统治阶级为了维护现实阶级统治的精神生产资料。对此，马克思恩格斯指出，"占统治地位的思想不过是占统治地位的物质关系在观念上的表现，不过是以思想的形式表现出来的占统治地位的物质关系"①。

对此，马克思恩格斯考察了自由、平等成为具有普遍性形式的思想的现实社会根源，即资产阶级作为封建贵族阶级统治时期的被统治阶级，由于其单独的力量不足以使其推翻贵族阶级，成为统治阶级。资产阶级需要借助于其他社会成员的力量推翻封建贵族阶级的统治，并"为了达到自己的目的不得不把自己的利益说成是社会全体成员的共同利益，就是说，这在观念上的表达就是：赋予自己的思想以普遍性的形式，把它们描绘成唯一合乎理性的、有普遍意义的思想"②。而资产阶级的这一做法之所以可能，是同其在作为被统治阶级时期却与社会其他被统治阶级有着共同的利益和目标相关，与作为被统治阶级的资产阶级还没有条件争取和发展其自身的独特阶级利益的客观现实相关。等到资产阶级成了统治阶级，其又需要利用自由、平等等观念维护其统治阶级的地位。对此，马克思指出，"统治阶级的思想在每一时代都是占统治地位的思想。……支配着物质生产资料的阶级，同时也支配着精神生产资料，因此，那些没有精神生产资料的人的思想，一般地是隶属于这个阶级的"③。在这个意义上，马克思恩格斯指出，要想消除这一一定阶级的统治被说成某种思想的统治的假象，需要消除其现实根源，即消除阶级统治作为社会制度的形式，从而"一定阶级的统治似乎只是某种思想的统治这整个假象当然就会自行消失"④。

在马克思恩格斯看来，所谓不同的统治思想之间确有联系，只不过这种联系不源于思想的自我规定，而是源于与历史进程中生产力的不同发展

①　《马克思恩格斯文集》第 1 卷，人民出版社 2009 年版，第 550—551 页。
②　《马克思恩格斯文集》第 1 卷，人民出版社 2009 年版，第 552 页。
③　《马克思恩格斯文集》第 1 卷，人民出版社 2009 年版，第 550 页。
④　《马克思恩格斯文集》第 1 卷，人民出版社 2009 年版，第 553 页。

状况相适应的不同交往形式之间的现实联系。马克思指出，"生产力与交往形式的关系就是交往形式与个人的行动或活动的关系"①。这种活动的基本形式是决定着精神活动、宗教活动、政治活动等其他活动形式的物质活动。物质活动要在与之相适应的人们的交往形式中得以展开，这些交往形式起初既是构成人们自主活动的前提，又是人们自主活动的产物和结果，即只是在这种交往形式中，个人得以独立生产自身的物质生活及其相关的东西。直到二者之间发生矛盾，旧的交往形式成为人们自主活动从而是生产力发展的桎梏，并在新一代那里展现出历史发展的片面性来，从而被新的适应于发达的生产力和先进的个人自主活动的交往形式取代。

由此，马克思恩格斯揭示了历史运动的真正原因，不是概念的自我运动，而是生产力和生产关系的矛盾运动，从而，人类解放必须要诉诸物质活动，而不是思想活动才能实现。

二　以"自然和历史的对立"的历史观为前提的旧唯物主义

马克思在《关于费尔巴哈的提纲》中指出，"直观的唯物主义，即不是把感性理解为实践活动的唯物主义，至多也只能达到对单个人和市民社会的直观"②。在《德意志意识形态》中，马克思恩格斯进一步对费尔巴哈批判道："正是在共产主义的唯物主义者看到改造工业和社会结构的必要性和条件的地方，他却重新陷入唯心主义。"③ 这里我们要指出的是，对于以费尔巴哈作为最高水平代表的旧唯物主义只能"直观"世界的思想根源，我们不能仅仅停留在其与历史无关的自然观领域去理解，而应在与历史观相关的整个世界观领域去理解其思想根源。后面我们还要指出，对这一问题的理解直接关涉对马克思主义唯物论与费尔巴哈的唯物论的异质性之实质的理解。

在《德意志意识形态》中，马克思恩格斯以肯定的态度援引了布鲁诺·鲍威尔对费尔巴哈关于人和自然的关系的理解中，造成了"'自然和历史的对立'，好像这是两种互不相干的'事物'"④。也就是说，在对

---

① 《马克思恩格斯文集》第 1 卷，人民出版社 2009 年版，第 575 页。
② 《马克思恩格斯选集》第 1 卷，人民出版社 2012 年版，第 136 页。
③ 《马克思恩格斯文集》第 1 卷，人民出版社 2009 年版，第 530 页。
④ 《马克思恩格斯文集》第 1 卷，人民出版社 2009 年版，第 529 页。

历史的理解中，费尔巴哈"把人对自然界的关系从历史中排除出去了，因而造成了自然界和历史之间的对立"①。由此，"当费尔巴哈是一个唯物主义者的时候，历史在他的视野之外；当他去探讨历史的时候，他不是一个唯物主义者。在他那里，唯物主义和历史是彼此完全脱离的"②。

具体来说，在马克思恩格斯看来，费尔巴哈基于自然和历史相对立的世界观图式的唯心史观是将"人对自然界的关系"从历史中排除出去的结果。人和自然的关系被与人的现实的活动过程分离开进行把握，"历史的自然和自然的历史"③ 在费尔巴哈那里全部都不存在。费尔巴哈将自然视为"只有物理学家和化学家的眼睛才能"④ 直观的既定不变的客观对象，其实质是将自然视为与人分离、与人的实践活动无关的现成存在。而在马克思恩格斯看来，自然科学本身是近代特定的人类实践活动构成的一种特定的世界图景。这种世界图景正是产生于近代意识形态的世界观地平。在前近代的世界观视界中，世界万物被理解为灵魂—质料的存在，其内在机制是神的恩宠的神秘作用。例如，当时的毕达哥拉斯的几何学、亚里士多德的物理学、自然哲学等，有着同近代以来将世界万物理解为无灵魂、单质性构成的恒定不变的静观对象的自然科学完全不同的世界观。而费尔巴哈视界中作为能够获得自在之物奥秘的自然科学，其世界观图式是处在"独立能动的主体—恒定不变的客体"这一近代意识形态世界观地平上。只是在这一地平上，自然界才被视为与独立能动的主体意识相对立的存在，其特点是作为无灵魂，恒定不变，其内在结构和要素可知能知的客体而存在。基于此，历史作为人的全部活动及其产物，成为与自然分立的宇宙的另一部分。

在这个意义上，我们再重新审视"当费尔巴哈是一个唯物主义者的时候，历史在他的视野之外；当他去探讨历史的时候，他不是一个唯物主义者"⑤，这里马克思恩格斯指的是，费尔巴哈之所以是半截子的唯物主义，原因在于其虽然将感性世界看成"感性对象"，但是"从来没有把感

---

① 《马克思恩格斯文集》第 1 卷，人民出版社 2009 年版，第 545 页。
② 《马克思恩格斯文集》第 1 卷，人民出版社 2009 年版，第 530 页。
③ 《马克思恩格斯文集》第 1 卷，人民出版社 2009 年版，第 529 页。
④ 《马克思恩格斯文集》第 1 卷，人民出版社 2009 年版，第 529 页。
⑤ 《马克思恩格斯文集》第 1 卷，人民出版社 2009 年版，第 530 页。

性世界理解为构成这一世界的个人的全部活生生的感性活动"①。感性世界仅仅被理解为与人无关的、既定不变的静观对象，而不是社会性的、历史性的人的感性活动及其结果。从而，"当他看到的是大批患瘰疬病的、积劳成疾的和患肺痨的穷苦人而不是健康人的时候，他便不得不求助于'最高的直观'和观念上的'类的平等化'"②。这是费尔巴哈的直观唯物主义至多只能达到对世界的直观，而无力改变世界的历史观根源。

　　我们看到，费尔巴哈的直观唯物主义和唯心史观，绝不是互不相关的两个东西，而是近代世界观地平上的产物和结果。这里涉及如何理解马克思主义唯物论和费尔巴哈的唯物论之间的实质性差异的问题。例如，有一种关于马克思主义唯物论的理解认为，不同于以费尔巴哈为最高成就的旧唯物主义的伟大功绩，马克思主义唯物论的伟大功绩在于扩大了唯物主义的范围，即不同于费尔巴哈的自然观是唯物主义的，而历史观则是唯心主义的半截子的唯物主义。马克思主义唯物论还在历史领域内实现了唯物主义，从而使唯物主义从宇宙的一个部分自然界扩展到包括历史在内的整个宇宙，从而构成了彻底的唯物主义。③ 我们可以把它称为唯物主义"扩大说"。

　　这种阐释模式曾在我国传统教科书中占有主导地位，并且有很大的迷惑性。当然，"扩大说"也指明了马克思主义唯物论在自然观领域与包括费尔巴哈在内的旧唯物主义的区别，并将其指认为辩证唯物主义与旧唯物主义的区别，文本依据就是马克思在《关于费尔巴哈的提纲》中的著名论断，"从前的一切唯物主义（包括费尔巴哈的唯物主义）的主要缺点是：对对象、现实、感性，只是从客体的或者直观的形式去理解，而不是把它们当做感性的人的活动，当做实践去理解"④。正是据此，马克思的唯物主义被称为辩证唯物主义，与直观的唯物主义相区别。那么，这种辩证唯物主义与费尔巴哈的直观唯物主义是什么关系呢？"扩大说"认为，

---

① 《马克思恩格斯文集》第1卷，人民出版社2009年版，第530页。
② 《马克思恩格斯文集》第1卷，人民出版社2009年版，第530页。
③ 参见黄楠森《辩证唯物主义世界观是不是马克思的哲学?》，《高校理论战线》2003年第5期。文中指出，"马克思并没有完全否定费尔巴哈的唯物主义自然观，相反，马克思是把它发展成关于整个宇宙的观点，即唯物主义世界观"。
④ 《马克思恩格斯选集》第1卷，人民出版社2012年版，第133页。

马克思的辩证唯物主义（或称实践唯物主义）是包含而非否定费尔巴哈的直观唯物主义。[①]"马克思……的实践唯物主义以直观唯物主义为前提，包含了直观唯物主义；历史唯物主义以自然唯物主义为前提，包含了自然唯物主义。"[②]

具体来说，"扩大说"认为，费尔巴哈在认识论上停留在"直观"层次上固然是有缺陷的，然而其在本体论上却是正确的，即坚持了唯物主义，在历史观上则完全错误地投向了唯心主义。而马克思主义唯物论的功绩被指认为：一方面，超越了认识论上的直观唯物主义使之发展为辩证唯物主义；另一方面，超越了在历史领域的唯心主义，使唯物主义扩大了范围。在这个意义上，马克思主义唯物论被分为在自然领域运用的辩证唯物主义和在历史领域运用的历史唯物主义，实践构成了自然界和社会历史的核心区别所在，自然界是可以没有人的参与的自在存在，而社会历史则无法离开人的实践活动构成。从而，以这种对自然界和历史的区分的世界观去观照马克思主义的唯物史观，就把唯物史观限定在关于与自然相对立的世界的另一领域——历史部分的知识了。

我们要指出的是，"扩大说"对马克思主义唯物论的伟大功绩的阐释是以自然和历史的对立为思想前提的，而这一思想前提恰恰是马克思恩格斯所批判和扬弃了的。"扩大说"对马克思主义唯物论的阐释，本质上仍囿于思维和存在两极对立，从而造成了自然和历史分立的近代哲学的世界观地平，从而完全低估了马克思主义的唯物论对于开辟超越近代意识形态哲学地平的哲学史意义，未能使马克思主义唯物论的新世界观地平自为化。

回应对马克思主义唯物论的以物质本体论为基础的"扩大说"的关键在于，马克思如何看待在时间上先于人的存在，并非人所固有的，不依赖于人的具有"优先地位"的自然？"扩大说"是从自然界对人的外在性这一前提出发的，这一前提确是马克思恩格斯也承认的事实。对此，马克

———————

① 参见黄楠森《辩证唯物主义世界观是不是马克思的哲学?》，《高校理论战线》2003年第5期。文中指出，"马克思……只是指出了直观唯物主义的'缺点'，并没有说直观唯物主义完全错误；只是说自然唯物主义不彻底，并没有说它完全错误"。

② 黄楠森：《辩证唯物主义世界观是不是马克思的哲学?》，《高校理论战线》2003年第5期。

思恩格斯曾在《德意志意识形态》中强调，"外部自然界的优先地位"①会始终保持。那么，马克思是在本体论意义上去理解自然吗？施密特在《马克思的自然概念》中明确批判了这种自然本体论说："马克思把自然——人的活动的材料——规定为并非主观所固有的、并非依赖人的占有方式出现的、并非和人直接同一的东西。但他决不是在无中介的客观主义的意义上，即决不是从本体论意义上来理解这种人之外的实在。"② 自然既是存在着的万物的总体，同时又是人的现实的、感性活动，即实践活动的要素。"马克思并不只想用物质的'世界实体'这同样属于形而上学的东西，来置换黑格尔的'世界精神'。"③

马克思对于自然对人的外在性的承认，从来都是在实践的中介活动中讨论的。尽管马克思也承认，不论在任何人类社会形态下，自然对人的外在性都不会消失。但正如施密特指出的那样，"把马克思的自然概念从一开始同其他种种自然观区别开来的东西，是马克思的自然概念的社会—历史性质"④。马克思对于自然的讨论，从来都是从实践的中介活动的角度出发的，即以实践活动为前提的。对此，施密特指出，"不是所谓物质这抽象体、而是社会实践的具体性才是唯物主义理论的真正对象和出发点"⑤。"自然之所以引起马克思的关切，比什么都重要的是它首先是人类实践的要素。"⑥ 正是基于此，在《1844 年经济学哲学手稿》中，马克思将自然指认为"人的无机的身体"⑦。

我们要指出的是，马克思主义唯物论，是建立在人的感性实践活动对于思维和存在的逻辑先在性哲学地平上的唯物主义。因而马克思主义

---

① 《马克思恩格斯文集》第 1 卷，人民出版社 2009 年版，第 529 页。

② ［联邦德国］A. 施密特：《马克思的自然概念》，欧力同、吴仲昉译，商务印书馆 1988 年版，第 14 页。

③ ［联邦德国］A. 施密特：《马克思的自然概念》，欧力同、吴仲昉译，商务印书馆 1988 年版，第 16 页。

④ ［联邦德国］A. 施密特：《马克思的自然概念》，欧力同、吴仲昉译，商务印书馆 1988 年版，第 2 页。

⑤ ［联邦德国］A. 施密特：《马克思的自然概念》，欧力同、吴仲昉译，商务印书馆 1988 年版，第 31 页。

⑥ ［联邦德国］A. 施密特：《马克思的自然概念》，欧力同、吴仲昉译，商务印书馆 1988 年版，第 20 页。

⑦ 《马克思恩格斯文集》第 1 卷，人民出版社 2009 年版，第 161 页。

唯物论绝不仅仅停留于物质决定意识，通过强调意识具有能动的反作用，强调实践的重要作用来在认识论领域以辩证唯物主义区别于旧唯物主义。事实上，这种物质本体论的阐释模式始终面临物质本体与实践之间的关系问题。于是，在以"世界的物质统一性"为基石的教科书阐释模式构建的马克思主义唯物论体系中，尽管不断在调整，但是实践仍成为难以安放的概念。例如，2021年版《马克思主义基本原理》教科书将物质解释为包括实践在内的"客观实在"，"马克思主义的物质范畴从现实存在着的自然与社会存在中抽象出了其共同特性——客观实在性"①。但是单单这样理解马克思的唯物主义，仍是站在近代哲学两极对立的世界观地平上，而在这一世界观地平上，实践中介所开辟的新世界观地平未被自为地揭示，唯物主义只能是对旧唯物主义和唯心主义的一种综合。从而，人类实践活动的各种历史形态、人类解放的终极旨趣的实现道路只能被安置于独立的另外的体系，构成了马克思主义哲学、政治经济学和科学社会主义的分立。

那么，如果强调实践具有逻辑上的先在性，是否要将马克思主义唯物论理解为实践本体论？例如，20世纪80年代以来，针对马克思主义唯物论的物质本体论阐释模式的缺陷，在中国马克思主义哲学界发生了对马克思主义哲学阐释的"实践论"范式转向，实践概念被认为是马克思主义哲学的核心范畴，并围绕实践概念重新理解马克思的世界观，将马克思的世界观理解为实践唯物主义，并构成了20世纪八九十年代中国马克思主义哲学界对马克思主义唯物论的主流认识。相较于将马克思的世界观理解为"物质本体论"的辩证唯物主义，"在世界观的意义上，'实践唯物主义'强调从人的'实践'出发去理解人与世界、思维与存在的关系，从而变革了教科书的那种人站在'世界'之外'观'世界的'世界观理论'"②。

但是，"实践论"范式同样面临实践和物质的关系问题。实践和物质哪个更具有本原上的意义？这里便涉及了对马克思主义唯物论的"实践

---

① 《马克思主义基本原理》，高等教育出版社2021年版，第23页。

② 孙正聿：《思想中的时代：当代哲学的理论自觉》，北京师范大学出版社2013年版，第306页。

本体论"阐释模式，以及以实践本体论去理解马克思的经典论断。例如在《德意志意识形态》中，马克思恩格斯在批判费尔巴哈时指出，"他没有看到，他周围的感性世界决不是某种开天辟地以来就直接存在的、始终如一的东西，而是工业和社会状况的产物，是历史的产物，是世世代代活动的结果……甚至连最简单的'感性确定性'的对象也只是由于社会发展、由于工业和商业交往才提供给他的"①。然而，这是否意味着马克思恩格斯将实践视为本体性质的存在？

面对这一问题，学界有观点认为，在马克思主义哲学中，实践具有本体论意义。于是将"实践唯物主义"变成了"实践本体论"。也正因为如此，实践唯物主义的阐释模式遭到了批判，其批判的焦点在于认为实践唯物主义将马克思主义阐释为了唯心主义。事实上，这种阐释模式又陷入了传统哲学本体论的思维方式之中。正如高清海指出的那样，"在我看来，用本体论的思维方式去理解实践，即通过'赋予实践以本体论意义'的方法，是不可能提高实践的地位，使它成为世界观的基本范畴的。只有打破本体论的思维模式，才能做到这点"②。而无论是对马克思主义唯物论的物质本体论阐释模式，还是实践本体论的阐释模式，其实质仍是未能超越旧哲学的世界观地平去理解马克思主义唯物论，从而未能自为地揭示马克思主义唯物论开辟的新世界观地平。正如高清海主张的那样，"实践的发现、实践观点的创立，它绝不是仅仅为哲学增添或补充了一个新的范畴、新的观点和新的原理的问题，而是为我们理解人、理解世界以及理解全部哲学问题提供了一个完全新的立足基点、观察视角和思维模式"③。

科拉科夫斯基指出，"马克思本人确实不关心物质本体和世界起源这些形而上学的问题。在其早期著作里，马克思明确地反对形而上学的争论"④。换言之，传统本体论哲学处在是被马克思主义扬弃了的哲学地平上。施密特也指出，"批判的唯物主义拒绝探究'世界之谜'，或者说，

---

① 《马克思恩格斯文集》第1卷，人民出版社2009年版，第528页。
② 高清海：《高清海哲学文存》第1卷，吉林人民出版社1997年版，第131页。
③ 高清海：《高清海哲学文存》第1卷，吉林人民出版社1997年版，第86页。
④ ［波兰］莱泽克·科拉科夫斯基：《马克思主义的主要流派》第一卷，唐少杰等译，黑龙江大学出版社2015年版，第413—414页。

它断然拒绝用新形态的本体论从根本上对自己提出问题的方式，使纯粹的哲学思辨继续下去"①。"在马克思看来，关于人和自然的'生成'的问题，与其是形而上学问题，还不如说是历史的社会的问题。"② 马克思主义唯物论的目标不是为世界做出一个新的本体论解释，而是从现实的人，从而也是社会的历史的存在的——有限的人出发，要把人从用自己的双手构建出的异己力量的统治中解放出来。马克思是从"至今人们在历史中仍被贬低成一种经济的动力性对象，这种经济在盲目地机械进展着"③ 这一社会历史状况出发，去探求人类解放道路的。

由此，我们看到，马克思主义唯物论与直观唯物主义的异质性绝不仅仅限于认识论领域，我们应该在由历史观的变革构成了马克思主义唯物论的新世界观的意义上理解恩格斯的这一论断，"自从历史也得到唯物主义的解释以后，一条新的发展道路也在这里开辟出来了"④。

三　把"历史看做人类的发展过程"的科学社会主义新世界观

我们看到，思辨哲学将历史视为概念的自我运动，从而只能在词句中批判词句而于真实的世界无意；直观的唯物主义则把历史视为与自然相对立的另一个世界，从而至多只能直观世界，而无法改变世界；而马克思恩格斯在批判思辨哲学和直观的唯物主义的唯心史观的过程中创立了唯物史观，并且揭示了在生产力与生产关系的矛盾运动中内蕴着社会形态更替的必然力量，由此，历史得以作为真正的历史而被理解，人类解放的构想得以在对历史运动规律的自觉的基础上展开。我们要指出的是，马克思恩格斯历史观的变革本身构建了科学社会主义的新世界观。历史作为实践活动的生成场域和解释原则，使得以实践辩证法展开的科学社会主义的新世界观得以超越了资产阶级世界观以及空想社会主义的世界观。

---

① ［联邦德国］A. 施密特：《马克思的自然概念》，欧力同、吴仲昉译，商务印书馆 1988 年版，第 32 页。

② ［联邦德国］A. 施密特：《马克思的自然概念》，欧力同、吴仲昉译，商务印书馆 1988 年版，第 29 页。

③ ［联邦德国］A. 施密特：《马克思的自然概念》，欧力同、吴仲昉译，商务印书馆 1988 年版，第 32 页。

④ 《马克思恩格斯文集》第 4 卷，人民出版社 2009 年版，第 281—282 页。

首先，关于历史的主体是什么的问题，马克思恩格斯与思辨唯心主义做出了不同的回答，指明历史的主体是人，人们自己创造自己的历史。在马克思恩格斯看来，"黑格尔把世界头足倒置"①了，因为他用绝对精神来代替了人作为历史的主体。在《神圣家族》中，马克思恩格斯针对黑格尔及青年黑格尔派的历史观批判道："历史什么事情也没有做，……正是人，现实的、活生生的人在创造这一切，……并不是'历史'把人当做手段来达到自己——仿佛历史是一个独具魅力的人——的目的。历史不过是追求着自己目的的人的活动而已。"②也就是说，在马克思恩格斯看来，历史不是绝对精神的自我展开和实现，不是追求自己目的的某种特殊人格，历史是"人类的发展过程"③。正是基于此，马克思恩格斯曾经一度成为费尔巴哈派，因为费尔巴哈揭露了思辨哲学历史哲学体系的奥秘，"摧毁了概念的辩证法"④，用人代替了自我意识。但是，经由历史唯物主义的确立，马克思恩格斯超越了费尔巴哈的同样是唯心主义的历史观，这一变革是与人类观的变革互为表里的，我们将在本章第三节进行讨论。

其次，关于历史运动的奥秘问题，马克思恩格斯将黑格尔的概念辩证法转变为了实践辩证法使历史作为历史。马克思对黑格尔的概念辩证法评价道："辩证法，作为推动原则和创造原则的否定性——的伟大之处首先在于，黑格尔把人的自我产生看做一个过程，把对象化看做非对象化，看做外化和这种外化的扬弃；可见，他抓住了劳动的本质，把对象性的人、现实的因而是真正的人理解为人自己的劳动的结果。人同作为类存在物的自身发生现实的、能动的关系，或者说，人作为现实的类存在物即作为人的存在物的实现，只有通过下述途径才有可能：人确实显示出自己的全部类力量——这又只有通过人的全部活动、只有作为历史的结果才有可能——并且把这些力量当做对象来对待，而这首先又只有通过异化的形式才有可能。"⑤马克思进一步指出，"黑格尔唯一知道并承认的劳动是抽象

---

① 《马克思恩格斯文集》第1卷，人民出版社2009年版，第357页。
② 《马克思恩格斯文集》第1卷，人民出版社2009年版，第295页。
③ 《马克思恩格斯文集》第9卷，人民出版社2009年版，第28页。
④ 《马克思恩格斯文集》第1卷，人民出版社2009年版，第205页。
⑤ 《马克思恩格斯文集》第1卷，人民出版社2009年版，第205页。

的精神的劳动"①。可以说，黑格尔是以头足倒置的方式把握了历史，而马克思恩格斯则将历史置于现实的基础上，即"从直接生活的物质生产出发"②去理解历史。对此，马克思恩格斯以世界历史的形成过程为例，指出"历史向世界历史的转变，不是'自我意识'、世界精神或者某个形而上学幽灵的某种纯粹的抽象行动，而是完全物质的、可以通过经验证明的行动，每一个过着实际生活的、需要吃、喝、穿的个人都可以证明这种行动"③。

　　作为"把历史看做人类的发展过程"的"现代唯物主义"④，将人和自然、人和人的关系纳入历史中去，揭示出由人们现实的实践活动构成的历史是在作为前提和客观制约条件的前一代人的历史活动的产物和结果——"生产力、资金和环境"中得以生成的，同时这一生成的结果又构成了后一代人历史活动的前提和客观制约条件。一方面，人们创造历史的活动——现实的生活生产——是在前人留下来的既定环境中展开的，人们自己创造自己的历史，人的实践活动构成新的历史的前提存在，但是人们并不能随心随意地创造历史，而是要受到客观条件的制约，从而"具有特殊的性质"，是历史性的产物。另一方面，前人留下的"生产力、资金和社会交往形式的总和"不过是前一代人实践活动的结果。马克思恩格斯还揭示出，这一"环境—人"的矛盾经哲学家的抽象，前者被黑格尔和费尔巴哈的头脑把握为了统摄历史的"实体"或"人的本质"。后者被施蒂纳等哲学家的头脑把握为了"自我意识""唯一者"。

　　从而，历史构成了实践辩证法的展开场域。人创造环境，环境制约人，"世界"正是在作为历史活动的前提，同时也作为历史活动的产物和结果的历史性的实践活动中不断得以构造生成的。对此，马克思恩格斯说道："历史不是作为'源于精神的精神'消融在'自我意识'中而告终的，历史的每一阶段都遇到一定的物质结果，一定的生产力总和，人对自

①《马克思恩格斯文集》第1卷，人民出版社2009年版，第205页。
②《马克思恩格斯文集》第1卷，人民出版社2009年版，第544页。
③《马克思恩格斯文集》第1卷，人民出版社2009年版，第541页。
④《马克思恩格斯文集》第9卷，人民出版社2009年版，第28页。

然以及个人之间历史地形成的关系，都遇到前一代传给后一代的大量生产力、资金和环境，尽管一方面这些生产力、资金和环境为新的一代所改变，但另一方面，它们也预先规定新的一代本身的生活条件，使它得到一定的发展和具有特殊的性质。"①

马克思恩格斯指出，"迄今为止的一切历史观"正是由于没有自觉到历史运动中的实践辩证法，从而，"现实的生活生产被看成是某种非历史的东西，而历史的东西则被看成是某种脱离日常生活的东西，某种处于世界之外和超乎世界之上的东西"②。而历史唯物主义则通过实践辩证法澄明了历史的奥秘。

再次，关于自然和历史的关系问题，历史唯物主义通过对实践活动的中介作用的自觉来将人对自然界的关系纳入历史之中，不仅将作为人类世界过去发生事件的总和的狭义的历史作为真正的历史来把握，从而构成了独特的历史观，更是在这一对作为历史的历史的把握中，将人和自然的关系纳入历史中理解，从而打破了在旧唯物主义历史观视域下将自然和历史分离的世界观，历史唯物主义绝对不应被理解为马克思关于与自然分立的历史的知识，而是构建了使得社会主义成为"科学"的新世界观。

马克思恩格斯指出，正是因为离开了这一现实基础去考察历史，以往的历史观"把人对自然界的关系从历史中排除出去了，因而造成了自然界和历史之间的对立"③。历史便只剩下其表面现象，即由政治的或宗教的动因而导致的重大的政治历史事件的集合，于是观念变成了解释和支配历史的决定性力量。而马克思恩格斯指出，这些观念不过是"现实动因的形式"④，是生产力与生产关系矛盾运动的观念表现。由此，实践活动得以在作为历史的前提和结果中被辩证地把握，并具有了历史的文明内涵。在历史性的实践活动的地平上，自然和历史的对立被扬弃，世界不再是与人的历史性的现实的活动过程，即在一定社会关系中展开的实践活动无涉的恒久不变的存在，而是在作为历史的前提和结果的实践中生成的历史性构造。

最后，关于历史的规律和人的活动的关系问题，值得指出的是，黑格

---

① 《马克思恩格斯文集》第 1 卷，人民出版社 2009 年版，第 544—545 页。

② 《马克思恩格斯文集》第 1 卷，人民出版社 2009 年版，第 545 页。

③ 《马克思恩格斯文集》第 1 卷，人民出版社 2009 年版，第 545 页。

④ 《马克思恩格斯文集》第 1 卷，人民出版社 2009 年版，第 546 页。

尔的历史观已经超越了这种历史必然性单义地决定一切历史事件的发生变化的常识的规律观。黑格尔指出，"理性的活动一方面让事物按照它们自己的本性，彼此互相影响，互相削弱，而它自己并不直接干预其过程，但同时却正好实现了它自己的目的"①。其核心观点是历史的必然性不是超越者自身潜入历史发展的过程干涉历史事件的每一步变化，而是理性的意图在人们随心所欲的行为中得以实现，即必然性在偶然性中得以实现，可以说，黑格尔关于"理性的机巧"②的论断在形而上学的范围内讨论了人的能动性活动与历史规律的辩证关系，高明地解决了历史中自由和必然的关系问题。但黑格尔"理性的机巧"的图式中，必然性或者说历史规律的作用机制被视为绝对理性的意图的神秘显现，最终停留在形而上学范围内，沦为哲学家头脑中的臆想。

　　而马克思恩格斯将"理性的机巧"的图式改造为唯物论，批判地继承了黑格尔的这一图式。也就是说，马克思恩格斯的历史唯物主义对历史规律的作用机制的理解并非倒退回了前黑格尔水平的流行的规律观，而是在黑格尔已经实现了的辩证规律观的哲学地平上实现的对历史规律作用机制的唯物主义转化。历史唯物主义认为历史的进程受一般规律支配。但历史规律的作用机制，并不是由规律单义地决定一切历史事件的发生变化。对于我们熟知的历史唯物主义的生产关系一定要适合于生产力状况的社会历史发展规律，并不是可以用其直接解释历史中的一切个体行为。这一规律只能从历史事变的总体中"事后"抽象获得，对于个体来说，经济因素对其行为的影响只是所有因素中的一个，个体的行为可以有各种各样的动机。只是从历史发展的总体现象中，才能展现出生产关系一定要适合于生产力的状况的普遍必然性。正如恩格斯指出的那样，"并不像人们有时不加思考地想象的那样是经济状况自动发生作用，而是人们自己创造自己的历史，但他们是在既定的、制约着他们的环境中，是在现有的现实关系的基础上进行创造的，在这些现实关系中，经济关系不管受到其他关系——政治的和意识形态的——多大影响，归根到底还是具有决定意义

---

① ［德］黑格尔：《小逻辑》，贺麟译，商务印书馆1980年版，第394页。
② ［德］黑格尔：《小逻辑》，贺麟译，商务印书馆1980年版，第394页。

的，它构成一条贯穿始终的、唯一有助于理解的红线"①。也就是说，历史唯物主义认为，历史规律与人的活动关系在于，在"事先"历史规律给人们提供了创造历史的限定条件，在"事后"则作为检验标准发挥"归根结底"的决定作用。

毋宁说，赋予经济因素（生产力和生产关系）相对于其他因素在历史变迁中的首要性地位，是历史唯物主义的核心观点。对于这一设定，在马克思恩格斯刚刚提出这种设定之时，就曾遭到斯图亚特·穆勒的质疑。穆勒认为，在复杂的因果联系链条中不存在客观的等级。即事物变化的特定结果是多种相互作用的原因造成的结果。而其中所谓首要原因只是为了论证的方便才予以确定的，而并非客观存在的。② 这是站在多元论立场对历史唯物主义的似乎一元论观点的质疑，对此，我们可以回顾恩格斯晚年所强调的，关于历史唯物主义并非经济决定论的辩护，"根据唯物史观，历史过程中的决定性因素归根到底是现实生活的生产和再生产。无论马克思或我都从来没有肯定过比这更多的东西。如果有人在这里加以歪曲，说经济因素是唯一决定性的因素，那么他就是把这个命题变成毫无内容的、抽象的、荒诞无稽的空话。经济状况是基础，但是对历史斗争的进程发生影响并且在许多情况下主要是决定着这一斗争的形式的，还有上层建筑的各种因素：阶级斗争的各种政治形式及其成果——由胜利了的阶级在获胜以后确立的宪法等等……这里表现出这一切因素间的相互作用，而在这种相互作用中归根到底是经济运动作为必然的东西通过无穷无尽的偶然事件……向前发展。否则把理论应用于任何历史时期，就会比解一个简单的一次方程式更容易了"③。

这里，恩格斯并非从一元论向穆勒的多元论妥协，而是以历史唯物主义的社会有机体思想为基本立场，实现了对线性一元论和多元论的超越。有机体的思维方式是19世纪各门科学发展取得的重大时代成果，其在自然科学领域最为典型的代表就是达尔文的进化论。而社会有机体思想是马

---

① 《马克思恩格斯选集》第 4 卷，人民出版社 2012 年版，第 649 页。

② 参见［英］S. H. 里格比《马克思主义与历史学：一种批判性的研究》，吴英译，译林出版社 2019 年版，第 6 页。

③ 《马克思恩格斯选集》第 4 卷，人民出版社 2012 年版，第 604 页。

克思恩格斯的历史唯物主义的重要组成部分，例如，马克思在《资本论》第一版序言中指出，"现在的社会不是坚实的结晶体，而是一个能够变化并且经常处于变化过程中的有机体"①。这里，理解这一超越的关键是要将引起历史运动的直接动因和特定结果，与历史运动的必然趋势相区别。下面我们对这两方面内容逐一讨论。

一方面，从引起历史运动的直接动因、特定形式和结果来看，历史唯物主义认为，引起历史运动的直接动因可以是各种偶然因素，而非经济因素，其具体形式和特定结果，也是在各种因素的相互作用中得以形塑的。历史唯物主义"并不是说，只有经济状况才是原因，才是积极的，其余一切都不过是消极的结果"②。例如，马克思在《路易·波拿巴的雾月十八日》一文中谈到的几乎都是政治斗争和政治事件在历史运动中所起的直接动因的作用。再比如在《资本论》中的工作日篇章，马克思揭示了立法这种政治运动在对工作日长度的规定中起到的重要作用。从而，我们看到，历史唯物主义是在一种有机体的思维方式中思考历史运动的具体进程的。正是在这些思想中内蕴着与 18 世纪旧唯物主义的形而上学的思维方式相对立的辩证法的思维方式。列宁指出："马克思和恩格斯称之为辩证方法（它与形而上学方法相反）的，不是别的，正是社会学中的科学方法，这个方法把社会看做处在不断发展中的活的机体（而不是机械地结合起来因而可以把各种社会要素随便配搭起来的一种什么东西）。"③ 从而马克思恩格斯将社会演进视为一个"自然历史过程"，恰恰要强调的是历史运动并非由某种单线因果联系所决定，而是由社会有机体自身内部各个要素的复杂的相互作用推动、决定的。因而，历史唯物主义并非人们（甚至包括很多马克思主义者）通常所理解的认为历史运动由生产力—生产关系的单线因果联系所决定的线性史观，这种理解本身是基于对历史唯物主义的形而上学的理解，即将历史唯物主义矮化为了旧唯物主义。

另外，将马克思恩格斯发现的社会历史规律理解为每一个国家、社会

---

① 《马克思恩格斯文集》第 5 卷，人民出版社 2009 年版，第 10—13 页。
② 《马克思恩格斯选集》第 4 卷，人民出版社 2012 年版，第 649 页。
③ 《列宁选集》第 1 卷，人民出版社 2012 年版，第 32 页。

都要依次经历同欧洲一致的几种社会形态的更替的历史进程的观点，同样未能理解历史唯物主义的社会有机体思想。列宁专门讨论过这个问题，并明确指出，应在确立了科学的方法论的意义上理解进化论和历史唯物主义的类比关系，即历史唯物主义对历史科学和社会科学的贡献，和达尔文的进化论对现代自然科学的贡献是一样的。然而，这绝不意味着二者解释了全部的自然史和社会发展史。正如列宁所指出的，"种变说所企求的完全不是说明'全部'物种形成史，而只是把这种说明的方法提到科学的高度。同样，历史唯物主义也从来没有企求说明一切，而只企求指出'唯一科学的'（用马克思在《资本论》中的话来说）说明历史的方法"①。

另一方面，经济关系在历史运动中"归根到底还是具有决定意义的"②。一切因素"是在归根到底不断为自己开辟道路的经济必然性的基础上的相互作用"③。直接动因和特定形式的多样性本身并非意味着否定经济运动的决定作用。历史唯物主义正是在不同社会有机体的多样演变中，发现了历史运动的必然趋势，即恩格斯所说的马克思的两大发现之一。列宁指出，正如进化论使生物学建立在科学的方法基础上，从而使生物学成为科学。"马克思也推翻了那种把社会看做可按长官意志（或者说按社会意志和政府意志，反正都一样）随便改变的、偶然产生和变化的、机械的个人结合体的观点，探明了作为一定生产关系总和的社会经济形态这个概念，探明了这种形态的发展是自然历史过程，从而第一次把社会学放在科学的基础之上"④。正是在这个意义上，"唯物主义历史观始终是社会科学的同义词"⑤。

因而，我们不应该在推动历史运动的直接原因的意义上来理解经济运动在历史中的作用。这里并不否认很多历史运动本身是以经济因素为直接原因的，但正如恩格斯所指出的那样，我们要在"通过各种偶然性来为自己开辟道路的必然性，归根到底仍然是经济的必然性。"⑥ 的意义上去

① 《列宁选集》第1卷，人民出版社2012年版，第13—14页。
② 《马克思恩格斯选集》第4卷，人民出版社2012年版，第649页。
③ 《马克思恩格斯选集》第4卷，人民出版社2012年版，第649页。
④ 《列宁选集》第1卷，人民出版社2012年版，第10页。
⑤ 《列宁选集》第1卷，人民出版社2012年版，第10页。
⑥ 《马克思恩格斯选集》第4卷，人民出版社2012年版，第649页。

理解历史规律的作用机制。在有机体内外部各种复杂作用中，历史唯物主义认为，经济运动未必是推动历史运动的直接动因，即未必是"事先"起作用，但其却必然在"事后"起作用。用恩格斯的话来说，这是"经济关系"的"归根到底"的决定作用。①

历史唯物主义强调经济运动的基础地位，是基于其在社会"现实生活的生产和再生产"中的基础性地位。经济运动的必然性好比历史运动的"中轴线"。现实生活的生产和再生产是社会有机体维持其新陈代谢的方式。也就是说，如果现有的"生产力—生产关系"的状况导致社会现实生活的生产和再生产难以为继，则只会导致社会有机体陷入崩溃或混乱，直到新的"生产力—生产关系"有机组合使之新陈代谢得以持续。

例如，马克思在对工业发展与生产力、私有制之间的关系进行考察时指出，私有制对于工业发展的一定阶段来说是必要的，它是现存生产力状况的必然结果，而随着大工业的发展，使得生产力愈加发达到一定程度，"对于这些生产力来说，私有制成了它们发展的桎梏"②。正像历史上行会之于工场手工业，从适应于生产力的条件变为了生产力发展的桎梏一样。而随着生产力的进一步发展，生产力在私有制的交往形式下，只能获得片面的发展，其发展一方面表现为社会财富的大大增加，即"资产阶级在它的不到一百年的阶级统治中所创造的生产力，比过去一切世代创造的全部生产力还要多，还要大"③。另一方面私有制形式下的生产力"对大多数人来说成了破坏的力量，而许多这样的生产力在私有制下根本得不到利用"④。这在恩格斯《英国工人阶级的状况》中对工人的工作、生活状况的描述中可见一斑。同时，这种片面性在经济危机中得以突显，即在经济危机中，由于私有制，使得大量被需要的社会财富不能按需要进行分配、流通，从而使社会再生产无法进行，而这意味着这种生产关系需要被扬弃，被新的能够适应生产力发展需要的生产关系取代。因而，马克思得出结论，"一切历史冲突都根源于生产力和交往形式之间的矛盾"⑤。

---

① 《马克思恩格斯选集》第4卷，人民出版社2012年版，第649页。
② 《马克思恩格斯文集》第1卷，人民出版社2009年版，第566页。
③ 《马克思恩格斯文集》第2卷，人民出版社2009年版，第36页。
④ 《马克思恩格斯文集》第1卷，人民出版社2009年版，第566页。
⑤ 《马克思恩格斯文集》第1卷，人民出版社2009年版，第567—568页。

因而，经济因素未必作为历史运动的直接动因"事先"推动历史运动，但经济运动一定会作为"事后"检验的规律而决定着历史运动的趋势。"生产关系一定要适应生产力的状况"作为人类社会历史的发展规律是对历史运动进行"事后"分析的科学结论，其作用形式是作为"事后"的检验标准来发挥作用的，即以能否实现生产力发展作为检验一种生产方式是否能够取代另一种生产方式的标准和尺度。正如孟捷、赵磊指出的那样，"如果这个系统要整体发生变化，生产力的变化可以是事后的。但是不管怎么样，要整体发生变化，前提是生产力一定要发生变化"①。只有实现生产力发展的生产关系、生产方式才能满足社会的"现实生活的生产和再生产"的需要，正是这一"必然的东西"构成了社会形态兴衰的"归根到底"的底层逻辑，即"以铁的必然性发生作用并且正在实现的趋势"②，从而使历史呈现出生产力不断发展的趋势。我们应该在这个意义上去理解作为社会形态根本动力的"生产力—生产关系，经济基础—上层建筑"的矛盾运动。

由此，我们看到，历史唯物主义本身肯定历史运动具体形式的多样性，即只要能够经受住经济运动的"事后"检验，那么，历史运动本身可以呈现为多种具体形式。从而"马克思……不认同人类历史将不可避免地经历一定的阶段顺序的固定模式"③。

对历史唯物主义的线性阐释将历史唯物主义的经济运动的"事后"作用与导致历史运动的"事先"直接动因相混淆，从而导致对历史唯物主义的误解，这些误解在马克思恩格斯在世时就已颇为流行，生产力一元决定论在第二国际时期一度成为对历史唯物主义核心观点的主流认识。这种观点认为社会生产关系及上层建筑的变化，应该是生产力状况的直接结果。前文引述的恩格斯对历史唯物主义的澄明正是针对对历史唯物主义的线性理解进行的批判。然而，这种线性理解直到今天也仍然颇为流行，并导致了对历史唯物主义的矮化，也导致了无法正确理解中国式现代化道路

---

① 孟捷、赵磊：《生产力一元决定论的超越与辩护——关于〈历史唯物论与马克思主义经济学〉的对话》，《天府新论》2017年第4期。

② 《马克思恩格斯文集》第5卷，人民出版社2009年版，第8页。

③ ［意］马赛罗·穆斯托：《马克思的晚年岁月》，刘同舫、谢静译，人民出版社2022年版，第46页。

与历史唯物主义的关系问题。对此，我们将在本书第四章里讨论，在此不再赘述。

我们看到，科学社会主义的新世界观不是将人的独立性、自由意志放在形而上学的范围内通过觉察到绝对精神的神秘意图来实现，也不是像空想社会主义者那样通过将理性观念变为现实而不顾历史规律去改变世界，而是在形而下的现实的历史中，通过对社会矛盾的自觉而设定自己的目的，即在对特定社会生产有机体的特定规律的认识的基础上，设定进一步行动的目的，最终实现合规律性和合目的性的统一。从而，资本主义必然灭亡，共产主义必然胜利的论断，并非马克思恩格斯停留于单纯的道德评判层面上得出的结论，而正是在历史唯物主义视域下对资本主义生产方式内部生产力与生产关系矛盾的考察和分析的结果。反过来，通过共产主义的生产关系实现人类解放，也只有建立在高度发达的生产力水平基础上才能成为现实。马克思恩格斯指出，消灭"异化"要"以生产力的巨大增长和高度发展为前提"。① 我们应该在改变世界的实践活动的本身构成历史的前提和结果的辩证法中去理解马克思恩格斯的关于共产主义是一种运动的著名论断，即"共产主义对我们来说不是应当确立的状况，不是现实应当与之相适应的理想。我们所称为共产主义的是那种消灭现存状况的现实的运动。这个运动的条件是由现有的前提产生的"②。可以说，对于人与自然、历史关系的科学理解以及建立在此基础上对推动社会形态更替的历史运动矛盾的发现，构成了使社会主义成为科学的重要理论根基。

综上所述，将实践置于"历史之中"而作为世界的生成场域和解释原则成了科学社会主义的新世界观的核心所在。日本学者广松涉套用海德格尔的哲学用语，将马克思这种新世界观地平称为"历史—之中—存在"，并将其视为马克思主义唯物论的基本机制所在。广松涉指出，"《德意志意识形态》开拓的从唯物史观视角出发的这种'历史—之中—存在'结构的地平，绝不是把作为唯物辩证法的第一哲学运用于历史，也不只是关于历史这一宇宙的另一半的部分知识。它既是狭义的历史开始作为历史

---

① 《马克思恩格斯文集》第 1 卷，人民出版社 2009 年版，第 538 页。
② 《马克思恩格斯文集》第 1 卷，人民出版社 2009 年版，第 539 页。

而得以揭示的地平，也是马克思主义的整个世界观的地平，这一唯物史观的视角正是马克思主义唯物论的基本机制"①。从而，马克思主义的历史观并不是辩证唯物主义在历史领域的运用，而是马克思恩格斯在历史性的"现实的活动过程"的新地平上构造的新世界观。

第三节　马克思主义人类观与超越"人性复归" 理路的人类解放构想

　　一直以来，存在着以"人的非异化状态—人的异化—异化的扬弃"的"人性复归"理路去理解马克思主义实现人类解放的逻辑构想的阐释模式，其具体逻辑理路是人在历史上曾是非异化的状态，但在资本主义进程中，人被异化了，而马克思主义实现人类解放的目标就是使人摆脱异化状态，重新复归人的本质。以下我们简称之为"复归论"。这种"复归论"阐释模式的存在正表明了马克思主义的人类观变革与其新世界观的生成之间的关系未得到彻底的澄明。对此，我们试图揭示马克思主义人类观与包括费尔巴哈在内的青年黑格尔派的近代人类观的异质性，从而澄明马克思主义人类观与其世界观生成的表里关系。我们试图指出的是，正是马克思主义人类观的变革，使得人类解放得以扬弃"人性复归"的逻辑理路，构成了使社会主义成为"科学"的新世界观的重要内容。

一　费尔巴哈的人类观及其局限

　　在费尔巴哈的《基督教的本质》出版之前，唯物主义和唯心主义在关于何者是唯一现实的东西的问题上各执一端，前者认为自然界，后者认为绝对观念是唯一现实的东西。费尔巴哈表达了对黑格尔及青年黑格尔派思辨哲学将自然界视为观念的外化、下降的派生产物的唯心主义的不满，通过用"人"本身来代替观念，将人本身视为感性对象，超越了停留在将自然界视为唯一现实的东西的层次上的 18 世纪英法唯物主义，"摧毁

① ［日］广松涉：《马克思主义的哲学》，邓习议译，张一兵审订，南京大学出版社 2019 年版，第 30 页。

了概念的辩证法"①，重塑了唯物主义的权威。

在费尔巴哈看来，黑格尔不过是将上帝替换为了绝对理性，并将国家视为绝对理性的历史性表现形式。而费尔巴哈认为，无论是上帝还是国家，都不过是人的绝对本质的自我异化的表现形态，只不过前者是意识中的异化形式，后者是人的类本质的现实异化形式。于是"人"才应该是哲学的对象，并且在以往的哲学中，乃至宗教中，人在事实上也是一切唯心主义哲学的事实对象，只不过以往的哲学没能意识到这一点。在这个意义上，费希特的自我、莱布尼茨的单子、黑格尔的绝对理念都不过是感性的人的种种机能的异化，只不过他们没能认识到，这一切背后的基础是感性的人，是人的种种机能。在《未来哲学原理》中，费尔巴哈指出，"新哲学的认识原则和主题并不是'自我'，并不是绝对的亦即抽象的精神，简言之，并不是自为的理性，而是实在的和完整的人的实体。实在、理性的主体只是人。是人在思想，并不是我在思想，并不是理性在思想"②。于是，费尔巴哈揭示了形而上学不过是一种误入了歧途的人学，人本身是自然界的产物，自然界又构成了人类的基础，正如恩格斯对其《基督教的本质》内容概括的那样，"在自然界和人以外不存在任何东西，我们的宗教幻想所创造出来的那些最高存在物只是我们自己的本质的虚幻反映"③。由此，费尔巴哈通过聚焦在"人"，作为感性的自然存在的人的方式，消除了黑格尔及青年黑格尔派唯心主义的思辨魔法，摧毁了唯心主义体系，揭示出所谓自然界和观念的本原之争不过是存在于想象之中，使唯物主义重新登上王位。从而，哲学的主题变为了人和自然，"新哲学将人连同作为人的基础的自然当作哲学唯一的、普遍的和最高的对象"④。

费尔巴哈认为哲学不应从观念出发，而应从"人"出发的思想，曾对马克思恩格斯产生了重大影响。在《1844 年经济学哲学手稿》中，马克思称："从费尔巴哈起才开始了实证的人道主义和自然主义的批判……

　　① 《马克思恩格斯文集》第 1 卷，人民出版社 2009 年版，第 295 页。

　　② ［德］费尔巴哈：《费尔巴哈文集》第 10 卷，洪谦译，商务印书馆 2022 年版，第 70 页。

　　③ 《马克思恩格斯文集》第 4 卷，人民出版社 2009 年版，第 275 页。

　　④ ［德］费尔巴哈：《费尔巴哈文集》第 10 卷，洪谦译，商务印书馆 2022 年版，第 74 页。

费尔巴哈著作是继黑格尔的《现象学》和《逻辑学》之后包含着真正理论革命的唯一著作。"① 恩格斯在《路德维希·费尔巴哈和德国古典哲学的终结》中回忆起费尔巴哈的《基督教的本质》出版后对他和马克思的影响时指出，"这部书的解放作用，只有亲身体验过的人才能想象得到。那时大家都很兴奋：我们一时都成为费尔巴哈派了"②。

　　然而马克思恩格斯很快意识到了费尔巴哈人类观的缺陷。在《德意志意识形态》中，马克思恩格斯指出，"费尔巴哈与'纯粹的'唯物主义者相比有很大的优点：他承认人也是'感性对象'。但是，他把人只看做是'感性对象'，而不是'感性活动'"③。也就是说，费尔巴哈将探究作为感性对象的人作为哲学研究的主题和任务，使其成为旧唯物主义的最高成就。然而，费尔巴哈接下来对"人"的研究却是马克思恩格斯不能认同的。

　　对人的问题的哲学研究涉及个体—类、存在—本质的关系问题。对于这个问题，黑格尔是以总体的人（一般的人）作为主体及实体的方式解决的，个体被置于总体的人之中去理解。这与当时德国的现实历史状况有关，在这一意义上，黑格尔同洪堡等当时的德国思想家有一种共同意向，即希望德国追赶上实现了工业革命、资产阶级革命而率先实现了现代化的英国和法国。在思想上，表现为以个体趋向总体，凝聚国家意志去解决个体与社会的矛盾，并在其中隐含着对英法的个人主义的批判。

　　费尔巴哈力图拯救在黑格尔的"个体—类"那里被埋没了的个人，拒斥将类、本质实体化，力图将个人从抽象的总体中拯救出来。个体与类，存在与本质的共通问题被以这样的方式来解决——人的类本质被阐释为每一个个体中的共同性——理性、爱、意志力。费尔巴哈将上帝指认为不过是理性、爱和意志力的统一的人的绝对本质的自我异化。

　　然而，费尔巴哈的类本质，并不包含人与人之间的历史性形成的社会关系。人的类存在不过是"理性、爱和意志力"这种超历史的适用于一切社会形态的抽象的共同性。恩格斯在《路德维希·费尔巴哈和德国古

① 《马克思恩格斯文集》第 1 卷，人民出版社 2009 年版，第 112 页。
② 《马克思恩格斯文集》第 4 卷，人民出版社 2009 年版，第 275 页。
③ 《马克思恩格斯文集》第 1 卷，人民出版社 2009 年版，第 530 页。

典哲学的终结》中，将费尔巴哈的唯物主义和黑格尔的唯心主义进行对比时评价道："同黑格尔比较起来，费尔巴哈的惊人的贫乏又使我们诧异。"① 黑格尔以实体即主体的方式将家庭、市民社会以及国家纳入绝对理性的历史性展开环节中。也就是说，黑格尔的概念辩证法是包含有社会性、历史性的人的世界的。因而黑格尔的伦理学"形式是唯心主义的，内容是实在论的"②。而"在费尔巴哈那里情况恰恰相反。就形式讲，他是实在论的，他把人作为出发点；但是，关于这个人生活的世界却根本没有讲到，因而这个人始终是在宗教哲学中出现的那种抽象的人"③。

也就是说，费尔巴哈指明基督教中的神不过是人的本质的虚幻的反映，并用人代替了宗教中的神，也代替了黑格尔创世说的哲学形式中的绝对精神，但作为费尔巴哈的哲学出发点的人却"不是生活在现实的、历史地发生和历史地确定了的世界里面"④，从而只是抽象的人，尽管费尔巴哈哲学中的人也生活在社会中，生活在与其他人的交往中，但是每个其他人都和这个人本身一样抽象。费尔巴哈对人和人的关系考察得出的结论不过是，人们自始至终都是相互需要的。⑤ 对此，恩格斯指出，"人是人、文化、历史的产物"，这句费尔巴哈的名言，"在他那里也是根本不结果实的"⑥。在这个意义上，费尔巴哈的唯物主义对黑格尔唯心主义的批判是未达到黑格尔的层次的。费尔巴哈虽然试图将人从形而上的抽象总体中拉回到形而下的世界中，但其类本质、类存在甚至比黑格尔那里更加抽象。

可以说，费尔巴哈试图形而下地把握人的存在，却将人进行客体化理解和把握，知性抽象出其单个人固有的抽象物。这种对人的直观式把握因为没有在人们的社会性共同活动中把握人，把握共同活动构成的现实世界，从而导致费尔巴哈在社会历史观领域重新陷入唯心主义。对此，恩格斯在《路德维希·费尔巴哈和德国古典哲学的终结》中指出，

① 《马克思恩格斯文集》第4卷，人民出版社2009年版，第290页。
② 《马克思恩格斯文集》第4卷，人民出版社2009年版，第290页。
③ 《马克思恩格斯文集》第4卷，人民出版社2009年版，第290页。
④ 《马克思恩格斯文集》第4卷，人民出版社2009年版，第290页。
⑤ 参见《马克思恩格斯文集》第1卷，人民出版社2009年版，第549页。
⑥ 《马克思恩格斯文集》第4卷，人民出版社2009年版，第291页。

尽管费尔巴哈处处都谈感性、自然、人的不依赖于观念的独立性，但其"真正的唯心主义"在宗教哲学和伦理学中已显露无遗。① 费尔巴哈虽将宗教视为人的本质的"虚幻映象"。但谈到人的本质，他却除了自有人类以来，贯穿于任何社会形态的人与人之间的感情关系外，再谈不出其他的关系。在这个意义上，他只是试图将抽象的人，将人与人之间的纯粹关系加以神圣化，而用费尔巴哈意义上的新的真正的宗教来代替黑格尔在哲学中用绝对观念来统摄世界的创世说，即用抽象的人代替绝对精神。"理性、爱、意志力"都是将人视为独立的个体的超历史的、脱离了社会联系的共同性——类本质。在这个意义上，费尔巴哈虽然是独立于英法个体主义发展出的关于人的认识，却与作为资产阶级意识形态的个体主义具有了内在的一致性。

费尔巴哈的宗教哲学和伦理学的将爱奉为克服一切实际生活困难的灵丹妙药。节制自我，爱他人，就是费尔巴哈解决社会矛盾的方案，而爱与友情，并不是被置于人们生活于其中的特定阶级社会形态下的关系而被考察和批判的，而不过是被理想化了的抽象关系。在马克思恩格斯看来，在现实社会已是阶级利益对立的状况下，费尔巴哈的道德论——节制自我和爱他人——是无力解决现实矛盾的。对此，恩格斯在《路德维希·费尔巴哈和德国古典哲学的终结》中指出，"它是为一切时代、一切民族、一切情况而设计出来的；正因为如此，它在任何时候和任何地方都是不适用的"②。从而，费尔巴哈的人类观以及建基其上的道德论，实际上构成了与资本主义社会的内在契合，而不是反对资本主义社会的意识形态，并因此丧失了革命性。对此，正如马克思恩格斯在《德意志意识形态》中指出的那样，费尔巴哈和思辨唯心主义者的共同之处，在于"他只是希望确立对现存的事实的正确理解，然而一个真正的共产主义者的任务却在于推翻这种现存的东西"③。

需要指出的是，不仅是费尔巴哈，当时一些社会主义者也同样因此陷入唯心主义。例如，恩格斯在《路德维希·费尔巴哈和德国古典哲学的

① 参见《马克思恩格斯文集》第4卷，人民出版社2009年版，第287页。
② 《马克思恩格斯文集》第4卷，人民出版社2009年版，第294页。
③ 《马克思恩格斯文集》第1卷，人民出版社2009年版，第549页。

终结》中指出，从 1844 年起在德国传播甚广的以格律恩为代表的"真正的社会主义"与费尔巴哈的基于抽象的人的唯心主义伦理学紧密相连，主张诉诸"爱"来实现人类解放。① 在这个意义上说，同费尔巴哈一样，"真正的社会主义"未能超越资本主义社会内部的意识形态。

二　马克思主义新人类观的历史生成

在《关于费尔巴哈的提纲》中，马克思批判费尔巴哈将人的本质视为"单个人所固有的抽象物"，并指出人的本质在其现实性上是"一切社会关系的总和"②。但是，要理解马克思这句论断的深刻内涵，首先要从马克思对存在—本质、个体—类的关系回答的人类观的形成过程入手。这并不是一个无关紧要的问题，尽管一些观点会以这些不过是解释世界的旧哲学讨论的问题，而马克思的哲学不是经院哲学，而是改变世界的实践哲学来否定这些问题在整个科学社会主义构想中的地位。然而，我们认为，正是对这些问题的不同回答构成并彰显了马克思恩格斯的科学社会主义构想与费尔巴哈和英法空想社会主义的社会改良构想的实质区别。

马克思在其著作中多次谈到实现人类解放，就是要实现人的存在—本质、个人—类的统一。例如在《黑格尔法哲学批判》中，马克思曾将民主制指认为是实现"普遍和特殊的真正统一"的方式，并指出只有在民主制下，"类本身表现为一个存在物"③。在批判以政治解放代替人类解放的构想的《论犹太人问题》中，马克思强调了"任何解放都是使人的世界和人的关系回归于人自身"，"只有当现实的个人……成为类存在物的时候……人的解放才能完成"。④ 在《1844 年经济学哲学手稿》中，马克思指出，"共产主义……是通过人并且为了人而对人的本质的真正占有；因此，它是人向自身、也就是向社会的即合乎人性的人的复归……这种共产主义……是人和自然界之间、人和人之间的矛盾的真正解决，是存在和本质、对象化和自我确证、自由和必然、个体和类之间的斗争的真正解

---

① 参见《马克思恩格斯文集》第 4 卷，人民出版社 2009 年版，第 275—276 页。
② 《马克思恩格斯选集》第 1 卷，人民出版社 2012 年版，第 135 页。
③ 《马克思恩格斯全集》第 3 卷，人民出版社 2002 年版，第 40 页。
④ 《马克思恩格斯全集》第 3 卷，人民出版社 2002 年版，第 189 页。

决"①。但是，如果据此将马克思的人类解放构想理解为向人的本质的复归，则将马克思和青年黑格尔派中的思辨唯心主义、费尔巴哈，乃至英法空想社会主义者的构想混为一谈。

我们知道，存在—本质、个体—类的关系从古希腊哲学开始就属于哲学追问的核心问题，经由近代哲学以追问"思想的客观性"的具体内容为中介，在黑格尔将世界理解为绝对精神的"实体即主体"的历史性展现过程中，存在—本质的统一成为不言而喻、不证自明的思想前提。当这一思想前提被自觉到不过是独断的时候，便是黑格尔体系崩溃之时，之后的青年黑格尔派抓住了黑格尔体系中的主体性一面，将绝对精神重新阐释为人类的自我意识，继续以"主体即实体"，存在—本质统一的构想来把握世界。经由"上帝—绝对精神—人类的自我意识"的路径，人代替绝对精神登上了上帝的宝座，近代主观主义在青年黑格尔派那里达到了顶峰。

存在—本质、个体—类的关系问题在马克思那里，是从青年黑格尔派伊始，以费尔巴哈对黑格尔及青年黑格尔派中的思辨唯心主义的批判为中介，再经由赫斯对费尔巴哈的批判为启发，获得了自为的把握的。

下面我们试图揭示马克思主义新人类观的形成过程，鲍威尔发展了黑格尔体系中的一个因素，从普遍的自我意志—理性（在超越个别的一般、总体意义上的人的统一中）出发，并将其实体化。而马克思恩格斯经由费尔巴哈很快扬弃了这一传统，指出将个体统一于类的"主体即实体"的普遍的自我意识不过是黑格尔体系中被"形而上学地改了装的、同自然分离的精神"②，并放弃了这一前提。马克思在《1844 年经济学哲学手稿》中，曾高度赞扬费尔巴哈，称其"创立了真正的唯物主义和实在的科学"③。在《神圣家族》中，马克思恩格斯也曾盛赞与片面发展了黑格尔唯心主义体系的施特劳斯和鲍威尔不同，"只有费尔巴哈才立足于黑格尔的观点之上而结束和批判了黑格尔的体系，因为费尔巴哈消解了形而上

---

① 《马克思恩格斯文集》第 1 卷，人民出版社 2009 年版，第 185 页。
② 《马克思恩格斯文集》第 1 卷，人民出版社 2009 年版，第 342 页。
③ 《马克思恩格斯文集》第 1 卷，人民出版社 2009 年版，第 200 页。

学的绝对精神，使之变为'以自然为基础的现实的人"①。

在《1844年经济学哲学手稿》中，马克思的叙述逻辑就是将费尔巴哈的宗教批判的逻辑——用"人"代替作为人的自我异化形态的上帝，将人从形上世界拉回到形下世界——运用在社会批判中。人类历史呈现为以"类存在"的人为"主体即实体"从异化到类本质的复归的历程，而共产主义就是作为"类存在"的"主体即实体"的人实现个体—类、存在—本质相统一的现实运动。但即使在《1844年经济学哲学手稿》中，马克思业已在引入历史的生成逻辑的向度上超越了费尔巴哈，即在费尔巴哈那里，人的类存在的抽象，并不是延承了黑格尔的路径，融合了作为主体及实体的历史展开进程，其对人的理解缺乏历史的生成逻辑。在《关于费尔巴哈的提纲》中，马克思讨论了费尔巴哈对本质（类）—存在（个人）之间的关系的处理，即费尔巴哈"假定有一种抽象的——孤立的——人的个体。……因此，本质只能被理解为'类'，理解为一种内在的、无声的、把许多个人自然地联系起来的普遍性"②。对此，广松涉指出，"与黑格尔的向度相反，费尔巴哈的'类'是基于'我—你'这种'个体'的构想"③。费尔巴哈用内在于单个人的无声的、固有的抽象本质，作为联系起众多个人的普遍性，在这个意义上，费尔巴哈的关于人的理解仍在启蒙时代以来个体主义的资产阶级人类观视域内。

费尔巴哈对关于人的问题上存在—本质的同一构想是"某物或某人的存在同时也就是某物或某人的本质；一个动物或一个人的一定生存条件、生活方式和活动，就是使这个动物或这个人的'本质'感到满意的东西"④。而人的存在与本质的不符合只能被归于"不幸的偶然事件，是不能改变的反常现象"⑤。按照这一构想，在现实的历史中的无产者的"存在"即他们的苦难的生活状况与他们的"本质"的不相一致，只能是

———————————

① 《马克思恩格斯文集》第1卷，人民出版社2009年版，第342页。

② 《马克思恩格斯选集》第1卷，人民出版社2012年版，第135页。

③ ［日］广松涉：《马克思主义的哲学》，邓习议译，张一兵审订，南京大学出版社2019年版，第99页。

④ 《马克思恩格斯文集》第1卷，人民出版社2009年版，第549页。

⑤ 《马克思恩格斯文集》第1卷，人民出版社2009年版，第549页。

"不可避免的不幸，应当平心静气地忍受这种不幸"①。

　　现学界考证认为，马克思能够超越费尔巴哈这种非历史的个体主义的近代人类观，与其同时代的思想家赫斯有重要关系，赫斯揭示过费尔巴哈在个人之中寻求人的本质的逻辑理路，"费尔巴哈……通过'现实'的人这种说法，理解市民社会的被个别化的人……另一方面他预见社会的人，'类的人'、'人的本质'，并且这种本质，确实将其设想为存在于认识的各个人当中……类的人之所以成为现实的人，只因为这是一切的人能够陶冶自己，都能够发挥自己的能力的社会，即那是一切的人都能够实证自己的社会"②。赫斯参与了马克思恩格斯1845年开始写作的《德意志意识形态》，马克思恩格斯将人的本质置于社会性的共同活动中理解，可谓受到了赫斯的影响。

　　费尔巴哈的"人"是由绝对精神、神羽化而来的，而在马克思恩格斯看来，进入"人"的真正途径应该恰好相反。在《德意志意识形态》中，马克思恩格斯指出，费尔巴哈"把人只看做是'感性对象'，而不是'感性活动'……他还从来没有看到现实存在着的、活动的人，而是停留于抽象的'人'"③。而马克思恩格斯指出，"现实中的个人……是从事活动的，进行物质生产的，因而是在一定的物质的、不受他们任意支配的界限、前提和条件下活动着的"④。结合《关于费尔巴哈的提纲》中的论述，能够看到马克思对人的本质的特殊理解，即不存在抽象不变的、作为单个人固有的抽象物的本质，那种本质只是站在近代主—客对立的世界观地平上知性思维对社会共同性活动及其结果的误视。人并没有什么恒定不变的抽象的类本质，"在其现实性上，它是一切社会关系的总和"⑤。

　　这里需要强调的是，在马克思恩格斯看来，"社会关系的含义在这里

　　① 《马克思恩格斯文集》第1卷，人民出版社2009年版，第549页。
　　② ［德］莫泽斯·赫斯：《赫斯精粹》，邓习议编译，方向红校译，南京大学出版社2010年版，第187页。
　　③ 《马克思恩格斯文集》第1卷，人民出版社2009年版，第530页。
　　④ 《马克思恩格斯文集》第1卷，人民出版社2009年版，第524页。
　　⑤ 《马克思恩格斯选集》第1卷，人民出版社2012年版，第135页。

是指许多个人的共同活动"①。也就是说，与黑格尔保有了历史性但却将个体纳入整体的绝对精神的形而上学，以及费尔巴哈将人拉回到形而下的理解却仅仅在直观中将人的本质视为单个人固有的抽象物相比，马克思恩格斯将人置于社会关系中，即历史性的共同活动中理解。可以说，离开了在一定社会关系中的共同活动去考察人，正是费尔巴哈"撇开历史的进程"②，形成抽象的、孤立的、个体的人的理解，并将人的本质理解为类，理解为孤立的抽象个体之间的内在联系的深层思想根源。

我们要指出的是，马克思主义的人类观处在与近代哲学的不同世界观地平上，并由此显现出其与传统人类观的实质区别。例如，在古代哲学中，人被视为理性的动物、政治的动物等以区别于动物，而理性、政治等却被视为独立于人的社会性而存在。而马克思恩格斯将人的本质置于人的历史性的共同活动中去理解。这里，共同活动成为比思维、存在更具有逻辑先在性的平台。在这一平台上，意识、理性、政治，乃至现代哲学所称之为的语言等被西方哲学指认为人之为人的道理，都只有在人在一定社会关系中从事的共同活动中才能获得，由此，人的存在—本质的同一不是超历史的永恒前提，并在历史性的共同活动的视域下生成了超越"人性复归"理路的人类解放的实现构想。

三 超越"人性复归"理路的人类解放构想

在历史性的共同活动这一具有逻辑先在性的世界观地平上，马克思揭示了费尔巴哈的"抽象的人"，本身不是历史的起点，而是历史的产物和结果。马克思揭示出使"抽象的人"的观念得以形成的社会形式正是市民社会。用马克思的话说，"产生这种孤立个人的观点的时代，正是具有迄今为止最发达的社会关系的时代"③。正是在这种资本主义的社会关系下，与人处在人与人的依附关系的历史形态相区别，人表现为具有独立性，每个人似乎可以根据自己的意识进行抉择，这种表象正是不可分割的原子化实存形象的近代资产阶级人类观的现实根源。

---

① 《马克思恩格斯文集》第 1 卷，人民出版社 2009 年版，第 532 页。
② 《马克思恩格斯选集》第 1 卷，人民出版社 2012 年版，第 135 页。
③ 《马克思恩格斯全集》第 30 卷，人民出版社 1995 年版，第 25 页。

　　也就是说，包括费尔巴哈的人类观在内的近代人类观本身是资本主义社会的理论表征，即在资本主义社会中，人作为彼此独立的商品所有者而存在，除却交换不发生其他社会联系，这种资本主义社会中人的存在的特定形态，被表面性地把握为原子化的个人，社会被把握为彼此独立的原子化的个人的集合体。这种对人的把握在哲学上体现为近代唯心主义和唯物主义的两极相通，即施蒂纳将人理解为"唯一者"，费尔巴哈将人理解为"抽象的——孤立的——人的个体"①，二者表面上有明显的分歧，但实际上却是两极相通。

　　马克思恩格斯认为，社会当然是由个人构成的，但只有处在某种社会关系下的生产活动中的个人，才是现实的个人。马克思恩格斯在《德意志意识形态》中指出，"现实的个人，是他们的活动和他们的物质生活条件，包括他们已有的和由他们自己的活动创造出来的物质生活条件"②。"个人是什么样的，这取决于他们进行生产的物质条件"③。这里，马克思恩格斯不是把人当作适合于一切社会历史形态下的抽象的"类"来讨论，而是把人当作从事感性活动的感性对象来看，即个人表现为原子化的存在，那是在"人们在自己生活的社会生产中发生的一定的、必然的、不以他们的意志为转移的关系"④中的共同活动的结果。马克思在《1857—1858 年经济学手稿》中讨论人—资产阶级社会—社会关系之间的关系时指出，"如果我们从整体上来考察资产阶级社会，那么社会本身，即处于社会关系中的人本身，总是表现为社会生产过程的最终结果。……作为它的主体出现的只是个人，不过是处于相互关系中的个人，他们既再生产这种相互关系，又新生产这种相互关系。这是他们本身不停顿的运动过程，他们在这个过程中更新他们所创造的财富世界，同样地也更新他们自身"⑤。从而，唯物史观视域下的人类解放从来是和社会变革密切相关的，即通过社会变革即生产关系的变革来变革人的存在方式，共产主义就是以社会变革来通向人类解放的现实运动。

---

① 《马克思恩格斯选集》第 1 卷，人民出版社 2012 年版，第 135 页。
② 《马克思恩格斯文集》第 1 卷，人民出版社 2009 年版，第 519 页。
③ 《马克思恩格斯文集》第 1 卷，人民出版社 2009 年版，第 520 页。
④ 《马克思恩格斯全集》第 31 卷，人民出版社 1998 年版，第 412 页。
⑤ 《马克思恩格斯全集》第 31 卷，人民出版社 1998 年版，第 108 页。

　　马克思主义的人类观是将人的存在—本质的关系置于具体的社会历史条件下去把握，并指出人的存在—本质的统一不是自在的，而只有在特定的社会历史条件下才能实现。在《1857—1858 年经济学手稿》中，马克思以不同生产方式为依据，划分了人存在的不同历史形态。包括与自然经济、农业文明相对应的"人的依赖关系"，与发达的商品经济、工业文明相对应的"以物的依赖性为基础的人的独立性"，以及与产品经济相对应的"建立在个人全面发展和他们共同的、社会的生产能力成为从属于他们的社会财富这一基础上的自由个性"三种不同的历史形态。① 在现实的历史，即生产的资本主义形式下，商品经济从简单的商品经济发展为发达的商品经济，但人并未实现存在—本质的同一，不仅大量的无产者沦为生产剩余价值的工具，而且资本家也不过是追求剩余价值，从而使得资本得以不断增殖的机器和工具而已，人的存在—本质始终处于非同一状态。用马克思恩格斯在《共产党宣言》中的论断则是，"在资产阶级社会里，资本具有独立性和个性，而活动着的个人却没有独立性和个性"②。而马克思在《资本论》中进一步指出，这表明了"生产过程支配人而人还没有支配生产过程"③ 的状况。

　　而基于马克思主义的新人类观的实现人类解放的基本构想是，如果说人的存在—本质不同一的"人的依赖关系"的历史形态，还是由当时生产力的状况落后决定的，即生产只是在一个点或者有限的范围内展开的结果，那么，在资本主义条件下则是社会关系成为桎梏生产力发展的结果。因为生产的资本主义形式已经创造出比前几个世代的总和还要多的社会财富，但却周期性地出现商品大量堆积，然而工人却流离失所，社会再生产停滞的经济危机。马克思恩格斯认为，这恰恰表明了资本主义的生产关系已经成为生产力发展的桎梏，从而通过变革这一生产关系，并在这一变革中实现人的存在形态的自我更新，扬弃"以物的依赖性为基础的人的独立性"的存在形态，在生产过程服从人的支配的共产主义社会实现人的自由个性的全面发展。

---

① 《马克思恩格斯全集》第 30 卷，人民出版社 1995 年版，第 107—108 页。
② 《马克思恩格斯文集》第 2 卷，人民出版社 2009 年版，第 46 页。
③ 《马克思恩格斯文集》第 5 卷，人民出版社 2009 年版，第 99 页。

那么，强调变革社会关系以实现人类解放的逻辑理路是否意味着马克思主义唯物论将社会关系置于本体的地位，将社会关系视为独立于人的存在，用社会关系代替了理性、意志或别的什么，从而构成了一种新的本质主义的肆虐。对此，我们的答案是否定的。因为在马克思主义唯物论中，社会关系并不是人们可以随心所欲地选择和构建的。马克思曾明确了人和历史的关系，即人作为历史的前提，首先是历史的产物和结果，这一人的限定性条件使得人不能随心所欲地构建社会关系，而只能在前人留下来的既定条件下共同活动，以实现生产力的发展。也就是说，社会关系的变革和调整，本身要以是否适合生产力的状况为标准，这正是马克思所发现的社会历史规律。而建立实现人类解放的共产主义的社会关系，本身要"以生产力的巨大增长和高度发展为前提"①。这是因为，一方面，如果离开了生产力的高度发展，世界将会被贫穷充斥，而在这种状况下，就像历史上曾发生的那样，一切因争夺生存必需品的斗争将重新开始。另一方面，只有生产力的高度发展，才能建立起世界范围内的普遍交往，才能使共产主义得以超越地域性的存在，而成为普遍的社会变革。

在这一视域下，一方面，马克思主义要实现的人类解放绝不能通过回到前资本主义社会去完成。恰恰相反，被卢梭等启蒙思想家认为是本真状态的人，马克思讽刺其不过是到条顿森林中寻求自由，与野猪的自由没有区别。也就是说，那种前资本主义社会的人的存在形态，绝不是什么人的本真状态，而恰恰是在生产只局限在一个点或是很狭小的范围内展开的，从而在其共同活动中不过是形成了一种人的依赖关系的历史形态。在人的自由解放层面上，这种生产方式下的人的存在形态较之商品经济形式下，广泛的商品交换带来的以物的依赖性为基础的人的独立性这一人的存在的历史形态，只是更加不自由。

另一方面，马克思主义要实现的人类解放并不是地域性的单个人的自由，而是在历史成为世界历史的背景下，在实现了生产力的高度发展的前提下，随着资本主义制度被推翻，私有制被消灭，人类在全世界范围内实现了对"由人们的相互作用产生的，但是迄今为止对他们来说都作为完

---

① 《马克思恩格斯文集》第 1 卷，人民出版社 2009 年版，第 538 页。

全异己的力量威慑和驾驭他们"① 的社会关系的控制和自觉的驾驭，自觉地创造历史，这一切是单个人实现解放的前提。正是在这个意义上，马克思恩格斯指出，"每一个单个人的解放的程度是与历史完全转变为世界历史的程度一致的"②。

　　总之，马克思主义对人类解放的构想绝不是"人的本真状态—人的异化状态—人的本真状态"的复归。从而，科学社会主义要实现的人类解放并不是复归某种抽象的人类本质，在马克思看来，因为人没有抽象不变的本质，所以本真状态、本真的存在方式也不是被先天规定的，人类解放是使人们在某种社会关系下的共同活动中，实现人的自由全面发展，使人不再受生产过程统治，使人的独立性和个性具备自为化的可能。

---

① 《马克思恩格斯文集》第 1 卷，人民出版社 2009 年版，第 542 页。
② 《马克思恩格斯文集》第 1 卷，人民出版社 2009 年版，第 541 页。

第 二 章

政治经济学批判与社会
主义之为"科学"

在马克思尚未深入政治经济学的时候，马克思恩格斯已经通过哲学批判开辟了使社会主义得以成为"科学"的新的世界观地平，在这一世界观地平上，"世界"作为在历史性的实践活动中创造的"人的世界"，从而能够获得科学的解释，进而可以被改变。但是，单单有了新的世界观地平还不能确立人类解放的具体路径，正如马克思在《〈政治经济学批判〉序言》中指出的那样，对于现实的国家的形式、法的关系，"既不能从它们本身来理解，也不能从所谓人类精神的一般发展来理解，相反，它们根源于物质的生活关系，这种物质的生活关系的总和，黑格尔按照 18 世纪的英国人和法国人的先例，概括为'市民社会'，而对市民社会的解剖应该到政治经济学中去寻求"①。这里"市民社会"指的就是资本主义社会，也就是说，只有深入解剖作为"物质的生活关系的总和"的资本主义社会才能找到扬弃人受生产过程统治的异化状况，实现人类解放的具体路径，才能使社会主义成为"科学"。正是这样的理论诉求，使马克思恩格斯投身到了政治经济学研究中，由于种种原因，这一研究工作主要是由马克思进行的，而这一研究是以政治经济学批判的形式展开的。

需要指出的是，虽然政治经济学批判构成了马克思深入政治经济学领域研究的主要形式，但是对资产阶级政治经济学进行批判并非马克思政治经济学研究的全部内容。尤其是由于集中体现马克思政治经济学思想的著作《资本论》的副标题是"政治经济学批判"，很容易导致人们对马克思政

---

① 《马克思恩格斯选集》第 2 卷，人民出版社 2012 年版，第 2 页。

治经济学批判的理解产生双重效应：第一重效应是将对资产阶级政治经济学的批判视为马克思政治经济学的唯一批判对象和全部内容，而无法体味到马克思政治经济学批判的双重内涵——对资产阶级政治经济学和资本主义现实政治经济的双重批判；第二重效应是因无法自觉到政治经济学双重批判的内涵，从而无法觉解马克思政治经济学批判的重大意义及其历史使命。例如，尽管在《资本论》中，马克思只是偶然提到，并未系统阐述未来社会主义或共产主义的构想，但集中体现在《资本论》及其手稿中的政治经济学批判的使命绝不仅仅是要提供一门比资产阶级政治经济学更能"解释"资本主义社会的"科学"的政治经济学，更是旨在超越特定历史形态下人的异化状态，以实现人类解放为旨趣的"改变"世界的科学。

马克思主义政治经济学与从英国古典政治经济学延续至今的西方主流经济学的本质区别也正是基于此，后者对经济活动的研究停留在研究物与物的关系中，目的是找到如何增进财富的现实手段，简言之，是关于如何赚钱的学问。而马克思主义政治经济学要在经济活动的表象——物与物的关系背后，揭示出人与人的关系，其目标是找出现实的生产实践形式的运行机理、内在矛盾，从而找到改变世界、实现人类解放的现实路径。在这个意义上，集中体现在《资本论》及其手稿中的政治经济学批判意义重大，因为它使实现人类解放的共产主义运动有了具体的内容，通过揭示"现实的历史"资本主义社会的生产组织形式的内在机理和结构性矛盾，为人类超越"以物的依赖性为基础的人的独立性"这一人类存在历史形态的"第二大形式"，而走向"建立在个人全面发展和他们共同的、社会的生产能力成为从属于他们的社会财富这一基础上的自由个性"的"第三个阶段"奠定了扎实的理论根基。①

第一节　政治经济学批判的"双重向度"及其必要性

虽然马克思主义政治经济学是以政治经济学批判的方式展开的，但是集中体现在《资本论》及其手稿中的政治经济学批判本身包含着对资产

---

① 《马克思恩格斯全集》第30卷，人民出版社1995年版，第107—108页。

阶级政治经济学和资本主义现实政治经济进行双重批判的向度。下面我们试图揭示的是，造成马克思与古典政治经济学分道扬镳的方式方法是什么，其从双重向度对资产阶级政治经济学和资本主义现实政治经济进行批判的必要性何在？对这些问题的回答使我们能更好地觉解马克思主义政治经济学不仅仅是一门比资产阶级政治经济学更能"解释"资本主义社会的"科学"的政治经济学，更是以实现人类解放为旨趣的"改变"世界的关于"现实的人及其历史发展"的科学。

一　两种不同的"抽象"：马克思与古典政治经济学的分道扬镳

在学界已经达成共识的是，马克思在《资本论》及其手稿中以辩证法的方式达成了对资本主义社会"本质现实"的科学认识，而资产阶级政治经济学停留于资本主义的"表象现实"层次上，最终陷入了形而上学。除了庸俗经济学是"为了适应资产阶级的日常需要"，"只是在表面的联系内兜圈子"① 之外，古典政治经济学曾得到马克思的高度赞扬，并指出，"古典政治经济学……与庸俗经济学相反，研究了资产阶级生产关系的内部联系"②。当然，马克思认为，古典政治经济学，在很多关键问题上对矛盾视而不见，已无力说明新的社会矛盾。关于古典政治经济学不能揭示资本主义的新的社会矛盾的原因，马克思曾指出，其阶级立场是一重要因素。③ 另外，还有当时资本主义不够发达的客观原因等。但这些共识不是我们要讨论的重点，我们在此着重讨论的是面对资本主义社会这一认识对象，马克思和古典政治经济学是如何以两种不同的"抽象"方式而最终分道扬镳，并构成了以扬弃资本主义从而消除人受生产过程统治的异化状态的关于人类解放的科学和歪曲、颠倒了现实并作为资本主义生产体系总体不断自身再生产的内在构成的资产阶级社会意识形态的实质性差异。

为什么选择"抽象"作为考察的聚焦点，因为"抽象"是 17 世纪以来西方哲学和科学确定下来的获得知识的基本方法，即通过将纷繁复杂的

---

① 《马克思恩格斯文集》第 5 卷，人民出版社 2009 年版，第 99 页。

② 《马克思恩格斯文集》第 5 卷，人民出版社 2009 年版，第 99 页。

③ 参见《马克思恩格斯文集》第 5 卷，人民出版社 2009 年版，第 622 页。"只要古典政治经济学附着在资产阶级的皮上，它就不可能做到这一点。"

现象区分为一定的要素和部分，并以适当的方式赋予这些要素、部分一定的逻辑形式将它们重组以完成对现象的理解。这种方式构成了近代以来人们解释纷繁复杂的经验现象的有效途径。但这种理解事物的方式不可避免地关注到对象的某一些性质和关系，而忽视了另一些。从而，人们得到的关于事物的解释和结论，在某种程度上是由其"抽象"设定的关系框架所决定的。

在这一背景下，无论是古典政治经济学、庸俗经济学还是马克思都离不开用"抽象"来获得关于资本主义社会的理解和认识。这里需要补充一点，在马克思的语境中，"抽象"有四种不同的含义。① 第一种，是作为获得关于对象事物的认识和理解的活动的抽象。第二种，是作为这种抽象活动结果的抽象，即用抽象指称这一活动分离出的相对独立的要素。本节使用的"抽象"概念都是在前两种意义上使用的，这两种抽象的含义也是包括马克思和资产阶级政治经济学在内的 17 世纪之后的人都会采用的认识活动及其结果，马克思的"抽象"的独特之处也正是在此意义上得以凸显。第三种抽象，意指"歪曲""颠倒"了现实的认识，使认识对象不能获得充分的理解。马克思对资产阶级哲学、政治经济学等的许多批判都使用了抽象的这种含义。为防止"抽象"的多种含义的同时使用造成读者理解上的混乱，本书用"颠倒的意识"代指此种意义上的"抽象"。马克思使用的第四种抽象，即"现实的抽象"，意指资本主义社会历史条件具有的特殊性，即"不透明"的社会结构，导致了资本主义生产体系当事人对"颠倒的意识"的普遍认同。关于第四种抽象，我们用"不透明"的"颠倒的世界"代替，原因同上。

那么，集中体现在《资本论》及其手稿中马克思所做的"抽象"，与资产阶级政治经济学，尤其是代表着资产阶级最高水平的古典政治经济学所做的"抽象"，到底有什么不同？厘清这个问题，我们才能清楚为什么古典政治经济学表现出形而上学的特征，而马克思的政治经济学能够具有历史性的批判视域，并最终导致二者的分道扬镳。在我们看来，可以从历

---

① 参见［美］伯特尔·奥尔曼：《辩证法的舞蹈——马克思方法的步骤》，田世锭、何霜梅译，高等教育出版社 2006 年版，第 75 页。

时态和共时态两个维度来考量这两种不同的"抽象"。说到这,可能立刻会有人批判地指出,这种考察不是将辩证法视为可以离开具体内容的抽象形式吗?但为了考量马克思进行"抽象"的独特之处,我们尚未找到更好的方式。

首先,从历时态维度看,古典政治经济学的"抽象"常常用从一切社会形态中抽象出的一般经济范畴来解析资本主义社会,从而遮蔽了资本主义经济运行的特殊性;而马克思主义政治经济学的"抽象"往往着重于资本主义经济范畴所包含的资本主义经济关系的特殊内涵。这种独特的"抽象"构成了马克思对资本主义"历史性"的理解,是马克思主义政治经济学能够超越古典政治经济学的形而上学本质,从而构成一种历史性批判视域的关键之一。

在《1857—1858年经济学手稿》中,马克思专门讨论了政治经济学的方法,并在与资产阶级政治经济学的对比中,阐明了其方法的错误。马克思是从资产阶级政治经济学入手研究资本主义社会的简单经济范畴谈起的。马克思揭示了为什么从诸如人口、劳动等所谓的简单经济范畴入手不能获得关于"现实的世界"的正确理解。其中的原因正是在于,这些所谓简单经济范畴被资产阶级经济学家视为从历史中抽象出的所有社会历史时期都存在的一般范畴,其依据是在现实的历史发展进程中,这些经济范畴在前资本主义时期都已存在。

然而,马克思通过在多处强调在前资本主义时期已经存在的经济范畴和资本主义时期的同一经济范畴在内涵上的区别,指明了对简单范畴的考察要在与比较具体的范畴之间的关系中获得。马克思专门考察了在资本主义社会产生之前的占有、商品、货币、劳动和资本主义生产形式下的占有、商品、货币、劳动的区别。这些经济范畴在前资本主义时期都业已存在,但由于特定的现实关系或联系还没有产生的原因,这些经济范畴在前资本主义时期,只是表现为"较不发展的具体"[①]。例如,关于占有这一经济范畴,马克思指出,"孤独的野人"也"占有东西"[②],但这种占有与在资本主义条件下个体的占有是不同的,在前者中,占有并未构成法的

---

① 《马克思恩格斯文集》第8卷,人民出版社2009年版,第26页。
② 《马克思恩格斯文集》第8卷,人民出版社2009年版,第26页。

关系，而在后者中，占有是特定社会关系中个人分有社会财富的基本形式，这种形式以"所有权"的形式将占有肯定为法的形式。因而，对占有的考察要以社会的具体形式作为前提。

同样，对于商品这一经济范畴，作为资产阶级关于社会政治经济运行的科学的古典政治经济学从一开始就对其进行了研究。然而，关于商品，古典政治经济学把商品生产等同于物的生产。商品交换被视为一种在人类社会早期既已存在并将贯穿整个人类社会进程的活动，产生商品交换的原始社会末期的经济形式被理解为只不过是由于生产力及社会分工不发达而导致的落后的、不发达的商品经济，其与现代发达的资本主义商品经济二者之间只是范围和程度上的不同，并无本质区别，而一旦发达的商品经济确立，历史便已终结。

而马克思则揭示出，商品在前资本主义社会业已存在，但是由于社会中其他关系和联系的不发达状况，商品并未在社会中处于主要地位，商品并不是社会财富的主要表现形式，劳动产品是为了社会成员的使用才被生产出来，交换只是发生在剩余劳动产品中，因而只是处于从属性的地位。而在资本主义时期，随着资本、雇佣劳动这些具体范畴的产生和发展，商品才转变为社会财富的细胞形式，劳动产品普遍地以商品形式存在。

货币这一范畴的状况亦然，古典政治经济学把货币仅仅视为代表商品内在价值的符号，只是使交换更便捷但并非不可取代的媒介，并由此将原始社会末期的物物交换与资本主义发达商品经济时期的以货币为媒介的商品交换界定为只是程度上和范围上的区别。而马克思指出，尽管货币在历史上是先于资本、雇佣劳动等具体范畴而独立的存在，但其在广度和深度上获得充分发展却是在资本、雇佣劳动等具体范畴比较发展的现代资本主义时期，它并没有"历尽一切经济关系"，只有在比较具体的范畴获得充分发展之后，才"表现出它的充分的力量"①。

从一切社会形态抽象出来的简单经济范畴出发去理解资本主义社会状况的特征，在劳动这一简单范畴上表现得更加典型。斯密从劳动出发去构建整个政治经济学体系，并构成了现代主流西方经济学体系的起点。斯密对劳动这一经济范畴的理解超越了之前的重农主义对劳动的理解——即将

---

① 《马克思恩格斯文集》第8卷，人民出版社2009年版，第27页。

创造财富的劳动限于农业生产劳动，而提出了"劳动一般"的概念，即"对任何种类劳动的同样看待"①。但是在马克思看来，这种对劳动的一般理解，本身是与在社会发展的具体形式下各种不同种类的劳动表现为在现实中创造财富的同等能力的现实历史进程相适应的。农业劳动、工业劳动、商业劳动等各种形式的劳动，由于其创造财富的同等能力而被同样看待。而劳动与财富的这种特定关系，只是在资本主义社会中才有着最为典型的表现。因此，马克思指出，从一切类别的特殊劳动中抽象出"劳动一般"这一经济范畴，只是在现代资本主义社会中才成为真正现实的东西。而古典经济学及其后的现代经济学却将"劳动一般"还原为"一种古老而适用于一切社会形式的关系的最简单的抽象"②。

从而，马克思指出，"哪怕是最抽象的范畴，虽然正是由于它们的抽象而适用于一切时代，但是就这个抽象的规定性本身来说，同样是历史条件的产物，而且只有对于这些条件并在这些条件之内才具有充分的适用性"③。马克思进一步指出，"人体解剖对于猴体解剖是一把钥匙。反过来说，低等动物身上表露的高等动物的征兆，只有在高等动物本身已被认识之后才能理解"④。也就是说，一般的抽象的范畴，或多或少属于一切社会形式，但这只有在发达的社会中可以透视和理解已经覆灭的社会形式的结构和社会关系的意义上是正确的。在这个意义上，资本主义经济能够为理解古代经济提供钥匙，但是绝不能像资产阶级经济学家那样，"抹杀一切历史差别、把一切社会形式都看成资产阶级社会形式"⑤。

我们看到，面对资本主义社会这一研究对象，古典政治经济学不是不考察其过去、现在和未来，但是它将古代经济视为资本主义经济的未成熟时期，将资本主义的过去——古代社会视为资本主义受到种种障碍而未能充分发展的阶段，而将资本主义的现在——产业资本主义阶段视为资本主义冲破障碍而以"自由、平等"的商品交换活动原则构成的"自然形式"。并由此将资本主义的未来视为现在的延续，因为资本主义社会运行

---

① 《马克思恩格斯文集》第8卷，人民出版社2009年版，第28页。
② 《马克思恩格斯文集》第8卷，人民出版社2009年版，第29页。
③ 《马克思恩格斯文集》第8卷，人民出版社2009年版，第29页。
④ 《马克思恩格斯文集》第8卷，人民出版社2009年版，第29页。
⑤ 《马克思恩格斯文集》第8卷，人民出版社2009年版，第29—30页。

范式已是人类社会的理想典范样态，从而是永恒的"千年王国"。也就是说，古典政治经济学不是不承认资本主义是人类社会发展到某一阶段才出现的，但是它将变化本身视为在资本主义概念范畴之外的东西。一旦资本主义生产方式确立其统治地位，就被视为永恒的存在，再没有什么历史性可言。正如马克思在《哲学的贫困》中指出的，"于是，以前是有历史的，现在再也没有历史了"①。

回过头来说人口、阶级这些简单的经济范畴，在马克思看来，人口当然是任何社会历史时期，任何国家生产的必要前提。然而，离开了阶级去考察人口，人口只能停留在抽象范畴上。进一步说，关于阶级，如果离开了使阶级得以形成的因素，则阶级也将成为抽象。阶级得以形成的因素，在不同社会历史时期并不是相同的，因而对阶级的考察应该是具体的。譬如说，在封建社会构成阶级的要素和在资本主义社会构成阶级的要素是有质的区别的。因此，在马克思看来，在具体要素的关系中考察这些经济范畴，以及它们之间的关系，从而使那些简单范畴在具体的相互关系中获得丰富的、具体的规定性，最终在这些具有丰富、具体规定性的范畴的内在联系中获得关于现实的历史总体的丰富规定性，才是政治经济学理解"现实的世界"的科学方法。

我们看到，一切政治经济学说所要阐明的，而且必须阐明的，是一定的社会关系及社会过程。古典政治经济学和马克思对经济范畴的不同阐释，得到的是对资本主义社会商品经济的社会关系的不同解读。以对商品、货币、价值、资本等经济范畴的不同理解为例，我们能够看到古典政治经济学对资本主义特殊社会关系的遮蔽，以及马克思的政治经济学批判对资本主义经济形式特殊性的考量。后者使马克思能够历史性地看待资本主义，从而将其视为人类社会历史发展的特定阶段，而不是什么永恒的"千年王国"。另外，在本书第三章我们还会进一步指出，空想社会主义的政治经济学立场也未能超越古典政治经济学，这也是构成空想社会主义沦为空想的核心原因。

从共时态维度来看，古典政治经济学的"抽象"往往将事物与其他事物的关系视为外在于事物本身的存在，构成资本主义经济体系的诸多要

---

① 《马克思恩格斯选集》第 1 卷，人民出版社 2012 年版，第 232 页。

素被视为各自独立的存在；而在马克思看来，"事物本身"，事物与其他相关因素的联系从来不是无关的两个事物，这种独特的"抽象"构成了马克思对资本主义的"关系性"理解。资本主义被视为有机的整体系统，是由诸多本身作为关系的要素构成的具有内在联系的复杂关系系统。这是马克思能够超越古典政治经济学的另一关键之处。

那么，面对资本主义经济运行的整体系统，应该如何理解其内部诸要素在资本主义系统中的地位，是能否正确揭示资本主义经济运行系统结构的关键。对此，马克思指出，"把经济范畴按它们在历史上起决定作用的先后次序来排列是不行的，错误的。它们的次序倒是由它们在现代资产阶级社会中的相互关系决定的，这种关系同表现出来的它们的自然次序或者符合历史发展的次序恰好相反"①。也就是说，应该根据经济范畴在现代资本主义社会内部的结构来排列各个经济范畴的次序。而马克思在《〈政治经济学批判〉序言》中明确指出，"我考察资产阶级经济制度是按照以下的顺序：资本、土地所有制、雇佣劳动；国家、对外贸易、世界市场"②。

下面我们以对资本这一经济范畴的"抽象"为例，可窥见马克思与古典政治经济学的两种不同"抽象"的差别。古典政治经济学将资本"抽象"为与直接的活劳动不同的"积蓄的劳动"。③这种"抽象"的结果，是将与资本相关的其他要素视为外在于资本自身的独立存在，从而资本与其他要素的关系被视为可以离开资本本身而发生变化的"外在联系"。例如，在这种"抽象"的逻辑下，无论劳动者是作为工人还是奴隶或农奴抑或生产资料的所有者，他们的生产工具都是资本。这种"抽象"方式使得古典政治经济学不理解资本主义复杂的内部联系，而将资本主义与一般意义上的人类社会生产方式相混同，不能认清资本主义生产方式作为人类特定社会历史时期的劳动社会化组织形式的暂时性和历史性，从而有意无意地遮蔽了资本主义社会经济运行过程中的诸多矛盾。后面我们还会讨论，这种"抽象"的结果不仅构成了资产阶级的思想体系，也构成

① 《马克思恩格斯文集》第8卷，人民出版社2009年版，第32页。
② 《马克思恩格斯选集》第2卷，人民出版社2009年版，第1页。
③ 《马克思恩格斯文集》第5卷，人民出版社2009年版，第240页。

了无产阶级的"自发意识"的重要内容。

　　而马克思将资本与其他相关要素的关系视为构成资本概念自身的"内在关系"。在《共产党宣言》中，马克思恩格斯将"一旦没有资本，也就不再有雇佣劳动了"宣布为"同义反复"。① 在《1857—1858 年经济学手稿》中，马克思指出，"资本，别的不说，也是生产工具，也是过去的、客体化了的劳动"②。但后面马克思强调说，"资本，如果没有雇佣劳动、价值、货币、价格等等，它就什么也不是"③。他还将物质生产资料与劳动、商品、价值等之间的关系视为"资本是什么"的内在部分包含在资本的概念之中。正如奥尔曼指出的，"这种关系的核心是物质生产资料与那些占有它们的人、那些使用它们的人、它们的特殊产物和价值，以及占有和使用得以进行的条件之间的内在联系"④。因而，生产资料与劳动者之间关系的变化，绝不是外在于资本、与资本无关的"外在联系"，而是构成了资本这一概念的历史性变化过程的内在根本。从而，资本，绝不是古典政治经济学所"抽象"出来的生产资料或货币，而是能够增殖的价值，并且是价值增殖的运动，它代表着一种特殊的劳动社会化的组织形式，意味着劳动者、生产资料、生产资料的所有者之间的一种复杂的特殊社会关系。而同样的生产资料，在奴隶社会或封建社会的生产形式下，就不应用资本这个概念去把握，而应该用其他范畴加以区别。这种对事物的关系性理解，便是学界常说的《资本论》在"物与物的关系"背后揭示出"人与人的关系"的根本由来，也是《资本论》的辩证法运用的另一核心体现。

　　马克思指出，"在一切社会形式中都有一种一定的生产决定其他一切生产的地位和影响，因而它的关系也决定其他一切关系的地位和影响。这是一种普照的光，它掩盖了一切其他色彩，改变着它们的特点。这是一种特殊的以太，它决定着它里面显露出来的一切存在的比重"⑤。

---

　　① 《马克思恩格斯文集》第 2 卷，人民出版社 2009 年版，第 48 页。

　　② 《马克思恩格斯文集》第 8 卷，人民出版社 2009 年版，第 9 页。

　　③ 《马克思恩格斯文集》第 8 卷，人民出版社 2009 年版，第 24 页。

　　④ ［美］伯特尔·奥尔曼：《辩证法的舞蹈——马克思方法的步骤》，田世锭、何霜梅译，高等教育出版社 2006 年版，第 85 页。

　　⑤ 《马克思恩格斯文集》第 8 卷，人民出版社 2009 年版，第 31 页。

商业、农业都曾经是特定社会发展时期的这种特殊的以太，并相对应产生出重商主义、重农主义等政治经济学思想。在这个意义上，重商主义、重农主义倒是把握到了其所处时代社会中占决定地位的生产形式和社会关系。

而在资本主义社会中，马克思指出，"资本是资产阶级社会的支配一切的经济权力"①，从而作为资本主义社会中的普照光和特殊的以太存在。因而，在对主体——资本主义社会进行考察时，应该把对资本的考察放在其他经济范畴的前面，即放在那些曾经在历史上先于资本出现的诸如土地所有制、地租等经济范畴前面来考察。因为理解了资本，就可以理解其他范畴，反之，则不行。这些范畴都受着资本主导的生产形式及其社会关系的支配，只有理解了资本，才能理解这些经济范畴，而离开了资本，则无法在现代资本主义社会这一主体中，理解这些范畴及其内在关系。

因此，马克思将资本作为考察资本主义社会的起点，同时也是终点。通过对资本和其他经济范畴（社会关系）的内在关系的揭示，使得作为起点的资本转变为具有丰富多样规定性的综合概念，完成从起点到终点，亦即从抽象到具体的认识过程。我们看到，与古典政治经济学不同，马克思独特的"关系性""抽象"将资本主义视为一个由本身作为关系的要素构成的复杂关系整体，从而能够发现资本主义的内在矛盾，得以从另一个维度揭示出资本主义绝不是什么永恒的经济形式，而是随着特定条件消失，就会被扬弃的劳动的社会化组织形式。

需要指出的是，马克思在《资本论》及其手稿中展现出来的独特"抽象"的两个维度是为了更好地理解资本主义这个整体的抽象方法的不同侧重，到底是把一个经济范畴如资本看作一个历史性的范畴还是关系，只是取决于在具体情境下马克思要强调其历史性还是系统性，仅此而已。这也是为什么"分析经济形式，既不能用显微镜，也不能用化学试剂。二者都必须用抽象力来代替"②的原因。同样，古典政治经济学从人口出发，进而从劳动、价值等简单经济范畴出发构建其经济学体系之所以是错误的道

---

① 《马克思恩格斯文集》第 8 卷，人民出版社 2009 年版，第 31—32 页。
② 《马克思恩格斯文集》第 5 卷，人民出版社 2009 年版，第 8 页。

路，本身源于古典政治经济学的"抽象"在"历史性"和"关系性"双重维度上的缺失。例如，因为缺少了"抽象"的"历史性"维度，古典政治经济学将从资产阶级社会中抽象出来的劳动、价值，视为一切社会形式中共有的范畴，从而资产阶级社会与以往社会的一切差别被抹杀。而古典政治经济学之所以如此，是因为古典政治经济学离开了阶级关系，进而离开了资本这一支配资本主义社会的社会关系去考察人口、劳动、价值等，后者只能沦为抽象混沌的表象。也就是说，缺少了"关系性"维度的"抽象"，与缺少了"历史性"维度的"抽象"，二者常常是交互作用，共同构成了古典政治经济学作为一种形而上学的思想实质。

而马克思的政治经济学是以辩证法作为一种探寻有机体内部联系，即一定有机体内部特有的规律的科学方法，而一旦这种内部联系被揭示出来，我们才能说我们理解了这一世界，从而才能按照这特定有机体的发展规律，找到过渡到另一种有机体的现实道路。正是在这一意义上，马克思指出，"辩证法在对现存事物的肯定的理解中同时包含对现存事物的否定的理解，即对现存事物的必然灭亡的理解；辩证法对每一种既成的形式都是从不断的运动中，因而也是从它的暂时性方面去理解；辩证法不崇拜任何东西，按其本质来说，它是批判的和革命的"①。

二 资产阶级政治经济学批判之必要性："颠倒的意识"具有经济功效

资产阶级政治经济学对生产的资本主义形式所进行的"抽象"囿于狭窄的内容、外在的联系，从而构成了歪曲、颠倒了事实，遮蔽了现实矛盾的"颠倒的意识"。但政治经济学批判之所以必要，不仅仅因资产阶级政治经济学是"直接地、自发地、作为流行的思维形式"从而不够"科学"②，更是因为这种"颠倒的意识"本身具有经济功效，构成了资本主义社会再生产得以持续下去的必要因素。

下面我们主要围绕"公平工资观"来讨论"颠倒的意识"在资本主义社会再生产中的作用。

与以往的社会生产形式不同，生产的资本主义形式以不断实现资本增

---

① 《马克思恩格斯文集》第 5 卷，人民出版社 2009 年版，第 22 页。
② 《马克思恩格斯文集》第 5 卷，人民出版社 2009 年版，第 621 页。

殖为目的，而资本增殖的本质在于资产阶级对无产阶级剩余劳动创造的剩余价值的无偿占有。也就是说，资本家其实只想要剩余劳动，遗憾的是，剩余劳动是以必要劳动的存在为前提的，因而，资本家要想达到目的，"只有推动必要劳动即同工人进行交换，才能做到这一点"①。因而，在产业资本循环过程中，货币与活劳动的交换，成为货币转化为资本必须要完成的首要环节。然而，资本不仅是作为实体的增殖的价值，更是价值增殖的运动。"创造出来的新的剩余资本，只有再同活劳动相交换，才能作为资本来增殖价值。"② 生产的过程从不是一次性的，而是要循环往复的。因而，劳动力商品与货币的不断交换构成了资本主义经济体系自身再生产的必要社会条件。换句话说，劳动力商品在市场上的充足存在构成资本主义经济体系自身再生产的必要前提。当然，资本主义原始积累的产物之一就是大量无生产资料的劳动力商品的出现。同时，资本家通过将劳动力的价值控制在工人维持自身再生产所必需的生活资料的价值水平上等方式，使得工人不得不持续出卖劳动力。然而，工人是能动的主体，若始终违背其意志对其进行强制性的剥削，便只能用暴力手段去维持剥削的可持续性。资本主义的史前时期有国家使用大量暴力手段迫使失去生产资料的劳动者走进工厂的例证，在此不一一赘述。然而一旦进入资本主义生产形式成为占社会主导地位的生产方式的时期，便不能仅仅依赖暴力去维持资本主义社会再生产所必需的社会条件。正如卢卡奇指出的那样，资产阶级是无法仅仅依靠暴力来维持统治的，因此对于资产阶级来说就有必要为了自身利益而把整个社会组织起来，正是在这一过程中他们不得不"创立一种能自圆其说的关于经济、国家和社会等等"的"世界观"。③ 使劳动者自愿地走进市场并以低于其所创造的价值的价格去出卖自己的劳动力，这是资本主义社会再生产的必要因素。

在此，作为资产阶级政治经济学"抽象"的产物，一种歪曲的"公平工资观"的意识为维持这种资本主义社会再生产起到了重要作用。资产阶级政治经济学"抽象"的逻辑理路是，前资本主义的社会阶段确是

---

① 《马克思恩格斯全集》第 30 卷，人民出版社 1995 年版，第 377 页。
② 《马克思恩格斯全集》第 30 卷，人民出版社 1995 年版，第 379 页。
③ ［匈］卢卡奇：《历史与阶级意识——关于马克思主义辩证法的研究》，杜章智、任立、燕宏远译，商务印书馆 1999 年版，第 126 页。

人剥削人的阶段，但资本主义则是"天赋人权的真正伊甸园"，在那里进行的劳动力的买卖是由利己心推动的自由、平等地在"商品交换领域的界限以内进行的""互利互惠"的事业。① 这种"抽象"遮蔽了两个事实：一是用工资是劳动力劳动整个工作日的等量价值，来掩盖了资本家无偿占有剩余劳动的事实；二是将资本的增殖视为与劳动力商品的交换无关的外在过程。资本主义生产过程中的对抗形式被抽离，取而代之的是"一种协同关系的假象，仿佛工人和资本家在这种协同关系中是按照产品的不同的形成要素的比例来分配产品的"②。对此，马克思指出，"劳动力的价值和价格转化为工资形式，即转化为劳动本身的价值和价格，具有决定性的重要意义"③。劳动力价值的工资形式"掩盖了现实关系，正好显示出它的反面"④。

这里的关键是，无论是资本家还是工人的"自发"思维都未能超越资产阶级政治经济学"公平工资观"的"颠倒的意识"，工资是劳动的价值或价格被视为一种自然的表现形式。在资本家的立场上来看，他只关心劳动力的价格和劳动力的使用价值创造出的价值的差额。在自发的思维中，资本家不能理解，"如果劳动的价值这种东西确实存在，而且他确实支付了这一价值，那么资本就不会存在，他的货币就不会转化为资本"⑤。而从工人的立场上来看，无论工资会根据供求关系的变化或高或低，工资都是他一个工作日（如12小时）的等价物。换句话说，现实是，除非工人付出一整个工作日的劳动，否则他就不能得到工资。而工资会随着工作日的长度而发生变化，以及同工种的不同工人之间存在工资的差别等现象也催生了这一幻象。正如马克思指出的，"工人和资本家的一切法的观念，资本主义生产方式的一切神秘性，这一生产方式所产生的一切自由幻觉，庸俗经济学的一切辩护遁词，都是以这个表现形式为依据的"⑥。

正如恩格斯在1890年写给康拉德·施密特的信中所指出的那样，"这

---

① 《马克思恩格斯文集》第5卷，人民出版社2009年版，第204—205页。
② 《马克思恩格斯文集》第5卷，人民出版社2009年版，第610页。
③ 《马克思恩格斯文集》第5卷，人民出版社2009年版，第619页。
④ 《马克思恩格斯文集》第5卷，人民出版社2009年版，第619页。
⑤ 《马克思恩格斯文集》第5卷，人民出版社2009年版，第621页。
⑥ 《马克思恩格斯文集》第5卷，人民出版社2009年版，第619页。

种颠倒——在它没有被认识的时候构成我们称之为意识形态观点的那种东西——又对经济基础发生反作用,并且能在某种限度内改变经济基础,我认为这是不言而喻的"①。正是在这种由资产阶级政治经济学"抽象"出的"颠倒的意识"的感染下,工人虽会对自己低廉的工资、恶劣的生存状况进行感性抱怨,但由于未能形成关于资本主义生产形式的真实理解,在现实中只有不断走入市场,并以仅能维持个人生活资料的价值的价格出售自己的劳动力。即使是在被压迫和剥削得不能忍受之时,早期工人运动的形式也主要是捣毁机器、烧毁工厂,这里显现出无产阶级的"自发意识"未能超越资产阶级政治经济学的"抽象"内容,未能将生产资料和生产资料的社会使用形式区别开来。对此,列宁在《怎么办?》中指出,"工人运动的自发的发展,恰恰导致运动受资产阶级意识形态的支配"②。而马克思则在《资本论》中指出,"工人要学会把机器和机器的资本主义应用区别开来,从而学会把自己的攻击从物质生产资料本身转向物质生产资料的社会使用形式,是需要时间和经验的"③。后来,那些争取缩短劳动日时间和提高工资待遇的斗争,尽管在改善工人阶级现实经济利益上不无收益,但于本质上是资产阶级为维持其统治地位,维持资本增殖循环得以顺利进行的重要社会基础做出的一些缓解阶级矛盾的利益让步而已。事实上,直到现代资本主义阶段,这一状况也并未根本改变。马克思、恩格斯以及列宁的分析表明了,无产阶级形成的"自发意识"不能真正为无产阶级服务,而处于对资产阶级塑造的"颠倒的意识"的从属状态。

　　在马克思看来,资产阶级政治经济学是一种意识形态。这里的意识形态概念特指对生产的资本主义形式的现实矛盾的遮蔽的、颠倒的和歪曲的意识。正是这些"颠倒的意识"构成了资本主义社会矛盾的精神补偿和解决方案。这种思路在马克思早期的宗教批判中已经有所体现,即不同于费尔巴哈把宗教归结为人的本质的对象化、虚幻化来实现对宗教的否定,马克思在宗教得以产生的社会历史根源中揭示了宗教这种"颠倒的意识"产生的现实基础及社会作用。"宗教里的苦难既是现实的苦难的表现,又

---

① 《马克思恩格斯选集》第4卷,人民出版社2012年版,第611页。
② 《列宁选集》第1卷,人民出版社2012年版,第327页。
③ 《马克思恩格斯文集》第5卷,人民出版社2009年版,第493页。

是对这种现实的苦难的抗议。……正像它是无精神活力的制度的精神一样。宗教是人民的鸦片。"① 也就是说，宗教是对有缺陷的现实世界提供的一种精神上的解决方案，它创造了一个与苦难的现实世界相对比的美好的彼岸世界，从而为苦难中的人民提供精神慰藉的"人民的鸦片"以缓解现实世界存在的矛盾，使得现实社会得以按照既有生产关系实现不断再生产循环。现在我们再回过头去看《德意志意识形态》中马克思恩格斯批判青年黑格尔派的著名论断："用词句来反对这些词句……就绝对不是反对现实的现存世界"②，如果据此推出"颠倒的意识"不过是纯粹的虚幻，则是狭隘的。在马克思看来，资产阶级政治经济学作为一种意识形态本身构成了资本主义现实总体的重要部分，因而，对资产阶级政治经济学的批判本身构成了推翻现实的资本主义的重要环节。

三　资本主义现实政治经济批判之必要性："颠倒的世界"构成"颠倒的意识"的社会根源

马克思主义政治经济学批判揭露了资产阶级政治经济学的"意识形态"本质。但是，历史批判的任务远远没有结束。这里的关键在于，意识形态不是一种前科学的错误认识，不是一经科学介入就会自然消失的谬误。正如马克思在《资本论》中指出的那样，资本主义社会中人受生产过程支配的异化状态，"对受商品生产关系束缚的人们来说，无论在上述发现以前或以后，都是永远不变的"③。因而，仅仅是构成一门"科学"地解释资本主义社会的政治经济学绝不是《资本论》及其手稿的全部目标。

对资本主义的现实政治经济批判之所以构成马克思主义政治经济学的重要对象，不容忽视，关键在于"颠倒的意识"的根源在于"颠倒的世界"。这里涉及马克思指出的双重颠倒：一种是意识的颠倒，即对现实的歪曲的、错误的、颠倒的反映；另一种是现实的颠倒，即在人们的共同活动中生成的力量作为对人们来说"完全异己的力量威慑和驾驭

---

① 《马克思恩格斯文集》第1卷，人民出版社2009年版，第4页。
② 《马克思恩格斯文集》第1卷，人民出版社2009年版，第516页。
③ 《马克思恩格斯文集》第5卷，人民出版社2009年版，第92页。

着他们"①。

　　这里需要指出的是，与唯心主义认为意识具有独立于存在的本源性地位不同，马克思主义唯物论认为，意识是对存在的反映。从而，即使是"颠倒的意识"也不是纯粹的虚幻和误认，而是植根于现实世界的颠倒和矛盾之中，是对"颠倒的世界"的反映。资产阶级政治经济学以及囿于资产阶级意识形态的无产阶级的自发意识，是真实的历史条件的产物。因而，并不是"颠倒的意识"导致了"颠倒的世界"，相反，是"颠倒的世界"导致了"颠倒的意识"。

　　在这里，我们可以将马克思在《资本论》中对资产阶级政治经济学的批判与《〈黑格尔法哲学批判〉导言》中的宗教批判，以及在《德意志意识形态》中对青年黑格尔派的批判联系在一起看。在宗教批判中，马克思指出，宗教的颠倒来源于现实的颠倒。"这个国家、这个社会产生了宗教，一种颠倒的世界意识，因为它们就是颠倒的世界。"② 在对青年黑格尔派的批判中，马克思和恩格斯批判的着力点就在于，青年黑格尔派从意识出发来解释现实而不是相反。他们仅仅反对意识中的虚幻而不是反对德意志的现实政治经济。对此，马克思恩格斯指出，"如果在全部意识形态中，人们和他们的关系就像在照相机中一样是倒立成像的，那么这种现象也是从人们生活的历史过程中产生的"③。也就是说，资产阶级政治经济学作为"颠倒的意识"植根于由资本主义生产方式主导的"颠倒的世界"的具体和特殊的社会条件中。而这一社会结构的"不透明"加剧了对这种社会形式的科学理解的困难。对此，奥尔曼指出，"资本主义不是一只无形的兔子，但它也不是某种可以直接看到的东西。因为人们没有看到资本主义，就更谈不上理解资本主义了"④。

　　而马克思正是在对资本主义现实政治经济的批判中，揭示了不透明的"颠倒的世界"才是"颠倒的意识"产生和被社会普遍认同的现实根源。正如拉雷恩指出的那样，"当马克思开始对社会实践的资本主义方式开展

①　《马克思恩格斯文集》第 1 卷，人民出版社 2009 年版，第 542 页。

②　《马克思恩格斯文集》第 1 卷，人民出版社 2009 年版，第 3 页。

③　《马克思恩格斯文集》第 1 卷，人民出版社 2009 年版，第 525 页。

④　［美］伯特尔·奥尔曼：《辩证法的舞蹈——马克思方法的步骤》，田世锭、何霜梅译，高等教育出版社 2006 年版，第 5 页。

详细分析的时候，他发现它们的现实性不是显而易见的，它们中所包含的根本颠倒可借助于将其自身装扮成对立面而得到掩饰"①。资本主义社会作为不透明的"颠倒的世界"的颠倒和矛盾以"颠倒的表象"表现出来而被遮蔽，并导致了"颠倒的意识"即意识形态的出现和被广泛认同。"颠倒的世界"的不透明主要体现在以下两个方面。

首先，死劳动支配活劳动的不透明：生产资料使用工人的"倒置"却以工人使用生产资料的"颠倒的表象"表现出来。在直观的表象层次上，资本主义生产过程与以往的社会生产过程并无本质区别。仍然是劳动者将其劳动力对象化在生产资料上，完成人与自然的物质变换，从而生产出满足人需要的使用价值。资产阶级政治经济学那些"颠倒的意识"不过是对这种"颠倒的表象"的直观反映而已。例如，李嘉图主张，资本只不过是"不同于'直接劳动'的'积累劳动'"②，生产的资本主义形式以资本被当作其物质承载者的方式，而与一般的社会劳动过程相等同。对此，马克思指出，"从这个劳动过程是决不可能引出劳动和资本、工资和利润的关系来的"③。这种"现实的颠倒借以表现的歪曲形式，自然会在这种生产方式的当事人的观念中再现出来"④。事实上，在资本主义生产过程中，"工人并不是把生产资料当做资本，而只是把它当做自己有目的的生产活动的手段和材料"⑤。"颠倒的世界"的本质现实借助于"颠倒的表象"表现出它的反面，并以"颠倒的意识"的形式构成了当事人的主导思想，从而使"颠倒的世界"得以不断再生产。

因而，马克思正是要通过对资本主义现实政治经济的批判，揭露"颠倒的世界"才是人处于异化状况的根源。马克思强调，恰恰是工人出卖的劳动力商品的使用价值即劳动，是作为"积累劳动"的资本以改变使用价值形态的方式而保持其价值的唯一方式，否则生产资料就会在折旧中丧失使用价值，从而丧失价值。从而，"颠倒的世界"的现实是，"资

① ［英］乔治·拉雷恩：《马克思主义与意识形态：马克思主义意识形态论研究》，张秀琴译，北京师范大学出版社 2013 年版，第 138 页。
② 《马克思恩格斯全集》第 34 卷，人民出版社 2008 年版，第 453 页。
③ 《马克思恩格斯全集》第 34 卷，人民出版社 2008 年版，第 453 页。
④ 《马克思恩格斯全集》第 35 卷，人民出版社 2013 年版，第 302 页。
⑤ 《马克思恩格斯文集》第 5 卷，人民出版社 2009 年版，第 359 页。

本是死劳动，它像吸血鬼一样，只有吮吸活劳动才有生命，吮吸的活劳动越多，它的生命就越旺盛"①。"不是工人把生产资料当做自己生产活动的物质要素来消费，而是生产资料把工人当做自己的生活过程的酵母来消费。"② 这种资本主义政治经济现实不改变，单单批判"颠倒的意识"至多只能停留于"科学"地解释世界的层面。

其次，剩余劳动被持续性无偿占有的不透明：资本主义剥削性社会关系及其导致的社会矛盾以自由、平等、公正的商品交换活动的"颠倒的表象"表现出来并得以被遮蔽。

一方面，资本主义条件下，由于剩余劳动和必要劳动融合在一起，这种剩余劳动被无偿占有是不透明的。毋宁说，凡是存在生产资料被社会一部分人私人垄断的地方，就都存在劳动者剩余劳动被剥削的状况，无论这些垄断生产资料的人是奴隶主、地主还是资本家。但是与奴隶制度和徭役制度下的剩余劳动的被占有形式不同，资本主义条件下，剩余劳动的被无偿占有隐藏在商品流通的自由、平等和互利的外观下，具有隐蔽性。例如，在奴隶制度下，由于奴隶对奴隶主的完全隶属关系，奴隶为自己的劳动也表现为为奴隶主的劳动。"他的全部劳动都表现为无酬劳动。"③ 在徭役制度下，"剩余劳动和必要劳动截然分开"④，农民为维持自身生活所进行的必要劳动和他们为地主进行的剩余劳动在空间上和时间上都是分开独立进行的，剩余劳动在这里"具有独立的、可以感觉得到的形式"⑤。而在资本主义条件下，工人进行的"剩余劳动和必要劳动融合在一起了"⑥。工人劳动力价值仅仅是其劳动力创造的价值的一部分的事实，被工资支付的是工作日内的全部劳动报酬的表象所遮蔽。"工资的形式消灭了工作日分为必要劳动和剩余劳动、分为有酬劳动和无酬劳动的一切痕迹。全部劳动都表现为有酬劳动。"⑦ 正是对这种"颠倒的表象"的反映表现为"颠

---

① 《马克思恩格斯文集》第 5 卷，人民出版社 2009 年版，第 269 页。
② 《马克思恩格斯文集》第 5 卷，人民出版社 2009 年版，第 359 页。
③ 《马克思恩格斯文集》第 5 卷，人民出版社 2009 年版，第 619 页。
④ 《马克思恩格斯文集》第 5 卷，人民出版社 2009 年版，第 274 页。
⑤ 《马克思恩格斯文集》第 5 卷，人民出版社 2009 年版，第 273 页。
⑥ 《马克思恩格斯文集》第 5 卷，人民出版社 2009 年版，第 273—274 页。
⑦ 《马克思恩格斯文集》第 5 卷，人民出版社 2009 年版，第 619 页。

倒的意识"，并构成了资本家和工人的自发意识。

另一方面，马克思通过对资本主义现实政治经济的批判，揭露了资本主义条件下剥削性关系的特殊性，即与一般的社会再生产不同，生产的资本主义形式的特点是资本对剩余劳动的需求具有无限制性。马克思比较了存在生产资料私人垄断权的不同的经济社会形态，指出了"生产本身的性质"① 导致了对剩余劳动的不同需求。一种是产品的使用价值占优势的经济社会形态，如奴隶社会和封建社会，由于其生产资料垄断者奴隶主和地主对劳动者剩余劳动的无偿占有是为了满足前者对使用价值的需求，从而，对剩余劳动的榨取就受到需求范围的限制。因为对使用价值的需要限度取决于消费者的人数和他们对使用价值的需要量，"不会造成对剩余劳动的无限制的需求"②。而在生产的资本主义形式下，占社会经济形态优势的是商品的交换价值，从而"生产本身的性质"使得对剩余劳动的要求不再是"榨取一定量的有用产品。现在的问题是要生产剩余价值本身了"③。

而马克思正是从资本主义剥削关系的独特性中发现了蕴藏其中的资本主义社会再生产周期性中断的危机。也就是说，资本主义生产方式的现实冲突，即以经济危机形式表现出来的社会再生产的中断的真正根源，正是在于资本增殖的社会基础：资产阶级对社会剩余劳动的无止境的占有，导致资本主义社会再生产所需要的必要环节商品向货币的转化的中断。正是这一根源，必然导致资本主义生产方式具有历史性维度。对此，我们将在第二章的第三节和第四章中详细展开讨论。

我们看到，对于马克思来说，通过政治经济学批判更"科学"地"解释""现实的历史"资本主义社会诸现象间的内部联系绝不是《资本论》的单一向度和全部内容，而是作为改变人的异化状况的自觉的实践活动的必要手段。击破关于资本主义社会的"颠倒的意识"，是推翻现实的资本主义社会的必要部分，同时，对资本主义现实政治经济的批判，揭露作为"颠倒的意识"的社会根源的不透明的"颠倒的世界"的现实矛

① 《马克思恩格斯文集》第 5 卷，人民出版社 2009 年版，第 272 页。
② 《马克思恩格斯文集》第 5 卷，人民出版社 2009 年版，第 272 页。
③ 《马克思恩格斯文集》第 5 卷，人民出版社 2009 年版，第 273 页。

盾，才能使改变世界获得具体现实路径。也就是说，颠倒的、歪曲的意识只有在改变社会矛盾的实践中才能真正被消灭。这里，我们回过头去看包括卢卡奇在内的一些西方马克思主义者的局限性就在于过高估计了意识形态和意识形态斗争的作用，而忽视了社会对意识的决定性作用，以至于认为可以用意识变革代替现实的革命斗争。而正如马克思恩格斯在《德意志意识形态》中强调的那样，"全部问题只在于从现存的现实关系出发来说明这些理论词句。……要真正地、实际地消灭这些词句，从人们意识中消除这些观念，就要靠改变了的环境而不是靠理论上的演绎来实现"①。

　　总之，正因资产阶级政治经济学作为一种意识形态（当然意识形态还包括资产阶级的哲学、宗教等其他形式）与资本主义现实政治经济一同构成了资本主义现实总体，从而，对资本主义现实总体进行批判和改造的马克思主义政治经济学必然诉诸对资产阶级政治经济学批判和资本主义现实政治经济批判的双重向度。这里我们回顾马克思在《〈黑格尔法哲学批判〉导言》中的那段著名的论断："批判的武器当然不能代替武器的批判，物质力量只能用物质力量来摧毁。"② 不能狭隘地理解为马克思对理论批判的否定，而应理解为理论批判与现实解放是同一个革命运动的两面，因为"理论一经掌握群众，也会变成物质力量"③。当然，这双重批判在马克思的著作中是以相互缠绕的，不是各自独立的或是前后相继的方式，共同完成了对资本主义现实总体的批判，从而也使马克思主义政治经济学不仅仅是一门科学地"解释"了资本主义的政治经济学，更是以人类解放为宗旨的"改变"世界的真正的历史科学。

第二节　经济范畴的"术语革命"：
以价值概念为例

　　在集中体现马克思政治经济学批判的著作《资本论》中，马克思的政治经济学批判是围绕商品、价值、劳动、货币、资本等概念的"术语

---

①　《马克思恩格斯文集》第 1 卷，人民出版社 2009 年版，第 547 页。
②　《马克思恩格斯文集》第 1 卷，人民出版社 2009 年版，第 11 页。
③　《马克思恩格斯文集》第 1 卷，人民出版社 2009 年版，第 11 页。

革命"展开的。人们常常容易误解马克思在《资本论》及其手稿中运用的各种经济学概念，因为在其他的经济学家那里已经有同名称的经济术语，这可能会导致对马克思的整个政治经济学批判的主题的广泛误解。马克思的经济学概念并不是简单地继承了古典政治经济学，而是于资本主义生产和交换关系中发现了与资产阶级经济学具有不同内涵的经济学概念。在《哲学的贫困》中，马克思指出，"经济范畴只不过是生产的社会关系的理论表现，即其抽象"①。古典政治经济学未能探究资本主义生产和交换关系表现形式的特殊性，从其表象形式物与物的关系去构建了关于资本主义社会的政治经济学，将资本主义生产方式视为一种永恒的自然形式。而马克思政治经济学中的商品、价值、货币、资本等概念不是适用于一切人类社会形态的一般经济范畴，而是作为资本主义经济运行建制及人的异化的概念化而呈现出来的社会历史范畴。马克思通过揭示各种资本主义经济学概念的"历史性"，打破了政治经济学将这些概念视为非历史的概念的"形而上学"，实现了经济学概念的"术语革命"。在《资本论》中，马克思是从商品的价值概念入手展开经济范畴的"术语革命"的，下面我们就以价值概念为例，对马克思政治经济学批判所实现的经济范畴的"术语革命"进行揭示。

一 价值概念的"术语革命"：马克思对李嘉图和贝利的双重批判

正如恩格斯在《资本论》英文版序言中所指出的那样，"不言而喻，把现代资本主义生产只看做是人类经济史上一个暂时阶段的理论所使用的术语，和把这种生产形式看做是永恒的、最终的阶段的那些作者所惯用的术语，必然是不同的"②。马克思通过对价值生产过程同时也是人受资本统治即人的异化过程的状态进行了揭示和批判，展现了其政治经济学批判内蕴的人类解放旨趣。

在我们看来，马克思对价值概念的性质和内涵进行重新界定的"术语革命"，主要在于对李嘉图的"价值唯实论"和贝利的"价值唯名论"之争的批判和超越。

---

① 《马克思恩格斯选集》第 1 卷，人民出版社 2012 年版，第 222 页。
② 《马克思恩格斯文集》第 5 卷，人民出版社 2009 年版，第 33 页。

在古典政治经济学的集大成者李嘉图看来，"一件商品的价值，或所能换得的他种商品的数量，乃定于生产所必要的相对劳动量"①。李嘉图的价值论是较早的劳动价值论，即认为商品的价值是由其内部具有的劳动属性所决定，并具体由生产商品所消耗的劳动时间量所决定的。劳动作为价值的实体，无论商品是否完成交换，其价值已内在于商品之中。我们借用日本学者广松涉的称法，把这种价值论称为"价值唯实论"②。

而经济学家贝利对李嘉图将价值归结为劳动时间量的主张进行了批判，指责李嘉图"把价值由商品在其相互关系中的相对属性变成某种绝对的东西"③。贝利通过对商品的价值形式或者说商品的交换关系的考察发现，商品的价值只能通过和它进行交换的另一商品的量才能表现出来。因而，在贝利看来，价值就是商品的购买力，"价值除了仅仅表示两个物品作为可交换的商品相互间的关系之外，不表示任何肯定的或内在的东西"④。也就是说，贝利将价值看作商品的交换关系的表现，认为在相对的价值关系背后，并没有一个价值对象性的共同实体。我们仍借用广松涉的称法，将贝利的价值论称为"价值唯名论"。

可以说，克服"价值唯实论"和"价值唯名论"之争是马克思进行价值概念"术语革命"必须要面对的理论难题，这里的关键在于如何理解形成价值的原因。通常的理解认为马克思价值概念的形成与李嘉图的劳动价值论有着重要的继承关系，这源自马克思在《资本论》中所明确提出的，"作为价值，一切商品都只是一定量的凝固的劳动时间"⑤。但若是仅仅据此来理解马克思的价值概念，将马克思的劳动价值论与李嘉图的劳动价值论相等同，价值概念将被还原为一种适用于一切人类社会形态的"生理耗费说"，并得出一切劳动产品都是商品的结论。而这不仅与《资

① ［英］大卫·李嘉图：《政治经济学及赋税原理》，郭大力、王亚南译，译林出版社 2011年版，第 1 页。

② ［日］广松涉：《资本论的哲学》，邓习议译，张一兵审订，南京大学出版社 2013 年版，第 77 页。广松涉将贝利和李嘉图关于价值的争论称为"唯名论"和"唯实论"的对立。

③ 《马克思恩格斯全集》第 35 卷，人民出版社 2013 年版，第 134 页。

④ 《马克思恩格斯全集》第 35 卷，人民出版社 2013 年版，第 150 页。

⑤ 《马克思恩格斯文集》第 5 卷，人民出版社 2009 年版，第 53 页。

本论》中用来满足自己需要而生产的劳动产品不是商品的观点①相冲突，并使得马克思在《资本论》中将价值定位为"幽灵般的对象性"②的论断变得无法理解。

事实上，马克思高度重视贝利从价值形式的角度，从商品的交换关系中去考察商品的价值。关于贝利对李嘉图的价值论的批判，马克思评论道："虽然他眼光短浅，但触及了李嘉图学说的弱点。"③李嘉图只关注构成价值的劳动时间的量的规定，而从未从形式的方面考察过价值。日本学者柄谷行人在《跨越性批判——康德与马克思》一书中曾指出，"对马克思来说，贝利对李嘉图的批判类似于使康德'从独断论的迷梦中觉醒过来'的休谟之批判"④。也就是说，正是贝利使马克思从李嘉图的"价值唯实论"的迷梦中惊醒，从而使得马克思开始从关系的视角去看待价值范畴。马克思正是从商品交换活动的"关系"视角出发才发现了价值概念的内涵，并明确指出，"价值对象性只能在商品同商品的社会关系中表现出来"⑤。

但马克思并不是简单地从李嘉图的"价值唯实论"走向了贝利的"价值唯名论"，而是对二者进行了双管齐下的批判。贝利指出同一数量商品的价值在与不同商品进行交换时具有种种不同的相对表现，即具有多种交换价值。如一件上衣与 X 量谷物、Y 量呢绒相交换，将得到上衣的谷物价值和呢绒价值。因而，在贝利看来，商品的价值只是表示"该商品在交换中的关系……因此……有多少种商品，就有多少种价值，它们都同样是现实的，又都同样是名义的"⑥。由此，贝利将一切消解于关系，认为商品价值只是一种纯粹相对的东西，而彻底否定了规定价值概念的可能性。而马克思就此批判道，贝利是"把价值形式同价值混为一谈"⑦，是将商品交换价值以商品的量呈现出来的表面现象当作了商品的价值，而

①　参见《马克思恩格斯文集》第 5 卷，人民出版社 2009 年版，第 54 页。马克思指出，"谁用自己的产品来满足自己的需要，他生产的虽然是使用价值，但不是商品"。

②　《马克思恩格斯文集》第 5 卷，人民出版社 2009 年版，第 51 页。

③　《马克思恩格斯文集》第 5 卷，人民出版社 2009 年版，第 78—79 页。

④　[日] 柄谷行人：《跨越性批判——康德与马克思》，赵京华译，中央编译出版社 2010 年版，第 163 页。

⑤　《马克思恩格斯文集》第 5 卷，人民出版社 2009 年版，第 61 页。

⑥　《马克思恩格斯文集》第 5 卷，人民出版社 2009 年版，第 78 页。

⑦　《马克思恩格斯文集》第 5 卷，人民出版社 2009 年版，第 64 页。

忽视了商品等价的交换关系是以同质关系为前提的。也就是说，交换活动本身并不能产生价值，"商品只有作为同一的社会单位即人类劳动的表现才具有价值对象性"①。贝利没有意识到，当上衣作为价值物与谷物、呢绒相等时，是将缝制上衣与种植谷物和织制呢绒的具体劳动化为了同一的抽象人类劳动。因而，在马克思看来，在商品的交换关系背后并不是没有价值的实体，抽象人类劳动就是商品价值的"社会实体"。

那么，如何理解被马克思称为"幽灵般的对象性"的价值的"社会实体"的抽象人类劳动，就构成了理解马克思构成超越"价值唯实论"和"价值唯名论"之争的价值概念"术语革命"的关键。

马克思在商品的交换关系中看到了李嘉图和贝利都没有觉察到的东西——构成价值的劳动的特殊性质——"劳动在人类劳动的抽象属性上形成它自己的价值"②。马克思对以李嘉图为代表的古典政治经济学批判道："至于价值一般，古典政治经济学在任何地方也没有明确地和十分有意识地把表现为价值的劳动同表现为产品使用价值的劳动区分开。"③李嘉图将价值归结为劳动时间，即具体劳动量的差别，而没有意识到，"各种劳动的纯粹量的差别是以它们的质的统一或等同为前提的，因而是以它们化为抽象人类劳动为前提的"④。这意味着，价值并不是作为有用劳动的凝结而内在于商品中的天然属性，凝结为不同质的使用价值的有用劳动只有转化为同质的、无差别的、一般的抽象人类劳动，才使得商品可以互相通约。

马克思价值概念的"术语革命"的关键在于揭示了价值的实体是劳动，但这种劳动是"社会劳动"⑤，是抽象人类劳动。这种抽象人类劳动不是去除掉有用劳动的具体性和特殊性，将其抽象为人类劳动力在生理学能量上的耗费。因为这样抽象而来的一般劳动仍是表现为使用价值的一般有用劳动，而不是表现为价值的劳动。这种一般有用劳动体现的是人与自然的关系，不但适用于人类一切社会形态，甚至无法与牛、马

---

① 《马克思恩格斯文集》第5卷，人民出版社2009年版，第61页。
② 《马克思恩格斯文集》第5卷，人民出版社2009年版，第67页。
③ 《马克思恩格斯文集》第5卷，人民出版社2009年版，第98页。
④ 《马克思恩格斯文集》第5卷，人民出版社2009年版，第98页。
⑤ 《马克思恩格斯全集》第31卷，人民出版社1998年版，第422页。

等牲畜所进行的劳作区分开。在马克思看来，表现为使用价值的有用劳动转化为表现为价值的抽象人类劳动是"社会生产过程中每天都在进行的抽象"①，是在全社会范围内的商品交换过程中才能完成的"抽象"。并且这一过程"是在生产者背后由社会过程决定的"②。也正是因此，作为价值尺度的劳动时间不是某种具体的、既定不变的时间量，而是"在现有的社会正常的生产条件下，在社会平均的劳动熟练程度和劳动强度下"③ 再生产该使用价值的社会必要劳动时间。只要再生产该商品的社会必要劳动时间发生变动，那么即使生产商品的实际劳动时间不变，商品的价值也要发生变动。这便是被马克思称为"幽灵般的对象性"的价值的"社会实体"的抽象人类劳动真实内涵。正如广松涉在《资本论的哲学》中指出的，"在高层次上虽是与广泛的商品世界的社会关系的反思规定相关的 das Arbeit（抽象人类劳动），但就价值形式而言，是作为实体的基础而存在"④。

我们看到，正是在对李嘉图和贝利的双重批判中，马克思重新探索了价值概念的性质和内涵，超越了"价值唯实论"和"价值唯名论"之争的地平，而实现了价值概念的"术语革命"。正如美国学者麦卡锡所指出的那样，"在马克思看来，价值是一定性的社会关系，不能还原成定量的比价。事实上，商品具有价值仅仅因为社会关系，而非因为劳动本身"⑤。马克思在《资本论》及其手稿中所分析的价值概念绝不是适用于一切社会形态的一般经济范畴，而是人们在特定社会历史阶段的生产活动中的关系的理论表现的"历史性"范畴。

二　作为"历史性"范畴的价值概念

以价值概念的"术语革命"为例，我们可以看到，马克思关注的重

---

① 《马克思恩格斯全集》第 31 卷，人民出版社 1998 年版，第 423 页。

② 《马克思恩格斯文集》第 5 卷，人民出版社 2009 年版，第 58 页。

③ 《马克思恩格斯文集》第 5 卷，人民出版社 2009 年版，第 52 页。

④ ［日］广松涉：《资本论的哲学》，邓习议译，张一兵审订，南京大学出版社 2013 年版，第 136 页。

⑤ ［美］乔治·麦卡锡：《马克思与古人——古典伦理学、社会正义和 19 世纪政治经济学》，王文扬译，华东师范大学出版社 2011 年版，第 284—285 页。

点是劳动的社会性在现代社会中取得"社会的形式"的特殊方式，是劳动表现为价值的背后的社会历史基础。社会分工使得社会成员彼此为对方劳动，因而劳动的社会性体现在一切人类社会形态中，只是劳动取得"社会的形式"的方式不同。在马克思看来，价值概念只是劳动在人类特定社会历史阶段——现代商品社会中取得"社会的形式"的特殊方式的理论反映，它绝不是什么超历史的经济范畴，而只是商品社会生产关系的理论表现。透过价值概念的棱镜，马克思要揭示的是19世纪以英国为典型代表的资本主义社会"独特社会关系的定性确定"①。

马克思在《资本论》中的分析的价值概念揭示出了现代商品社会中蕴藏的三组对立关系。第一，商品的使用价值和交换价值的对立。商品社会的基本特征是个人以彼此独立的商品所有者的方式存在，其商品对他来说是非使用价值，他只有将其转化为交换价值才能获得其所需要的使用价值。也就是说，"商品对于它的所有者只有作为交换价值才是使用价值"②。第二，具体劳动和抽象人类劳动的对立。具体劳动并不是由于其具有的不同形式和有用属性而可以彼此交换，恰恰相反，具体劳动只是由于被抽象掉了劳动的一切具体形式和特殊属性，即作为同一的、无差别的抽象人类劳动才彼此交换。第三，私人劳动和社会劳动相对立。在商品社会中，虽然和其他社会形式一样，社会总劳动总是由各种私人劳动的总和构成的。但在商品社会中，劳动的社会性并不是采取私人劳动的特殊形式，相反，劳动的一般性才表现为劳动的社会性。或者说，私人劳动"要通过它采取与自身直接对立的形式，即抽象一般性的形式，才变成社会劳动"③。

我们看到，劳动产品的价值形式，作为商品社会生产体系的客观基础，在自身中已经包含着社会对个体的强制和否定。使用价值、具体劳动、私人劳动，总之，一切体现为劳动的个性的特殊形式和目的的感性东西都被劳动的价值形式扬弃为了抽象的、同一的、无差别的存在。个体只有作为这种抽象劳动——价值的提供者，才成为社会的存在。对此，马克

---

① ［美］乔治·麦卡锡：《马克思与古人——古典伦理学、社会正义和19世纪政治经济学》，王文扬译，华东师范大学出版社2011年版，第290页。

② 《马克思恩格斯全集》第31卷，人民出版社1998年版，第434—435页。

③ 《马克思恩格斯全集》第31卷，人民出版社1998年版，第426页。

思指出，"彼此独立的私人劳动的独特的社会性质在于它们作为人类劳动而彼此相等，并且采取劳动产品的价值性质的形式——商品生产这种特殊生产形式才具有的这种特点，对受商品生产关系束缚的人们来说，无论在上述发现以前或以后，都是永远不变的"①。也就是说，价值范畴对于商品社会中的人们来说，是具有"社会效力"的"客观"的经济范畴。

　　然而，当我们考察其他社会生产方式时，就会发现蕴藏在价值概念中的种种对立关系消失了。例如在农村宗法式的社会中，或是作为生产前提的公社中，人们按照自然联系进行分工，而互相为彼此劳动。凝结为不同使用价值的劳动产品并不以价值的形式存在，"个人劳动直接表现为社会机体的一个肢体的机能"②。由此，劳动的特殊性直接构成了劳动的社会性，而无须转化为无差别的抽象人类劳动才能获得其社会有效形式。或者说，"成为社会纽带的，是个人一定的、自然形式的劳动，是劳动的特殊性，而不是劳动的一般性"③。因此，马克思的价值概念揭示出的是在现代商品社会中产生的一种特殊的、与历史上以往劳动形式性质不同的劳动社会化组织形式。劳动的价值形式不过是"劳动借以获得社会性的那种特有形式"④，而绝不是资产阶级经济学家认为的那样，是一种永恒的、超历史的经济范畴。

　　正如前文所述，劳动产品表现为价值——表现为使用价值的具体的、个别的、私人的、有用劳动转化为社会的、一般的、无差别的、抽象劳动——的过程，是只有在商品交换事后才得以完成的"抽象"过程。作为价值的"社会实体"，"一般社会劳动不是现成的前提，而是变成的结果"⑤。也就是说，在商品生产的前提下，劳动的社会性，只有在不同种商品的等价形式中才能显示出来。因为商品社会的特征是，商品生产者作为商品所有者而彼此独立地存在，他们除去商品交换不发生关系。

　　这里的关键在于，使劳动表现为价值的"抽象"过程得以实现的交换过程绝不是物物的直接交换，而是表现为必须以货币为中介的商品交

　　①　《马克思恩格斯文集》第 5 卷，人民出版社 2009 年版，第 91—92 页。
　　②　《马克思恩格斯全集》第 31 卷，人民出版社 1998 年版，第 426 页。
　　③　《马克思恩格斯全集》第 31 卷，人民出版社 1998 年版，第 425 页。
　　④　《马克思恩格斯全集》第 31 卷，人民出版社 1998 年版，第 425 页。
　　⑤　《马克思恩格斯全集》第 31 卷，人民出版社 1998 年版，第 438 页。

换。而前文所述的李嘉图和贝利的价值论虽表现不同，但其根本上都是只关注价值的量的规定性。在他们看来，仿佛商品可以不以货币为中介而直接物物交换。而社会事实是，当产品生产采取商品生产的形式，就意味着，物物交换的社会阶段的解体和终结。物物不能直接交换，已经默默地包含在商品生产的前提中了。李嘉图和贝利都忽视了这一"抽象"过程中的关键——价值必然以交换价值的化身即货币的形式表现出来。因为作为价值尺度的社会必要劳动时间，只是潜伏在商品中，并且只是在商品交换过程中才以货币的形式显露出来。

马克思通过对商品的价值形式的考察指出，由价值概念所揭示出的商品社会的三组对立关系——使用价值与交换价值的对立、具体劳动与抽象劳动的对立、私人劳动与社会劳动的对立，正是在商品的价值形式的完成形式——货币形式中获得了和解。货币作为抽象人类劳动的直接化身，具备以下三个特点：第一，货币以其自身的使用价值直接作为它的对立面即价值的表现形式；第二，凝结在货币中的具体劳动直接作为它的对立面即抽象人类劳动的表现形式；第三，表现在生产货币身上的私人劳动直接作为它的对立面即社会劳动。

这里马克思要强调的是，其他商品要想实现这三个方面的转化，只有通过转化为货币才能完成。也就是说，商品的价值表现或者说劳动表现为价值的过程，只有通过交换，转化为社会公认的等价物——货币，而以货币为媒介表现出来。这是"在生产者背后由社会过程决定的"[①]，"社会生产过程中每天都在进行的抽象"[②] 的真实内涵。

我们看到，价值概念体现出的是个人对交换关系的依赖，"交换关系固定为一种对生产者来说是外在的、不依赖于生产者的权力。……一种对生产者来说是异己的关系"[③]，并以以货币为化身的交换价值成为统治人们产品交换的支配性原则表现出来。由此，交换价值成为生产的直接对象，这意味着一切前资本主义生产方式的解体。在马克思看来，使劳动表现为价值的，不是直接的生产活动，而是一个不由个体劳动者所决定的社

---

① 《马克思恩格斯文集》第 5 卷，人民出版社 2009 年版，第 58 页。
② 《马克思恩格斯全集》第 31 卷，人民出版社 1998 年版，第 423 页。
③ 《马克思恩格斯全集》第 30 卷，人民出版社 1995 年版，第 95 页。

会关系和社会结构。价值概念是"对刻画了资本主义社会特征的特定历史形式的社会和劳动关系的表达"①。对此，马克思指出，价值范畴是"属于生产过程支配人而人还没有支配生产过程的那种社会形态的"②。价值范畴是人们"自己的社会关系作为对象同他们自己相异化"③ 的特定社会历史阶段——资本主义阶段的产物。而这是把资产阶级生产方式当作非历史的、永恒的自然形式的资产阶级经济学家所无法看到的，即"劳动产品的价值形式是资产阶级生产方式的最抽象的、但也是最一般的形式，这就使资产阶级生产方式成为一种特殊的社会生产类型，因而同时具有历史的特征"④。在这个意义上，我们可以说马克思的价值概念的"术语革命"通过揭示现代商品社会劳动社会化的特殊形式，揭露和批判了资产阶级政治经济学的"形而上学"本质。

三　价值形式与阶级

马克思通过对商品价值形式从"简单价值形式"到"货币形式"的发展的逻辑进程的考察，揭示了在商品的"简单价值形式"中就以相对价值形式和等价形式的对立表现出来的商品的使用价值和价值的对立，如何随着价值形式的发展而同步发展，直至"货币形式"而发展为彻底的、固定的、完全的对立，并由此构成了商品和货币的非对称关系。正是这一非对称关系在产业资本主义阶段中得以发展成无产阶级和资产阶级的非对称的阶级关系，由此揭穿了资产阶级宣扬的在现代商品社会中人人平等，阶级已经消亡的假象。

在商品的"简单价值形式"（X 量商品 a＝Y 量商品 b）中，处在相对价值形式上的商品 a 的价值由商品 b 的使用价值表现出来，从而使商品 b 以个别和偶然的方式处在等价形式上。"一只羊＝两把斧子"就是简单的或偶然的价值形式的典型形式。与简单的或偶然的价值形式相对应的是自然经济，自然经济的特点是自给自足。生产的劳动产品不是为了交换，而

---

① ［美］乔治·麦卡锡：《马克思与古人——古典伦理学、社会正义和 19 世纪政治经济学》，王文扬译，华东师范大学出版社 2011 年版，第 295 页。
② 《马克思恩格斯文集》第 5 卷，人民出版社 2009 年版，第 99 页。
③ 《马克思恩格斯全集》第 30 卷，人民出版社 1995 年版，第 110 页。
④ 《马克思恩格斯文集》第 5 卷，人民出版社 2009 年版，第 99 页。

是为了满足生产者或共同体内部成员的使用价值需要。只是在原始社会末期，生产力发达一些，人们有了少量的剩余产品，就把它们偶然地拿来和其他共同体的剩余产品相交换。对此，马克思指出，"交换本身……最初不是出现在一个社会共同体的范围内，而是出现在它的尽头，它的边界上，它和别的共同体接触到少数地点上"①。这时的商品价值不是由社会必要劳动时间决定的，而是表现为偶然的交换价值。

即使在简单的商品价值形式中，也体现出了商品二因素的对立，即商品的使用价值与价值的对立以一般价值形式和等价形式的外在对立表现了出来。马克思指出，"一切价值形式的秘密都隐藏在这个简单的价值形式中"②。这里的关键在于，商品的相对价值形式和等价形式不能通过同一个商品在同一价值形式中表现出来，而必须表现在两种使用价值不同的商品上。相对价值形式和等价形式的对立在这里已经显现，只不过还没有固定下来。

随着生产力的发展，特别是第一次社会大分工之后，人们的剩余产品增多，交换就成为经常的事情，一种产品不仅和单一的产品进行交换，而是经常和多种产品进行交换。这个时候商品的价值形式就是总和的或扩大的价值形式。在商品的"扩大的价值形式"（X 量商品 a＝Y 量商品 b，或＝Z 量商品 c，或＝N 量其他商品）中，单个商品的价值由除它自身以外的一切商品的使用价值表现出来，从而使除自身以外的所有商品获得了特殊等价物的形式。这里，商品的相对价值形式和等价形式的对立仍然没有固定下来。除去被表现价值的商品 a 以外的一切商品都可以处于等价形式上，在商品交换中充当特殊等价物。

而随着商品经济的发展，价值形式发展到了商品的"一般价值形式"（Y 量商品 b＝X 量商品 a；Z 量商品 c＝X 量商品 a……N 量其他商品＝X 量商品 a）。表面上看起来，一般价值形式与总和的或扩大的价值形式之间只是等式左右两侧的内容发生了位置的调换。这在数学上没有任何意义。但马克思却称，从总和的或扩大的价值形式转换为一般价值形式是一个质的飞跃，构成了"价值形式的变化了的性质"③。这里，一切商品的

① 《马克思恩格斯全集》第 30 卷，人民出版社 1995 年版，第 179 页。
② 《马克思恩格斯文集》第 5 卷，人民出版社 2009 年版，第 62 页。
③ 《马克思恩格斯文集》第 5 卷，人民出版社 2009 年版，第 81 页。

价值都由一个固定的商品 a 的使用价值表现。后者被从商品社会中排挤出来，以自身的自然形式充当其他一切商品的等价形式，这个商品成为一般等价物。由此，商品的相对价值形式和等价形式的对立固定了下来，即只有一个商品可以处在等价形式的位置上，成为"一般商品"，而其他一切商品都作为"特殊商品"，只能处在相对价值形式的位置上。换句话说，作为一般等价物的商品成为可以和其他一切商品随时随地直接交换的商品，而其他的一切商品，之间直接交换的资格和希望都消失了。它们再不能直接交换，只可以被买，却不能买别的东西。那么，其他商品所有者为什么愿意放弃可以直接物物交换的权力？这是商品交换发达到一定程度的必然产物。在商品交换初期，人们把自己不需要的东西直接交换自己需要的东西。然而到了商品生产成为社会生产的主要形式的时期，这样的交换，就变得一天比一天困难。

商品的第四种价值形式"货币形式"（Y 量商品 b＝X 量金；Z 量商品 c＝X 量金……N 量其他商品＝X 量金）与"一般价值形式"在性质上是相同的，只不过是将这个一般等价物与金银等商品的自然形式结合在了一起。金和银作为贵金属，很早就作为贵重的装饰品而存在，但它成为固定的一般等价物的主要原因，在于金银的自然的性质和一般等价物的社会职能最相吻合。第一，金银的性质是变化极小的，无论是在水中还是在空气中，而在日常的使用中，是被认为性质完全不变的。第二，金银可以任意分合。这两种性质，用来做无差别的人类劳动的体现物，是最为合适的。由此，只有货币具有随时随地与其他商品直接交换的权力，这是与其余一切商品丧失了这一权力相对应的，商品与货币的非对称关系也由此确立。这个时候，"1 只羊"和其他商品一样，只能处在相对价值形态的位置上了。

通过对价值形式的分析，马克思要揭示的是，商品之所以是商品，货币之所以是货币，只是由它们处在价值形态的不同位置而决定的。当金银处在相对价值形态时，它们就是商品。这里潜藏着马克思对货币拜物教的批判：潜在于商品中的使用价值和价值之间的矛盾随着价值形式的发展，以货币的形式表现为商品和货币的对立，使得货币具有了"似乎先验的权力"，其实不过是商品生产的社会关系的必然结果。

我们看到，正是通过对使商品分化为商品和货币的经济范畴——价值形式的分析，马克思揭示出，在商品的"简单价值形式"中就表现出来的相对价值形式和等价形式的对立，并未随着价值形式的发展而被扬弃，而是随着价值形式的发展而同步发展，在商品的"一般价值形式"和"货币形式"中被固定下来，并确立为商品和货币的非对称关系。

　　这里，马克思揭示出了被古典政治经济学的货币理论所遮蔽的资本主义社会中商品和货币的非对称关系。在古典政治经济学看来，现代商品社会以货币为媒介的商品交换仿佛只是原始社会物物交换在范围和程度上的扩大而已，货币仿佛只是使商品交换更加便捷的无实质意义的媒介，而正如柄谷行人所指出的那样，现代商品社会中以货币为中介的商品交换"看上去仿佛是物与物的交换，而实际上它们是处于价值形态之下的"①。"商品交换绝不可能是对称的关系。"② 正是这一非对称关系在产业资本主义阶段表现为作为劳动力商品占有者的工人与作为货币（资本）占有者的资本家之间的非对称的阶级关系。

　　在产业资本主义阶段，随着劳动力成为商品，即由于工人与劳动的客观条件相分离，工人成为除自身劳动力以外一无所有的商品所有者，这意味着劳动力对工人来说是非使用价值，而仅仅是交换价值，工人只有把它转化为货币，才能进而换取其所需的生活资料。而货币现在在资本家的口袋里，从而资本家作为货币占有者，作为交换价值的直接代表而在与工人的劳动力商品交换中占有着支配地位。马克思要指出的是，这种出现在商品市场上的从表面上看起来是商品所有者之间的公正、平等、自由的交换的活动，实际上处在非对称关系中的。正如柄谷行人所指出的那样，"产业资本主义经济中的阶级关系，正是通过卖与买、商品与货币（资本）的非对称关系才得以形成的"③。在看起来平等交换的商品所有者与货币所有者之间的关系中，马克思看到了隐含其中的阶级支配关系。正如马克思在《资本论》中指出的，"原来的货币占有者作为资本家，昂首前行；劳动力占有者作为他的工人，尾随于后。一个笑容满面，雄心勃勃；一个

---

　　① ［日］柄谷行人：《跨越性批判——康德与马克思》，赵京华译，中央编译出版社 2010 年版，第 165 页。

　　② ［日］柄谷行人：《跨越性批判——康德与马克思》，赵京华译，中央编译出版社 2010 年版，第 166 页。

　　③ ［日］柄谷行人：《跨越性批判——康德与马克思》，赵京华译，中央编译出版社 2010 年版，第 166 页。

战战兢兢，畏缩不前，像在市场上出卖了自己的皮一样，只有一个前途——让人家来鞣"①。

　　我们以价值概念为例，揭示了马克思正是通过对经济范畴的"术语革命"使隐蔽在"经济范畴"中的人与人的关系得以澄明。而社会主义要实现从空想到科学的发展，首先就是要超越否认人与人的阶级关系，将无产阶级和资产阶级的对立关系简化为物与物，物与人的关系的资产阶级意识形态，唤醒无产阶级的阶级意识。正如恩格斯在《共产党宣言》的序言中所指出的那样，以往的众多工人阶级运动最终都成了资产阶级运动。工人阶级只是同他们的敌人即资产阶级的敌人——封建专制残余作斗争，而没有"推翻资产阶级统治的明确意图"②。这其中重要的原因就在于无产阶级没能正确认清现代商品社会中的生产关系的资本主义性质，没能认清自身在现代商品社会中的阶级地位。

　　因而，揭示隐蔽在商品交换活动这一物的外壳下的人与人的关系，唤醒社会主义革命的行动主体——工人阶级的阶级意识，就成为社会主义从空想到科学发展的必要前提。而马克思所实现的经济范畴的"术语革命"通过对蕴藏在经济范畴中的阶级关系的揭示，揭穿了资本主义社会中人和人是自由平等的关系的假象。正如马克思恩格斯在《共产党宣言》中所指出的那样，"现代资产阶级社会并没有消灭阶级对立"③，而只是以新的阶级、新的对立形式代替了旧的。从而，使无产阶级认识到资本主义生产关系的性质，认识到自身在资本主义社会中的地位，为社会主义理论实现从空想到科学的发展确立了行动主体。

第三节　人受资本统治的现实处境
及其经济根源

　　在马克思恩格斯那里，人的异化状况是作为一种特定的物质生产方式发展的必然结果被感知和揭示出来的。在《1857—1858年经济学手稿》中，

---

　　① 《马克思恩格斯文集》第5卷，人民出版社2009年版，第205页。
　　② 《马克思恩格斯文集》第2卷，人民出版社2009年版，第25页。
　　③ 《马克思恩格斯文集》第2卷，人民出版社2009年版，第32页。

马克思以人们共同实践活动方式为依据，划分了人的存在的不同历史形态，即"人的依赖关系"、"以物的依赖性为基础的人的独立性"，以及"建立在个人全面发展和他们共同的、社会的生产能力成为从属于他们的社会财富这一基础上的自由个性"三种形式。① 而在现实的历史，即生产的资本主义形式下，人处于"以物的依赖性为基础的人的独立性"的第二大形式中，并具体表现为人受资本统治的异化状态。由此，揭露人受资本统治的现实处境、社会根源以及资本主义生产方式内在的结构性矛盾从而资本主义灭亡的必然性，就构成了马克思对资本主义现实政治经济批判的主要内容。

一 人受资本统治的现实处境

在资本主义条件下，价值的生产过程同时也是资本增殖的过程，是资本作为一种强制性社会力量对人的统治过程。在这种过程中，人同自身相异化，这种异化不仅表现在无产者身上，也表现在资本家身上。

我们先从无产者的角度来看，在资本主义生产方式下的价值实现和分配过程中，"对象化劳动"本身不表现为对无产者自身力量的确证，而是表现为"同他相异己的、统治他和剥削他的权力"② ——资本的生产。

马克思考察了资本主义生产方式从工场手工业阶段发展到机器大工业阶段的历程，并揭示了这一发展历程同时构成了使劳动从在"形式"上从属于资本到在"实质"上从属于资本的历程。资本主义生产最初是在历史上既有的生产基础上进行的，因而在初期，除了资本家与直接劳动者的雇佣关系取代了封建行会的师徒关系外，其与封建行会的手工业生产相比只是在量上扩大了而已，并没有构成质的差别。资本只是将"从前为自己劳动或者作为行会师傅的帮工的手工业者变成受资本家直接支配的雇佣工人"③，即变成资本家劳动而已。这种状况是由工场手工业的技术基础所限定的，即由于工场手工业以手工业生产为基础，因而劳动条件还很依赖于直接劳动者的人身条件和经验。对此，马克思在《资本论》中描述道："因为手工业的熟练仍然是工场手工业的基础，同时在工场手工业

---

① 《马克思恩格斯全集》第30卷，人民出版社1995年版，第107—108页。
② 《马克思恩格斯文集》第5卷，人民出版社2009年版，第659页。
③ 《马克思恩格斯文集》第5卷，人民出版社2009年版，第584页。

中执行职能的总机构没有任何不依赖工人本身的客观骨骼,所以资本不得不经常同工人的不服从行为作斗争。"① 也就是说,在资本主义工场手工业阶段,资本的力量与直接劳动者之间的力量对比还未呈现出压倒性优势,这使得直接劳动者能够在争取劳动产品的分配权力上同资本家进行一定程度的抗争。在这一阶段,资本还只是在形式上而非实质上控制了整个生产过程。

而随着劳动资料转化为不依赖工人手工业技能的自动机器,这种劳动资料的特点在于其将劳动资料以及操作劳动资料的技能作为一个结合体独立于直接劳动者。由于机器作为劳动资料和过去在工人身上的操纵劳动资料的技能的结合体都归资本所有,从而,劳动资料作为资本去使用工人"才取得了在技术上很明显的现实性"② 转化为机器体系的劳动资料,作为过去了的、积累下来的对象化劳动,"本身不仅直接以产品的形式或者以当做劳动资料来使用的产品的形式出现,而且以生产力本身的形式出现"③。这意味着,价值实现过程中由于人类社会历史的发展而带来的"知识和技能的积累,社会智力的一般生产力的积累",也不再表现为活劳动自身的发展和积累,而是"同劳动相对立而被吸收在资本当中,从而表现为资本的属性"④。

由此,随着劳动资料转化为机器,资本就摆脱了在工场手工业时期受生产技能与直接劳动者的人身相结合的对资本控制整个劳动过程的技术限制,"代表一般社会劳动的不是劳动,而是资本"⑤。直接劳动者的活劳动上升为社会劳动的过程,即价值的生产过程"表现为单个劳动在资本所代表、所集中的共同性面前被贬低到无能为力的地步"⑥。直接劳动者的活劳动被贬低为体力劳动,贬低为转移和创造价值的"生产工具"和"活的机器"。

在产业资本主义阶段,工人与劳动的客观条件相分离,这构成了产业

① 《马克思恩格斯文集》第5卷,人民出版社2009年版,第425页。
② 《马克思恩格斯文集》第5卷,人民出版社2009年版,第487页。
③ 《马克思恩格斯文集》第8卷,人民出版社2009年版,第186页。
④ 《马克思恩格斯文集》第8卷,人民出版社2009年版,第186—187页。
⑤ 《马克思恩格斯文集》第8卷,人民出版社2009年版,第187页。
⑥ 《马克思恩格斯文集》第8卷,人民出版社2009年版,第191页。

资本主义生产活动的前提。劳动力对工人来说是非使用价值,只有在劳动力与资本的交换完成后转化为以货币形式表现出来的交换价值,才能进而转化为工人自身得以维持的生活资料。因而,对于工人来说,劳动只有并入资本,成为资本的一种形式——可变资本时,才具有积极意义。因为在与资本发生关系之前,工人就无法进入劳动过程,工人和劳动的客观条件,以及工人彼此之间不发生关系。而一旦并入资本,工人的劳动便不再属于他自己,而是属于控制生产过程的"资本的人格化"——资本家。马克思转引工厂平达尤尔博士的话说:"当资本迫使科学为自己服务时,它总是迫使劳动的反叛之手就范。"① 也就是说,随着社会历史发展而带来的科学技术的发展——社会生产力的进步"转化为资本支配劳动的权力"②,在以机器为基础的大工业中获得了其完成形式。这时,劳动对资本的从属就不只是在"形式"上,而是在"实质"上从属于资本了。

我们看到,对象化劳动不再表现为直接劳动者的自我力量的实现和确证,而是表现为资本对社会劳动的占有过程,这是资本主义生产过程的价值生产过程的现实,是资本增殖的奥秘。包括工人个人的消费,也不过是用于工人再生产自身即转化为可供资本重新剥削的劳动力的资本增殖过程中的一个要素。我们知道,劳动力的平均价格是工人能够维持其生活所必需的最低限度的生活资料的价值——工资。也就是说,在工人劳动所创造的价值中,工人所占有的仅仅是勉强维持其生命再生产的极小部分。工人始终处于 W—G—W(商品—货币—商品)的商品流通的循环中,而其余的价值则被资本家占有。工人是价值的"人身源泉",但这些价值不断地以与工人相对立、控制工人的权力被生产出来。工人"被剥夺了为自己实现这种财富的一切手段"③。构成价值的异化劳动使劳动仅仅变成维持工人自身生存的手段。

而资本家作为价值的占有者,处在 G—W—G'(货币—商品—增殖了的货币)的资本增殖的循环中。也就是说,在资本主义的生产方式下,同一个价值生产及再生产过程的结果就是不断再生产着作为资本主义生产

① 《马克思恩格斯文集》第 5 卷,人民出版社 2009 年版,第 502 页。
② 《马克思恩格斯文集》第 5 卷,人民出版社 2009 年版,第 487 页。
③ 《马克思恩格斯文集》第 5 卷,人民出版社 2009 年版,第 658 页。

的前提的工人与活劳动的分离，从而造成了资产阶级和无产阶级的永久化。我们看到，通过对价值的生产过程的考察，马克思要指出的是资本主义条件下劳动的实现方式是一种从结构上剥夺了人的解放的可能途径的特殊劳动形式。正如马克思所指出的，"人的异化，一般地说，人对自身的任何关系，只有通过人对他人的关系才得到实现和表现"①。因而，工人同自身的异化以资产阶级和无产阶级的对立关系现实地表现出来。由此，"异化不是作为一种哲学或人类学状态被感知到，而是作为一种特定的物质生产方式和生产力发展的必然结果被感知到"②。价值的生产过程泄露了资本主义经济运行建制的奥秘。而在共产主义社会里，劳动的对象化，积累起来的劳动只是扩大、丰富和提高劳动者生活的手段。

其次，人受资本统治从而人同自身相异化的状况也体现在资本家身上。

一方面，资本家对其他人的劳动、劳动过程、劳动产品的实际作用都漠不关心。资本家把他人的劳动仅仅当作手段，价值增殖的手段。资本家只在乎一件事，即这一生产过程的结果——商品能否转化为更多的货币。也就是说，生产过程的一切具体感性特殊形式只有被抽象为凝结在商品中的无差别的"价值一般"才有意义。在资本控制下的生产过程中，生产过程中的各种不同要素——生产工具、原材料、劳动力都只是为了一个目的结合起来——价值的增殖。对于生产要素的购买者资本家来说，他购买的是这些生产要素的使用价值，但这个使用价值不是用来为资本家个人生活所需而消耗从而退出流通过程的，而是作为保存并创造价值的可能性力量成为价值增殖的工具的。这里，资本家与劳动、产品以及他人的关系，都和共产主义社会中人与劳动、产品以及他人的关系截然不同。

由此，生产的目的不是人类的自我实现，不是为着共同体的使用价值的需要，而仅仅作为与其具体形式毫不相干的创造价值的纯粹抽象活动而存在。正如麦卡锡所指出的那样，"生产之所以持续不断，这不是为了共

---

① 《马克思恩格斯选集》第 1 卷，人民出版社 2012 年版，第 58 页。
② ［美］乔治·麦卡锡：《马克思与古人——古典伦理学、社会正义和 19 世纪政治经济学》，王文扬译，华东师范大学出版社 2011 年版，第 300 页。

同体成员的普遍善，不是为了实现使用价值，也不是为了满足人的基本需求"①。生产过程是否发生，不是取决于资本家的个人喜好或是共同体的需要，而是取决于"价值一般"能否实现。若是不能，那么，生产将会停止。我们看到，马克思将"价值一般"视为一种"社会劳动形式"。价值概念的重点落到了对限制、扭曲人类自我实现的劳动的社会组织形式的揭示和批判上，是对资本主义制度下发展起来的社会经济体系的存在论批判和指控。

　　另一方面，作为资本的人格化，资本家不过是资本的增殖运动机制的"主动轮"而已。人们非常熟悉马克思对资本家作为资本经济范畴的人格化的界定。这里需要补充说明的是，不是说作为个体的资本家必然将其全部精力都用来实现资本的增殖，而是说只有这样做，他才能在竞争中作为资本家的身份存在下去。马克思指出，"资本主义生产的发展，使投入工业企业的资本有不断增长的必要，而竞争使资本主义生产方式的内在规律作为外在的强制规律支配着每一个资本家"②。从而，尽管作为消费者，资本家有能力购买比工人更多的东西来满足自己的需要，他们是口袋里装着货币的人，而货币在商品经济社会中代表着人的社会地位和社会权力。正如马克思恩格斯在《神圣家族》中所指出的那样，"有产阶级和无产阶级同样表现了人的自我异化。但是，有产阶级在这种自我异化中感到幸福，感到自己被确证，它认为异化是它自己的力量所在，并在异化中获得人的生存的外观"③。然而，竞争使得他们不得不尽可能多地将积累下的价值重新投入资本得以增殖的生产过程的循环中，竞争作为资本的概念中内在包含的东西，强制资本家只有保证资本的增殖才能维持住其地位，否则，他将在竞争中被淘汰，被剥夺作为资本的代理人的资格。也就是说，不仅是为了积累、扩大再生产而更大限度地实现资本的增殖，单是保存现有的资本，也要求资本家"不断地努力克服把资本吃光用尽的诱惑"④。资本家不得不通过不断地扩大自己的资本以维持现有的资本。因而，马克

---

　　① ［美］乔治·麦卡锡：《马克思与古人——古典伦理学、社会正义和19世纪政治经济学》，王文扬译，华东师范大学出版社2011年版，第306页。

　　② 《马克思恩格斯文集》第5卷，人民出版社2009年版，第683页。

　　③ 《马克思恩格斯文集》第1卷，人民出版社2009年版，第261页。

　　④ 《马克思恩格斯文集》第5卷，人民出版社2009年版，第689—690页。

思指出，"资本家不过是这个社会机制中的一个主动轮罢了"①。

在马克思看来，资本家的历史价值正是在于通过对资本增殖的狂热追求而客观上促进生产力的发展而为更好的社会形式奠定现实基础，而这也是资本主义生产方式的历史价值。马克思恩格斯曾在《共产党宣言》中强调，"在资产阶级社会里，资本具有独立性和个性，而活动着的个人却没有独立性和个性"②。也就是说，人受资本统治。这里资本仿佛成了主体，但是资本不是人，何以具有意志和能动性。对此，马克思在《资本论》中指出，一方面，资本只有通过资本家"才有了意志和意识"③，另一方面，资本家只有作为"人格化的资本"，才具有"历史的价值"④。马克思在《资本论》中对资本家和货币贮藏者进行对比时指出，货币贮藏者和资本家的共同点是都有"绝对的致富欲"。⑤ 但是，巴尔扎克对其笔下的高老头，即老高利贷者高布赛克通过货币贮藏的方式的贪婪的描述，不仅仅是一个中立客观的描述，而本身是站在资产阶级时代已经产生了的更"先进"的贪婪方式——将资本投入循环中去以使钱变成更多的钱的视域下，表现出对旧的积累商品的方式来实现货币贮藏的贪婪行为的鄙夷。正如马克思所指出的，在巴尔扎克笔下，高老头"已经是一个老糊涂虫了"⑥。对于资本家来说，"把货币贮藏起来不投入流通，同把货币作为资本而增殖，恰恰是相反的两回事，从货币贮藏的意义上进行商品积累，是十足的愚蠢行为。大量商品的积累是流通停滞或生产过剩的结果"⑦。因而，资本家只有不致力于使用价值的享受，而是致力于价值的增殖，才能在竞争中生存。在这个意义上，马克思曾对古典政治经济学的这一观点表示肯定，即"无产者不过是生产剩余价值的机器，而资本家也不过是把这剩余价值转化为追加资本的机器"⑧。

综上，在马克思的政治经济学批判中根植着对资本主义社会的伦理批

①《马克思恩格斯文集》第 5 卷，人民出版社 2009 年版，第 683 页。
②《马克思恩格斯文集》第 2 卷，人民出版社 2009 年版，第 46 页。
③《马克思恩格斯文集》第 5 卷，人民出版社 2009 年版，第 683 页。
④《马克思恩格斯文集》第 5 卷，人民出版社 2009 年版，第 683 页。
⑤《马克思恩格斯文集》第 5 卷，人民出版社 2009 年版，第 683 页。
⑥《马克思恩格斯文集》第 5 卷，人民出版社 2009 年版，第 680 页。
⑦《马克思恩格斯文集》第 5 卷，人民出版社 2009 年版，第 680 页。
⑧《马克思恩格斯文集》第 5 卷，人民出版社 2009 年版，第 687 页。

判，并直指马克思早在《〈黑格尔法哲学批判〉导言》中就已提出的价值关怀，"必须推翻使人成为被侮辱、被奴役、被遗弃和被蔑视的东西的一切关系"①，即消灭资本的独立性和个性，将其还给人本身。

二 人受资本统治状况的经济根源

在马克思看来，这种人受资本统治的特殊社会历史状况，在资本主义的机器大工业阶段得以昭然，其根源不在于生产技术革新导致的机器的大规模运用，而在于机器的运用是在资本主义生产关系下展开的。马克思在《资本论》中"机器和大工业"一章中强调指出，"矛盾和对抗不是从机器本身产生的，而是从机器的资本主义应用产生的！因为机器就其本身来说缩短劳动时间，而它的资本主义应用延长工作日；因为机器本身减轻劳动，而它的资本主义应用提高劳动强度；因为机器本身是人对自然力的胜利，而它的资本主义应用使人受自然力奴役；因为机器本身增加生产者的财富，而它的资本主义应用使生产者变成需要救济的贫民"②。由此，生产关系构成了马克思恩格斯进行资本主义现实政治经济批判所围绕的核心概念。但是，需要指出的是，马克思和恩格斯曾在多种意义上使用生产关系概念，大致可以分为两种情况。

生产关系概念的第一重内涵，是劳动关系，即生产中的分工和协作关系。例如，在《共产党宣言》中，马克思恩格斯指出，"资产阶级除非对生产工具，从而对生产关系，从而对全部社会关系不断地进行革命，否则就不能生存下去"③。这一论断中的生产关系显然指的不是所有关系，而是劳动关系，因为前者是资产阶级竭力要维持和巩固的，并"以此来巩固它们已经获得的生活地位"④。这里作为劳动关系的生产关系指的是，随着凝聚着发展了的社会生产力的生产工具的大规模应用所带来的经济主体参与社会生产活动的协作、分工关系的变化。劳动关系意义上的生产关系构成了我们所说的石器时代、铁器时代、蒸汽时代、电气时代、信息时代等区分的重要内涵。

---

① 《马克思恩格斯文集》第 1 卷，人民出版社 2009 年版，第 11 页。

② 《马克思恩格斯文集》第 5 卷，人民出版社 2009 年版，第 508 页。

③ 《马克思恩格斯文集》第 2 卷，人民出版社 2009 年版，第 34 页。

④ 《马克思恩格斯文集》第 2 卷，人民出版社 2009 年版，第 42 页。

　　生产关系概念的第二重内涵，是指所有关系，即由生产资料的所有权所决定的社会剩余劳动的所有权。例如，我们可以比较一下同一个手工业劳动者在"以个人劳动为基础的私有制"和"资本主义私有制"形式下的区别。在前者中，"生产者是自己劳动条件的占有者"，并完全占有其劳动产品，因而"劳动使自己变富"①。在后者中，由于生产资料归资本家所有，劳动者只有进入到与资本家的雇佣关系中才能获得进入劳动过程使用劳动条件的机会，并由此丧失了占有剩余劳动的权力，劳动不能使其变富，而是"使资本家变富"②。不同形式的所有关系构成了我们所说的原始社会、奴隶社会、封建社会、资本主义社会、共产主义社会的社会形态区分的重要内涵。例如，马克思指出，"使各种经济的社会形态例如奴隶社会和雇佣劳动的社会区别开来的，只是从直接生产者身上，劳动者身上，榨取这种剩余劳动的形式"③。

　　马克思恩格斯对于同一概念——生产关系不同内涵的应用，既给后人理解和阐释历史唯物主义留下了空间张力，也构成了正确理解以及将历史唯物主义运用在现实的历史研究中的困难。我们要指出的是，对于生产关系概念不同内涵的混用，会导致在解释社会形态演进中的种种简单化理解。例如，认为工业文明，即劳动资料主要采取机器的技术形式，就必然要与资本主义生产关系相适应的观点，就是以对生产关系中的劳动关系、所有关系不加区分为思想前提的。我们要指出的是，将生产关系区分为劳动关系和所有关系，可以更好地理解马克思对资本主义现实政治经济进行批判的着眼点，更好地理解资本主义历史性和特殊性，并克服在"生产力—生产关系"的二项因果关系中理解现实的历史进程时容易引起的诸多困难。事实上，以科恩、肖、布伦纳、埃尔斯特、里格比等为代表的西方马克思主义者在20世纪70年代前后曾着重讨论过如何理解生产力决定生产关系的这一历史唯物主义的核心观点问题。尽管他们各自观点不同，但都认为将生产关系区分为劳动关系和所有关系有助于更清晰地理解历史唯物主义的核心观点。

① 《马克思恩格斯文集》第5卷，人民出版社2009年版，第876—877页。
② 《马克思恩格斯文集》第5卷，人民出版社2009年版，第877页。
③ 《马克思恩格斯文集》第5卷，人民出版社2009年版，第251页。

下面我们以马克思对一个自动工厂的平达尤尔博士对工厂的不同描述的评论为例，揭示马克思认为区分劳动关系和所有关系对资本主义生产方式进行考察的必要性。尤尔博士一方面将工厂描述为"各种工人即成年工人和未成年工人的协作，这些工人熟练地勤勉地看管着由一个中心动力（原动机）不断推动的、进行生产的机器体系"①。另一方面，又把工厂描述为"一个由无数机械的和有自我意识的器官组成的庞大的自动机，这些器官为了生产同一个物品而协调地不间断地活动，因此它们都从属于一个自行发动的动力"②。

　　马克思认为尤尔博士关于工厂的第一种说法正是从资本主义生产过程的技术基础和劳动关系的角度衡量得出的结论。马克思指出，这种说法"适用于机器体系的一切可能的大规模应用"③。也就是与机器体系技术条件相适应的一切社会生产。也就是从劳动关系来看，资本主义工业生产只是人数较多的劳动者在同一时间和劳动场所中，进行分工协作的生产活动。

　　马克思通过对建立在工场手工业技术基础上的分工协作与建立在机器大工业技术基础上的分工协作的比较，揭示出劳动关系的变革以技术条件的更新为前提。马克思指出，工场手工业分工的技术基础是工人自身的手工业技能，因而分工协作是按照工人原本的手工业技能来分工的，由于劳动要求工人的复杂劳动，因而，工场手工业中的分工是固定的，从事同一种劳动的工人始终从事这一分工劳动。整个生产过程就建立在这种固定的分工基础上，因而工场手工业只不过是将多个原本分散在自己家或行会中的手工业者聚集在一个大场所中共同劳动，只是一个放大了的行会而已，二者只是在数量和规模上有量的区别，尚未构成质的差别。而机器大工业则以劳动工具连同使用劳动工具的技巧结合为一个外在于工人，独立于工人，不依赖于工人的手工业技能的新的劳动资料为基础，"这样一来，工场手工业分工的技术基础就消失了"④。从而，分工不再受制于工人的手工业能力的人身限制，而是依据专门化机器构成的机器体系了，后者对工

　　① 《马克思恩格斯文集》第 5 卷，人民出版社 2009 年版，第 482 页。
　　② 《马克思恩格斯文集》第 5 卷，人民出版社 2009 年版，第 482 页。
　　③ 《马克思恩格斯文集》第 5 卷，人民出版社 2009 年版，第 483 页。
　　④ 《马克思恩格斯文集》第 5 卷，人民出版社 2009 年版，第 483 页。

人劳动力的需要只是简单劳动，不需具备多年学徒经验才能进入生产过程，从而生产过程不再以工人自身的劳动力能力为基础，而是以机器为中心。

对此，马克思指出，"大工业从技术上消灭了那种使一个完整的人终生固定从事某种局部操作的工场手工业分工"①，即随着工业革命带来的生产的技术基础的变革，建立在手工业基础上的工场手工业的作为"局部工人的结合"② 的劳动关系被与机器大工业相适应的真正具有协作性质的劳动关系所取代。马克思指出，"劳动过程的协作性质，现在成了由劳动资料本身的性质所决定的技术上的必要了"③。这种分工协作的共同劳动本身能够形成一种较之于过去单个人的生产力的总和更大的社会生产力。一方面，人数较多的劳动者在同一场所共同劳动，本身会引起劳动的物质条件上的变化。例如，引起容纳多人共同劳动的场所、大料原料的贮藏地的建立，能够供多人共同使用的劳动工具的发明，等等。总之，使劳动资料获得了社会化大生产的性质，劳动资料得到了节约。另一方面，多人的分工协作本身能够创造出一种比单个劳动者分别劳动的机械力量的总和更大的社会的生产力——集体力。马克思从几个方面对协作造成的集体力对于个人劳动力的简单相加的超越进行了概括，包括"提高劳动的机械力""扩大这种力量在空间上的作用范围""与生产规模相比相对地在空间上缩小生产场所""在紧急时期短时间内动用大量劳动""激发个人的竞争心和振奋他们的精力""使许多人的同种作业具有连续性和多面性""同时进行不同的操作""共同使用生产资料而达到节约""使个人劳动具有社会平均劳动的性质"。④ 也就是说，这种分工协作的劳动关系本身是能够促进社会生产力发展的，是社会发展进步所需要的。此外，机器大工业生产所带来的生产力的发展，增加了社会生产部门的多样性，使得社会分工获得了比工场手工业广阔得多的发展。

而马克思要揭示的是，这种劳动关系下生产力的巨大变革是在资本主义所有关系下实现的，并且使社会生产力的发展为资本所有。在马克思看

① 《马克思恩格斯文集》第 5 卷，人民出版社 2009 年版，第 557 页。
② 《马克思恩格斯文集》第 5 卷，人民出版社 2009 年版，第 443 页。
③ 《马克思恩格斯文集》第 5 卷，人民出版社 2009 年版，第 443 页。
④ 《马克思恩格斯文集》第 5 卷，人民出版社 2009 年版，第 382 页。

来，尤尔博士关于工厂的"第二种说法表明了机器体系的资本主义应用，从而表明了现代工厂制度的特征"①。尽管尤尔博士未能清晰地自觉到这一点，即正是在资本主义所有关系形式下，使得机器这种能够实现更大更先进生产力的技术基础产生了对社会生产的特殊形塑，或者说资本主义所有关系通过对新生产力的占有而成为占社会统治地位的所有关系，机器成为社会的"专制君主"②的过程，背后的实质却是资本主义所有关系成为占社会统治地位的社会关系的社会转型过程。

马克思揭示了资本主义所有关系与新生产力变革的结合在社会生产方式转型中的关键作用。新航路的发现以及后来殖民体系的确立，促进了工场手工业的发展，加速了资本家的资本积累，提高了工场手工业相对于封建行会的优势。但是资本主义所有关系仅仅基于工场手工业的生产力基础，并不能使这种所有关系取代旧的所有关系成为占社会统治地位的所有关系，即不足以使资产阶级成为社会的统治阶级。虽然资产阶级已经拥有较多社会财富，但是社会的阶级构成几乎未发生改变，占统治地位的仍然是封建主义的生产关系。西欧封建国家由于长年处在激烈的国家竞争中、战争不断，使得国家需要除田赋来源的更多的财政支撑，而资产阶级通过为国家提供商业赋税获得了一定的参与制定国家政策的社会地位，但这完全不足以使资产阶级上升为统治阶级。资本主义生产关系取代封建社会生产关系的合法性在于其与机器大工业所能带来的先进的生产力结合，从而使得社会能够通过生产方式的整体变迁带来生产力的发展而取代旧的生产方式，由此，构成了特殊的资本主义生产方式。

从所有关系来看，资本家通过对生产资料的占有，将人数较多的劳动者分工协作的劳动过程转化为资本家对社会剩余劳动的占有。这里的所有关系在社会剩余劳动占有权的分配中的作用机制是这样的，即"货币单纯地转化为生产过程的物质因素，转化为生产资料，就使生产资料转化为占有他人劳动和剩余劳动的合法权和强制权"③。斯图亚特·穆勒认为，"利润的原因在于，劳动生产的东西比维持劳动所需要的东西多"④。对

---

① 《马克思恩格斯文集》第 5 卷，人民出版社 2009 年版，第 483 页。
② 《马克思恩格斯文集》第 5 卷，人民出版社 2009 年版，第 483 页。
③ 《马克思恩格斯文集》第 5 卷，人民出版社 2009 年版，第 360 页。
④ 《马克思恩格斯文集》第 5 卷，人民出版社 2009 年版，第 590 页。

此，马克思认为，劳动者生产的东西能够比维持其和家庭生存所必需的生活资料要多，这是产生剥削关系的历史基础。如果劳动者在全部劳动时间内生产的东西仅仅能够维持自身和家庭成员所必需的生活资料，那么，劳动者就无法为他人免费劳动，从而没有一定的劳动生产率，就没有剩余劳动时间，也就没有剩余劳动，也就使得剥削阶级无法存在。然而，劳动能够生产出比劳动者所必需的更多的东西，和劳动者不得不生产更多才能获得自己所必需的东西，是两回事。在资本主义所有关系下，事实是劳动者只有生产剩余劳动才能获得生产必然劳动的机会，而古典政治经济学回避了这个问题。对此，马克思指出，"这些资产阶级经济学家实际上具有正确的本能，懂得过于深入地研究剩余价值的起源这个爆炸性问题是非常危险的"①。由此，马克思揭示出的是，资本主义生产方式下剩余价值的产生方式，并不是人类劳动生产率不断提高的必然结果，而是劳动生产率发展的历史恩惠被资产阶级所占有的结果。

马克思通过对资本家在劳动关系中的职能和在所有关系中职能的考察，揭示出并非因为资本家在劳动关系中承担管理职能使得他具有了在占有剩余劳动中的权力，相反，是因为其在所有关系中的权力而使他成为劳动关系中的管理者。我们再回过头来看尤尔博士对工厂的第一种描述，即生产过程表现为直接劳动者在资本家的协调指挥下进行分工协作的劳动过程。这里就能够看出，一方面，从劳动关系来看，任何规模较大的社会劳动都需要一定的指挥以进行协调，以使生产活动服从于其总体目标。因而，工厂的工人的协作劳动需要协调和指挥，正如乐团需要指挥一样，在这个意义上，资本家从事的监督、管理、协调职能只是与分工协作的社会化劳动过程相适应，从而是生产一定的使用价值的必要环节，这与所有关系无关。另一方面，从所有关系来看，由于资本主义所有关系，"资本家的管理不仅是一种由社会劳动过程的性质产生并属于社会劳动过程的特殊职能，它同时也是剥削一种社会劳动过程的职能"②。对此，马克思指出，"资本家所以是资本家，并不是因为他是工业的管理者，相反，他所以成为工业的司令官，因为他是资本家。工业上的最高权力成了资本的属性，

①《马克思恩格斯文集》第5卷，人民出版社2009年版，第590页。
②《马克思恩格斯文集》第5卷，人民出版社2009年版，第384页。

正像在封建时代，战争中和法庭裁判中的最高权力是地产的属性一样"①。

　　具体来说，机器的资本主义应用同时作为资本主义所有关系上升为占社会统治地位的所有关系的过程表现为以下两方面。

　　一方面，受资本直接统治的劳动者的范围和数量扩大了。由于机器的资本主义应用解除了工场手工业时期资本受劳动力手工技能熟练程度的限制，由此可供资本支配的劳动人口大大增加了，产生了相对过剩的劳动人口。对此，马克思指出，在资本主义所有关系下应用的机器，变成了"对工人的极端可怕的鞭笞"②。

　　这其中包括两点。其一，随着劳动资料的变革，尤其是用机器生产机器的这一变革，由于操作机器不再需要经验累积的专业技能，使得资本的增殖摆脱了受工人手工技能熟练程度的限制。过去还只是男工直接受资本统治，为资本提供劳动和剩余劳动，在劳动资料转变为机器后，工人全家男女老幼都受资本的直接统治。由于全家都成为劳动力，所以，男工的劳动力价值降低了。过去男工的劳动力价值不仅包括维持其自身生存的生活资料的价值，还要包括维持其家人生存的生活资料的价值。现在工人全家为了生存，不仅要为资本劳动，并且要为资本提供剩余劳动。其二，作为劳动资料的机器，在资本主义的应用下将一部分直接劳动者排挤出了生产过程，成为资本增殖所不需要的"过剩人口"。这些"过剩人口"实际上是因技术条件的提升而无须参与到社会再生产中的劳动力。随着技术条件的不断提升，应该有越来越多的"过剩人口"，这是机器取代人的劳动能力从而维持社会生产和再生产所需要的人身劳动力数量越来越少的社会进步的表现。但是资本主义所有关系则使这种社会进步表现为了资本的不断增殖和直接劳动者在社会中逐渐没有立足之地的趋势。被机器排挤出生产过程的直接劳动者重新回到劳动市场上，增加了可供资本主义剥削的劳动力的数量。

　　另一方面，生产资料所有者对直接劳动者的剥削程度也增强了。因为，工人除去出卖劳动力给资本则无法进入劳动过程因而无法生存，而市场上又有大量的劳动力。生产资料作为资本，尤其是当生产资料采用机器

---

① 《马克思恩格斯文集》第 5 卷，人民出版社 2009 年版，第 386 页。
② 《马克思恩格斯文集》第 5 卷，人民出版社 2009 年版，第 507 页。

的形式后，使得这种能够提高劳动生产率的新式生产资料成为资本实现无限增殖的有力手段。机器这种新的生产资料的资本主义应用，"创造了无限度地延长工作日新的强大动机，并且使劳动方式本身和社会劳动体的性质发生这样的变革，以致打破对这种趋势的抵抗"①。这是因为机器成为不依赖于人力的永动机，在其损耗范围内，其创造价值的能力限制仅仅来源于工人的自然生理界限。因而，在资本主义所有关系下，人格化的资本——资本家就迫使无产者在尽可能长的工作时间内完成尽可能高强度的劳动，即"迫使工人阶级超出自身生活需要的狭隘范围而从事更多的劳动"②。并在所有劳动成果的分配中，尽可能少地获得劳动成果，即能够维持其劳动力再生产的生活资料。

在马克思看来，要把生产力的发展和资本主义所有关系对生产力发展所具有的目的、形式、速度的形塑区别开来。从对社会生产目的的形塑方面来看，资本主义所有关系下的社会生产的目的是生产剩余价值，或者说为资本增殖而生产。"在资本主义生产方式下，劳动过程只表现为价值增殖过程的一种手段。"③ 从对社会生产形式方面的形塑来看，劳动过程表现为劳动从属于资本，工人在资本家的强制下进行劳动。马克思揭示了生产资料所有者逐渐形成对于直接生产者来说具有压倒性优势的演变过程，这一过程就是劳动从在形式上从属于资本到在实质上从属于资本的过程。从资本主义所有关系对社会生产力发展速度方面的形塑来看，马克思曾对资本主义生产方式具有促进生产力不断发展的内在特性进行过评价，即以往的生产方式总是保守的，以保存既有生产方式为维持其既有所有关系的基础和前提；而资本主义所有关系则与之相反，"资产阶级除非对生产工具，从而对生产关系，从而对全部社会关系不断地进行革命，否则就不能生存下去"④。"而所有以往的生产方式的技术基础本质上是保守的。"⑤如前所述，马克思所说的不断变革的生产关系并不是所有关系，而只是劳动关系。资产阶级将这一切技术条件的变革、劳动关系的变革都在资本主

---

① 《马克思恩格斯文集》第 5 卷，人民出版社 2009 年版，第 469 页。
② 《马克思恩格斯文集》第 5 卷，人民出版社 2009 年版，第 359 页。
③ 《马克思恩格斯文集》第 5 卷，人民出版社 2009 年版，第 653 页。
④ 《马克思恩格斯文集》第 2 卷，人民出版社 2009 年版，第 34 页。
⑤ 《马克思恩格斯文集》第 5 卷，人民出版社 2009 年版，第 560 页。

义所有关系下进行，从而维持资本主义所有关系，即维持资产阶级对剩余劳动的占有和支配权。

在生产关系的二重内涵视域下来看待资本主义生产方式，可以看到，劳动关系构成了潜在的生产力转变为现实的生产力的必需中介。因为科技本身还不能作为现实的社会生产力，而只是作为潜在的社会生产力，科学技术的进步作为潜在的生产力变成现实必然要以一定的劳动关系为中介，即只有同一定形式的劳动关系结合，作为潜在生产力的科技才能转换为现实的生产力。而所有关系在一定阶段上可能会有利于这种劳动关系的变革以及更先进生产力的实现，而在一定阶段上会阻碍更先进的生产力的实现。

例如，在封建社会的所有关系中，地主阶级作为生产资料及剩余劳动的占有者，以政治、军事上的超经济权力来直接占有农民阶级的剩余劳动，这种所有关系本身阻碍着更先进的劳动关系的形成以及与机器生产这种潜在的先进社会生产力向现实的转变，后者需要劳动者聚集在一个大场所进行分工协作。而英国的资产阶级通过强制手段将劳动者和劳动资料相分离的方式，在资产阶级—无产阶级对立的新的所有关系形式下形成了与机器生产相适应的分工和协作的新的劳动关系，并主导了这一新的生产方式，从而使机器大工业这种产生更先进的生产力的生产方式表现为资本主义生产方式。并由资产阶级占有这一新生产方式中的剩余劳动，从而作为事实上的新的统治阶级，而资产阶级革命等一系列政治制度上的社会变革，不过是新的资产阶级生产方式取代旧的封建社会生产方式的必然结果，是推动社会有机体成为一个作为整体的资本主义社会有机体的一个环节，最终使得整个社会的全部要素都从属于该社会有机体。

总之，在马克思看来，资产阶级在资本主义的所有关系下将机器中蕴含的潜在生产力变成现实的资本主义社会化大生产，本身具有历史进步性。但是，这种潜在的先进的生产力本身并非资产阶级创造的，而是社会历史进步所带来的结果。作为社会历史进程中全体社会劳动者共同推动的生产力发展的结果，其带来的社会进步也应该为全体社会成员共享。而资产阶级利用了历史的结果，并将其归资产阶级享用，而这种占有关系与社会生产运行之间存在结构性的矛盾，会最终使生产力的发展受到严重的阻碍，从而使资本主义所有关系构成生产力发展的桎梏。因而，那种认为现代社会存在的诸多问题不应归咎于资本主义，而应归因于工业文明带来的历史发展的负效应的观点，本身是未能区分劳动关系与所有关系，将二者相混淆。而在马克思对资本主义现实政治经济批判的视域下，现代社会的弊病如贫困问题、生态危机等，本身并非由机器生产的分工协作的劳动关系的内容所带来，而是这种劳动关系所采取的资本主义所有关系的形式所导致。在这个意义上，马克思将社会变革的核心放在资本主义所有关系变革上，确是体现了历史唯物主义的真理性力量。

三 生产的资本主义形式的结构性矛盾

马克思认为，在资本主义所有关系下发展起来的社会生产方式——以资本增殖逻辑主导的资本主义生产方式——与社会发展进步进而实现人类解放的关系在于，资本主义生产方式能够为实现人类解放奠定物质基础，但是同时，因其内在的矛盾使得其必然被扬弃，成为历史性的社会生产形式。

一方面，从动力方面来看，资本主义生产方式以实现资本增殖为动力，驱动科技创新，因为科技创新有助于劳动生产率的提升，从而有利于资本家在与其他资本家的竞争中获取超额剩余价值，有利于资本增殖的实现，从而客观上促进了生产力的发展，为实现人类解放奠定了物质基础，这也正是资产阶级经济学家主张的"人人追逐私利，就会促进公共福利"① 背后的经济运行逻辑；从可能途径来看，在资本主义所有关系形式下，资产阶级能够集中社会剩余劳动来驱动科技创新或将集中起来的剩余劳动重新投入社会再生产的循环中不断创造更多的社会财富。正是在这个意义上，马克思指出，"作为剩余劳动的榨取者和劳动力的剥削者，资本在精力、贪婪和效率方面，远远超过了以往一切以直接强制劳动为基础的生产制度"② 以斯密为代表的资产阶级经济学家极力主张国家应采用资产阶级主导的生产方式来代替封建地主阶级主导的生

---

① 《马克思恩格斯文集》第 5 卷，人民出版社 2009 年版，第 553 页。
② 《马克思恩格斯文集》第 5 卷，人民出版社 2009 年版，第 359 页。

产方式来实现国家富强，可谓是对资产阶级主导的生产方式在上述两个方面促进生产力发展的事实的充分肯定。马克思恩格斯也承认，资产阶级在较短时间内所创造的社会财富，比过去几个世代的总和还要多，还要大，这种生产方式在英国率先被确立起来之后，在国家间竞争的作用下，成为在一定时期内流行的生产方式。在马克思恩格斯看来，资本主义生产方式为实现更高级的社会形式共产主义社会及人类解放奠定了物质基础。

另一方面，马克思通过对商品经济内在的潜在矛盾经由资本主义所有关系占统治地位的生产方式发展为资本主义生产不可避免的结构性矛盾的揭示，阐释了资本主义灭亡的必然趋势，其绝非人类社会永恒的自然形式。

首先，以货币为媒介的商品交换本身潜藏着商品向货币转化失败的可能，其原因在于以货币为媒介的商品交换使得商品的买和卖变成了在时间和空间上分离的两件事。在物物交换时期，买和卖在时间和空间上是同一行为，而在以货币为媒介的商品交换时期，买是货币向商品的转换，这一过程随时随地都可以发生。然而卖却不尽然，我们在本章第二节讨论过，商品与货币是处于不对称关系中的，马克思把商品向货币的转换称为"商品的惊险的跳跃"①，跳跃不成功的话，遭殃的将是商品所有者，其不仅无法获得其自身需要的使用价值，也因此会导致生产环节的中断而无法进行再生产。这背后的社会根源在于，在从物物交换向以货币为媒介的商品交换的转换——货币具有与任何商品随时随地进行直接交换的权力，而其他商品失去了这一权力的背后，是社会生产形式和社会关系变革的结果。这一社会变革的结果表现为在商品交换中普通商品只有实现向货币的转换才能使商品所有者获得自己需要的使用价值。也就是说，商品所有者需要经过交换才能使自己的劳动成为社会劳动。而马克思揭示出的是，以货币为媒介的商品交换潜藏着因买和卖的分离而可能导致的商品——货币的转换的失败而导致商品所有者无法将私人劳动转化为社会劳动的状况，进而蕴藏着社会再生产中断的危机。

在马克思看来，使潜藏着的危机真正变成不可避免的现实因素则是资

---

① 《马克思恩格斯文集》第5卷，人民出版社2009年版，第127页。

本主义所有关系，即资本主义私人占有制和社会化大生产的矛盾，其具体运行机制是在生产的资本主义形式下，无产阶级和资产阶级处在"双重循环"中所必然造成社会再生产中断的危机。我们在前面提到过"双重循环"，即工人由于没有生产资料，其只能把唯一拥有的商品——劳动力商品出卖给资本家换取工资以进而换取自己所需的生活资料。而劳动力的价值仅仅是维持工人再生产自身（最多包括其家人）劳动力的生产资料的价值，其永远处在"劳动力商品—货币—维持生活必需的生活资料"的商品循环（W—G—W）中。而资产阶级则通过对生产资料的占有权而获得了占有直接劳动者的剩余劳动的权力。从而在不断的社会再生产循环中，社会财富越来越集中于资产阶级手中，即与无产阶级不同，资产阶级处在"货币—商品—更多的货币"的资本增殖循环（G—W—G'）中。

前面我们讨论过马克思对存在生产资料私人垄断权的两种不同的经济社会形态——产品的使用价值占优势的经济社会形态和产品的交换价值占统治地位的经济社会形态——进行比较得出的结论，即在以奴隶社会、封建社会为典型代表的产品的使用价值占优势地位的经济社会形态中，"不会造成对剩余劳动的无限制的需求"①。近年来学界对中国清朝时期的赋税考察也证明了这一观点。在清政府统治中国的 16—19 世纪的绝大部分时间里，清政府都是采取轻徭薄赋的统治政策。因为中国的可耕种土地面积广大，即使是低税率田赋也足以维持地主阶级进行社会统治需要耗费的费用。而在以资本主义社会为代表的产品的交换价值占统治地位的经济社会形态中，统治阶级对剩余劳动的要求不再是"榨取一定量的有用产品"，而是"要生产剩余价值本身了"②，从而造成统治阶级对剩余劳动的无限制的需求。

资本主义生产方式在生产与再生产物质财富的同时，也在生产和再生产着由资产阶级主导的占有剩余劳动的权力关系。因而，从表面上来看，资本主义社会似乎是虽然无产阶级受苦，但人类社会实现了社会财富的增长。但事实上，这种所有关系必然与社会生产与再生产产生严重的冲突，马克思要指出的是，资本主义生产关系不是像资产阶级经济学家们所说的

---

① 《马克思恩格斯文集》第 5 卷，人民出版社 2009 年版，第 272 页。
② 《马克思恩格斯文集》第 5 卷，人民出版社 2009 年版，第 273 页。

那样，是"永恒的自然规律和理性规律"①。相反，"资本主义生产的唯一祸害就是资本本身"②，资本主义所有关系与社会化大生产之间内在的矛盾在社会生产中逐步发展为使得现实生活的再生产难以为继的危机，从而使得生产的资本主义形式具有必然灭亡的趋势。

这里涉及资本主义社会再生产的问题。社会再生产是容易理解的，任何人类社会形态都需要进行社会再生产以满足人们持续的各种生产生活需求。但是社会再生产的资本主义形式——以实现资本增殖作为资产阶级组织社会生产和再生产的目的，则需要通过一种特殊路径才能实现，即对市场的依赖——生产的组织者只有通过在市场上购买生产要素组织商品生产，然后在市场上完成商品出售，进而在市场上购买新的生产要素组织商品生产才能实现。也就是说，资本主义社会再生产是以要不断地实现商品——货币的转换为前提的。

然而，由于直接生产者和剩余劳动占有者所处的"双重循环"，每经历一段时间的社会再生产循环，就会由于社会消费能力不足而使资产阶级以资本增殖为目的组织生产的商品无法实现从商品向货币的转换，而这就意味着社会再生产的中断，也就是周期性爆发的经济危机。有人可能会提出疑问，无产阶级消费能力有限我们都知道，但是资产阶级有消费能力啊，为什么不能资产阶级联合起来共渡难关呢？这个问题马克思其实已经回答过了，我们前面已经讨论过，因为在生产的资本主义形式下，资本增殖的内在要求以竞争的外在强制手段迫使资本家需要通过不断将其所占有的剩余价值尽可能多地重新投入资本增殖的循环中去，才能在竞争中保持住自己的现有权力和地位。也就是说，资本家手中的剩余价值大部分已经变成了扩大再生产的结果——商品，而不是货币。

从而，马克思要揭示出的是，导致社会再生产中断，使现实社会生活秩序陷入瘫痪的症结归根结底在于资本主义私有制。正是资本主义私人占有制，才使得商品向货币的转化这一社会化大生产的再生产循环所必需的环节必然会周期性地中断。事实上，社会再生产需要的大部分要素完全就在社会当中，只不过这些要素都是以各个独立的资本家私人占有的商品形

---

① 《马克思恩格斯文集》第 5 卷，人民出版社 2009 年版，第 649 页。
② 《马克思恩格斯文集》第 5 卷，人民出版社 2009 年版，第 649 页。

式存在着，他们生产这些商品不是为了自己使用，只是为了将其销售出去以实现资本增殖。也就是说，资本主义社会再生产形式下周期性发生的社会再生产的中断并非由于社会生产力的落后和低下而导致社会再生产的要素缺乏，相反，而是由于特定的所有关系。

从理论上看，解决社会再生产中断的危机非常简单，即只要废除了资本主义私人占有制，由社会共同占有社会财富，从而利用社会上已有的生产资料直接就可以恢复社会再生产。然而，社会统治阶级资产阶级不允许社会再生产以这种形式恢复，因为这种解决方案意味着其作为社会剥削阶级的权力和地位被剥夺了。他们要求实现的社会再生产的恢复形式仍然是在资本主义所有关系的框架内，继续保有资产阶级的剥削阶级、统治阶级的地位。由此，解决资本主义经济危机只能以对生产力的极大破坏为代价。资产阶级宁愿大量商品滞销，堆在库房中，甚至宁愿大量商品被销毁也不愿将其归社会所有，以实现社会再生产的恢复。这背后的深层原因就在于资本主义社会再生产活动得以可能的一个必要前提是市场上有充足的廉价劳动力商品，如果直接劳动者能够获得廉价或者免费的生活资料，那么他们就有不去市场上廉价出卖自己的劳动力的选择权，从而资本主义社会再生产活动就无法进行。这里我们看到，现实中的周期性的资本主义经济危机每次都要以对生产力的极大破坏为代价，背后的实质是作为社会统治阶级的资产阶级只有以破坏生产力为代价才能保持住其剥削阶级的地位。

当然，资产阶级也采取了其他手段来尽可能延长经济危机爆发的周期。例如，为了缓解国内市场能够消费的商品有限的这一困境，开辟世界市场就成为资产阶级的使命。因而全球化，使历史成为世界历史就成为内蕴在资本主义生产方式中的必然趋势。在这一进程中，在资本增殖的驱动力之下，资产阶级要将全世界一切可能的角落都纳入到资本增殖的链条中去，利用全世界一切可利用的劳动力、自然资源、市场为实现资本增殖服务，这一进程造成了近代历史上东方从属于西方的状况。

然而，在马克思看来，这种在时间上和空间上得以延伸和扩大的资本主义社会生产和再生产的循环可以在一定程度上延缓经济危机的爆发，但是因为其资本主义生产方式的内在结构并未改变，从而其"双重循环"蕴藏着的社会再生产中断的危机从未被真正解决。在典型资本主义国家主导建立的资本主义世界体系中,由于处在中心区域的资本主义国家剥削的对象由过去囿于资本主义国家一国范围内的无产阶级扩大到了整个资本主义世界体系内的广大人民群众。也就是说,资本主义生产方式的内部矛盾使得单单靠剥削一个国家内部的劳动阶级都不足以实现社会的再生产循环,而必须要剥削全世界的劳动阶级才能实现少数国家的生产力发展,并使得全世界范围内的贫富差距不断加大。而当在如此大的范围内出现商品——货币的无法转变时,社会再生产被中断的危机也将不仅仅限于资本主义中心国家,而是会波及全世界。

由此,马克思揭示了生产的资本主义形式的历史性特征,这一形式能够在一定阶段上实现生产力的发展,但是由于其内在的结构性矛盾而具有必然灭亡的趋势。可以说,正是对资本主义生产方式内在矛盾的揭示,使得马克思对资本主义现实政治经济的批判为社会主义成为"科学"奠定了扎实的理论根基,而不是停留在因为资本主义社会中工人受苦,资本主义是万恶的,因而应该被推翻的道德批判的层次上。

第 三 章

空想社会主义批判与
社会主义之为"科学"

在马克思恩格斯创立科学社会主义学说之前，已经有一些社会主义者看到了资本主义社会的不公正、不平等的现实，要求变革现实，以去除资本主义社会现实的弊病。然而，这些社会主义者虽然看到了工人是一个受苦的群体，却无法说明无产阶级和资产阶级对立的阶级关系是生产的资本主义形式带来的必然结果；虽然从社会主义者的视角看到了资本主义社会表现出来的种种弊病，即"现实的不合理"，但无法说明资本主义灭亡的历史必然性；虽然试图用种种补缀办法消除资本主义社会的不公正、不平等，却无法指出实现社会主义的真实条件和路径，以致使得社会主义学说终成空想，只有声声哀叹。

马克思恩格斯通过对空想社会主义建立"理性王国"构想进行批判，揭露了其唯心史观、抽象人类观和形而上学的思想根源，并通过揭示了试图在保留生产的资本主义形式的前提下，在流通领域用种种"补缀办法"消除资本主义社会弊病的不可能，从而封闭了社会主义以对资本主义改良方式走向空想的歧途，划清了科学社会主义与空想社会主义的界限，为社会主义从空想到科学的发展扫清了道路。

科学社会主义这一概念的提出，正是为了区别于空想社会主义，也就是说，与其他的社会主义学说相比，科学社会主义才是可以作为开展社会主义运动的根据、标准和尺度。科学社会主义之所以能够超越空想社会主义，关键在于其学说是建立在对"现实的历史"——资本主义社会的批判基础上的。因而，科学社会主义并不仅仅是从空想社会主义发展而来的，正是哲学批判、政治经济学批判和空想社会主义批判的"三大批判"，共同构成了使马克思恩格斯的社会主义学说成为"科学"的缺一不可的理论根基。

第一节　恩格斯对空想社会主义构建
社会主义依据的批判

恩格斯指出，"现代社会主义……就其理论形式来说，它起初表现为18世纪法国伟大的启蒙学者们所提出的各种原则的进一步的、据称是更彻底的发展"[1]。启蒙学者们本身是"非常革命的"[2]。他们将一切现有的东西——宗教、国家、社会、自然观等放到理性的法庭上接受审判，一切不符合理性的非正义的东西都被否定。以圣西门、傅立叶和欧文为代表的19世纪英法空想社会主义者向人们指出了取代封建社会的资产阶级社会的令人失望之处，即资产阶级社会并未实现真正的正义、平等、人权。从而，这些社会主义者要求像推翻封建社会一样去推翻资产阶级社会，以符合永恒的真理、正义、平等和人权的理性王国取而代之。尽管这些社会主义主张后来都被实践证明是空想，但是社会影响深远。在科学社会主义诞生后，仍然构成了众多社会主义者的本质见解，从而构成了马克思恩格斯空想社会主义批判的对象。

一　空想社会主义对资产阶级社会实现"理性的胜利"的批判

把包括宗教、自然观、国家制度、社会等在内的一切外在的权威都放在理性的法庭上进行批判，要求否定一切不符合理性的国家形式和社会形式，成为资产阶级联合一切被压迫阶级推翻封建王权统治的思想武器。从此，充满了非正义、特权和压迫的非理性世界成为历史，取而代之的是"永恒的真理、永恒的正义、基于自然的平等和不可剥夺的人权"的理性王国[3]，这是资产阶级以合乎理性为思想武器获得胜利的辉煌时代。

---

① 《马克思恩格斯文集》第3卷，人民出版社2009年版，第523页。
② 《马克思恩格斯文集》第3卷，人民出版社2009年版，第523页。
③ 《马克思恩格斯文集》第3卷，人民出版社2009年版，第524页。

　　而以圣西门、傅立叶和欧文为代表的 19 世纪英法空想社会主义者的伟大之处，在于他们无情地揭露了"由'理性的胜利'建立起来的社会制度和政治制度竟是一幅令人极度失望的讽刺画"①。也就是说，在资产阶级、无产者和封建贵族的斗争中，最终封建贵族作为统治阶级的社会被推翻，由资产阶级主导建立的新社会却并没有实现大多数人生活状况的改善，而只是由资产阶级代替了封建贵族成为社会中的少数受益者。例如，欧文看到了新的生产方式创造的巨大社会财富和工人们所处的现实困苦状况形成的鲜明对比，并指出，现有的强大的生产力"仅仅使个别人发财而使群众受奴役"②，并从 1800 年起，欧文开始担任苏格兰新拉纳克棉纺织厂的管理工作并开始实施改革以改变工人的生活状况。1802 年，圣西门写作了《一个日内瓦居民给当代人的信》，1803 年在巴黎匿名出版，在信中圣西门针对特权阶级指出，"人人应当劳动"③，并提出了用科学家治国来建立理想社会的理念。1803 年，傅立叶发表了名为《全世界和谐》的论文，并在其中提出了现有的制度必定会被和谐制度所取代的观点。1808 年，傅立叶的《关于四种运动和普遍命运的理论》在莱比锡匿名出版，书中对现存社会制度问题进行了分析。傅立叶将现实的贫困与启蒙学者设想的完美的理性王国以及资产阶级意识形态家们关于社会公正、平等的诺言进行对比，以此对"理性的胜利"做出深刻的讽刺和批判，并指明了资产阶级社会"这种文明制度使野蛮时代每一个以简单方式犯下的罪恶，都采取了复杂的、暧昧的、两面的、虚伪的存在形式"④。

　　按照启蒙学者的理性原则建立起的正义、平等、拥有人权的理性国家变成了"资产阶级的理想化的王国"⑤ 的阶级背景是，在新兴的资产阶级还未有足够的力量推翻统治阶级，而当时与封建贵族对立的还有农民等广大的被剥削者的时期，资产阶级为了能够获得对抗封建贵族统治阶级的力量，将自己的利益说成普遍的利益，将自己树立为被压迫者的代表，并成功地取代封建贵族成为新的统治阶级。

---

　　① 《马克思恩格斯文集》第 3 卷，人民出版社 2009 年版，第 527 页。
　　② 《马克思恩格斯文集》第 3 卷，人民出版社 2009 年版，第 535 页。
　　③ 《马克思恩格斯文集》第 3 卷，人民出版社 2009 年版，第 530 页。
　　④ 《马克思恩格斯文集》第 3 卷，人民出版社 2009 年版，第 532 页。
　　⑤ 《马克思恩格斯文集》第 9 卷，人民出版社 2009 年版，第 20 页。

总之，以圣西门、傅立叶和欧文为代表的早期空想社会主义者看到了按照卢梭等启蒙学者的原则建立起的所谓"理性王国"实际上是非理性和非正义的，资产阶级的那些经济学理论，包括资本家和劳动者的利益相一致，商品的自由交换是平等、公正的原则的现实体现，自由竞争会增进全社会的福祉等理论学说都是谎言。对此，恩格斯指出，19 世纪英法的社会主义思想本身是"作为这些事实的理论表现"①。他们是在资本主义生产方式还处于代表着先进生产力的上升时期的阶段时，就已经看到其产生的"明显的社会弊病"的伟大的人。②

二 空想社会主义者建立"理性王国"以"解放全人类"的构想

在以圣西门、傅立叶和欧文为代表的 19 世纪的英法空想社会主义者看来，"真正的理性和正义至今还没有统治世界，这只是因为它们没有被人们正确地认识"③。在他们看来，对真正的理性和正义的正确认识，应该来源于天才的头脑，而现在天才已经出现，并且获得了对真理的认识，从而代替资产阶级虚假的"理性的胜利"，应该建立的是真正的"理性的王国"。而对此，恩格斯批判道："所有这三个人有一个共同点：他们都不是作为当时已经历史地产生的无产阶级的利益的代表出现的。他们和启蒙学者一样，并不是想首先解放某一个阶级，而是想立即解放全人类。他们和启蒙学者一样，想建立理性和永恒正义的王国"④。他们要完成启蒙学者的未竟事业，将事实上是"资产阶级的理想化王国"进行像对封建国家及其制度的同样处理，即因其不符合真正的理性和正义，从而应该和封建国家及其制度一样被丢到垃圾堆里去，取而代之的是他们"作为天才人物"已经发现和认识了的真理。

圣西门、傅立叶和欧文构想的理想社会的实现路径都是先由天才头脑对理性形成更进一步的认识，构想出"尽可能完善的社会制度"⑤，再通过宣传，必要时通过典型示范使其构想推广到全社会。例如，圣西门在

① 《马克思恩格斯文集》第 9 卷，人民出版社 2009 年版，第 29 页。
② 《马克思恩格斯文集》第 3 卷，人民出版社 2009 年版，第 533 页。
③ 《马克思恩格斯文集》第 3 卷，人民出版社 2009 年版，第 526 页。
④ 《马克思恩格斯文集》第 3 卷，人民出版社 2009 年版，第 525—526 页。
⑤ 《马克思恩格斯文集》第 3 卷，人民出版社 2009 年版，第 545 页。

《一个日内瓦居民给当代人的信》中就对理性王国进行了全面设计，主张取代"劳动者"和"游手好闲者"之间对立的社会形式的，应该是由"科学和工业"也就是学者、工厂主、商人和银行家等领导的人人劳动的社会。① 而欧文则诉诸实践，力图用法国唯物主义思想将社会变混乱为秩序，试图通过改变工人的现实生活条件来使人能够获得合乎尊严的、全面、合理、自由的发展。在新拉纳克工厂的一系列改革初见成效后，欧文认为仅仅这些改变不足以使人获得全面、自由、合理的发展，并以私有制、宗教和现在的婚姻形式为变革目标宣布了其从一个资产阶级慈善家向共产主义者的转型。在受到欧洲主流社会的排挤后，欧文用自己的全部财产在美国实行了共产主义公社实验，希望以其共产主义社会模型的成功来号召全社会实行共产主义变革。

尽管这些由所谓天才发现的真理后来都被实践证明是空想，但是这种社会主义见解不仅仅限于在马克思恩格斯提出科学社会主义理论之前的19 世纪早期的英法社会主义构想，而是社会影响深远。在科学社会主义学说创立后，仍然构成了众多社会主义者的本质见解。例如，19 世纪 70年代中期，自认为是社会主义信徒的时任柏林大学哲学系非公聘讲师杜林出版了《哲学教程》、《国民经济学和社会经济学教程》以及《国民经济学和社会主义批判史》，在上述著作中，杜林构建了一整套所谓新的社会主义学说体系，其中指出"真正的真理是根本不变的"②。只有按照他所描绘的那种社会主义结构，才能"取代纯属虚幻的、暂时的或基于暴力的所有制"③。杜林攻击了几乎以往全部的社会主义者，他将圣西门、傅立叶、欧文这三个伟大的空想社会主义者称为"社会炼金术士"④，并攻击马克思"理解力褊狭……对我们的领域〈社会主义批判史〉没有长远意义……"⑤ 并提出未来的社会主义变革只有以他描述的社会主义结构为蓝本方能实现。杜林的思想在德国社会民主党内有很大影响，伯恩斯坦、莫斯特都成了杜林思想的追随者，倍倍尔也一度受到杜林思想影响。倍倍

---

① 《马克思恩格斯文集》第 3 卷，人民出版社 2009 年版，第 529 页。
② 《马克思恩格斯文集》第 9 卷，人民出版社 2009 年版，第 90 页。
③ 《马克思恩格斯文集》第 9 卷，人民出版社 2009 年版，第 32 页。
④ 《马克思恩格斯文集》第 9 卷，人民出版社 2009 年版，第 34 页。
⑤ 《马克思恩格斯文集》第 9 卷，人民出版社 2009 年版，第 35 页。

尔在德国社会民主工党的中央机关报《人民国家报》上发表了两篇赞许杜林思想的文章，莫斯特也撰写了吹捧杜林《哲学教程》思想的文章《一位哲学家》，并于1876年9—10月发表在《柏林自由新闻报》上。恩格斯在德国的友人李卜克内西向恩格斯写信再三要求恩格斯为《人民国家报》撰写批驳杜林的文章，恩格斯和马克思也都认识到杜林的冒牌的社会主义已经构成了1875年才由两党合并成立德国社会民主党党内思想派别的分裂和思想上的混乱，由此构成了德国工人运动开展的巨大障碍，并对杜林进行了批判。

三　恩格斯对构建社会主义依据问题的见解

恩格斯专门撰写了《反杜林论》，从哲学、政治经济学和社会主义理论三个角度对杜林进行了全面批驳，这些批驳先是以一组论文的形式陆续发表在1877—1878年的《前进报》或其副刊上。1877年7月，该著作的第一篇哲学篇出版了单行本，1878年7月，第二篇和第三篇政治经济学和社会主义篇也出版了单行本。这里我们要讨论的是恩格斯对杜林的关于根据天才头脑中发现的绝对真理作为构建社会主义的哲学根据的观点的批判。我们看到，杜林的社会主义思想与早期的空想社会主义者的共同特点是，在他们心中有一个绝对真理，一个绝对理性、公平、正义的国家理念，以这一理念去衡量现存社会，得出现存社会与绝对真理不相符合，进而提出将现存社会丢进垃圾桶，用绝对真理取而代之，就是空想社会主义者解决问题的全部办法。

恩格斯对此进行回应和批驳的关键就在于抓住如何理解所谓绝对真理的问题。在包括杜林在内的空想社会主义者看来，绝对真理是人类建立理想社会的最终根据。恩格斯指出，"这种见解本质上是英国和法国的一切社会主义者以及包括魏特林在内的第一批德国社会主义者的见解。对所有这些人来说，社会主义是绝对真理、理性和正义的表现，只要它被发现了，它就能用自己的力量征服世界；因为绝对真理是不依赖于时间、空间和人类的历史发展的，所以，它在什么时候和什么地方被发现，那纯粹是偶然的事情"①。也就是说，如果天才能够早出现500年，那么人类就可

---

① 《马克思恩格斯文集》第9卷，人民出版社2009年版，第22页。

以免去 500 年的迷误和苦难。恩格斯针对当时以杜林为代表的诉诸天才头脑中对绝对真理的揭示去实现理想社会的构想，指出其正是唯心主义的观点。"它把事物完全头足倒置了，从思想中，从世界形成之前就久远地存在于某个地方的模式、方案或范畴中，来构造现实世界，这完全像一个叫做黑格尔的人的做法。"①

例如，杜林的平等概念是从对构成社会的最简单要素——至少有两个人来构成社会——出发的。而在杜林看来，平等的基本公理就在于"两个人的意志，就其本身而言，是彼此完全平等的"②。进而，一切道德和法中的正义都可以从中推演出来。即从这一基本公理出发，所谓正义就是两个意志中的任意一方不能向另一方提出任何肯定的要求。反之，所谓非正义就是两个意志中的一方向另一方提出要求，并以暴力的形式来实行。这样，杜林就为以往的全部历史的非正义、暴力和奴役找到了理论根源，并找到了推翻以往一切历史的根据。

而恩格斯揭露了杜林的基本假设的不成立，即杜林的一切理论的出发点——两个意志平等的人——在现实中只是被剥离了一切现实社会关系的幽灵。"这两个人应当是这样的：他们摆脱了一切现实，摆脱了地球上发生的一切民族的、经济的、政治的和宗教的关系，摆脱了一切性别的和个人的特性，以致留在这两个人身上的除了人这个光秃秃的概念以外，再没有别的什么了，于是，他们当然是'完全平等'了。"③ 以对杜林的平等概念的批判为例，恩格斯揭露了杜林进行社会改革理念的出发点的唯心主义实质，即杜林"不是从对象本身去认识某一对象的特性，而是从对象的概念中逻辑地推导出这些特性"④。

恩格斯指出，人类的认识总是受到主客观条件的限制，"在客观上受到历史状况的限制，在主观上受到得出该思想映象的人的肉体状况和精神状况的限制"⑤。而终极真理、绝对理性和永恒正义的情况也是这样。包括杜林在内的空想社会主义者们所发现的能够适用于一切时代、社会、民

---

① 《马克思恩格斯文集》第 9 卷，人民出版社 2009 年版，第 38 页。
② 《马克思恩格斯文集》第 9 卷，人民出版社 2009 年版，第 102 页。
③ 《马克思恩格斯文集》第 9 卷，人民出版社 2009 年版，第 104 页。
④ 《马克思恩格斯文集》第 9 卷，人民出版社 2009 年版，第 101 页。
⑤ 《马克思恩格斯文集》第 9 卷，人民出版社 2009 年版，第 40 页。

族的具有普遍性的所谓的终极真理、绝对理性和永恒正义不过是"由他们的主观知性、他们的生活条件、他们的知识水平和思维训练水平所决定的"①。

恩格斯通过分析现代社会存在的包括封建贵族阶级、资产阶级和无产阶级这三个阶级所拥有的三种不同的道德指出，人们的道德、伦理观念"归根到底总是从他们阶级地位所依据的实际关系中——从他们进行生产和交换的经济关系中，获得自己的伦理观念"②。而只要是在阶级社会中，道德就始终只能是阶级的道德，而不是永恒的道德，真正的道德只有在超越阶级对立的社会经济关系中才成为可能。由此，以现代社会中同时存在着的三种不同的道德为例，恩格斯揭示了人类认识具有的绝对性和相对性的特征。在现代社会，同时存在着旧时代遗留下来的基督教的封建的道德，现代资产阶级的道德以及无产阶级的道德，哪种才是绝对的永恒的合乎真理的道德呢？对此，恩格斯回答道："如果就绝对的终极性来说，哪一种也不是；但是，现在代表着现状的变革、代表着未来的那种道德，即无产阶级道德，肯定拥有最多的能够长久保持的因素。"③

从而，我们可以看到科学社会主义与空想社会主义在构建社会主义的依据上的异质性。与空想社会主义从绝对真理出发，试图在资本主义的阶级社会中去实现一种只有消灭了阶级对立的社会中才能实现的永恒的道德的社会主义构想不同，科学社会主义"拒绝想把任何道德教条当做永恒的、终极的、从此不变的伦理规律强加给我们的一切无理要求"④。与总是要代表全人类利益的空想社会主义不同，科学社会主义明确提出其代表的是现代社会被压迫阶级——无产阶级——的利益，其所主张的道德、正义，是在阶级社会中代表无产阶级利益，反对代表资产阶级利益的道德和正义，而这一切并非将无产阶级的利益及其道德、正义观念冠以永恒的真理的名义以推广，而是作为在现代阶级社会符合社会经济运动的历史趋势的科学选择，作为通向未来无阶级社会的现实路径。

---

① 《马克思恩格斯文集》第 9 卷，人民出版社 2009 年版，第 22 页。
② 《马克思恩格斯文集》第 9 卷，人民出版社 2009 年版，第 99 页。
③ 《马克思恩格斯文集》第 9 卷，人民出版社 2009 年版，第 98—99 页。
④ 《马克思恩格斯文集》第 9 卷，人民出版社 2009 年版，第 99 页。

第二节　对空想社会主义思想根源的揭露与批判

空想社会主义沦为"空想"，本身有客观因素和主观思想根源。从客观因素来看，当时的资本主义生产方式尚未获得充分发展，还处在这一生产方式的上升期，其内部的矛盾还没能充分发展并暴露出来，显露出来的只是社会弊病，而消除这些社会弊病的方法由于还"隐藏在不发达的经济关系中，所以只有从头脑中产生出来"①。正如恩格斯指出的那样，"不成熟的理论，是同不成熟的资本主义生产状况、不成熟的阶级状况相适应的"②。从主观思想根源来看，空想社会主义者们的唯心史观、抽象人类观和形而上学立场使得空想社会主义没有能够立足于现实去着手构想扬弃资本主义生产方式的现实路径。而马克思恩格斯正是通过"两个伟大的发现——唯物主义历史观和通过剩余价值揭开资本主义生产的秘密"③，使社会主义成为科学。本节我们着重对空想社会主义的主观思想根源进行讨论。

一　对空想社会主义唯心史观的揭露和批判

在《反杜林论》中，恩格斯指出，"以往的社会主义同……唯物主义历史观是不相容的"④。也就是说，空想社会主义的历史观是唯心史观，其表现为"不知道任何基于物质利益的阶级斗争，而且根本不知道任何物质利益；生产和一切经济关系，在它那里只是被当做'文化史'的从属因素顺便提一下"⑤。

空想社会主义者虽然看到了资产阶级经济学理论是谎言，对资本主义社会的现存状况进行了批判和否定，但是因为"旧的、还没有被排除掉的唯心主义历史观"⑥，这些社会主义者却不能自觉到资产阶级

①　《马克思恩格斯文集》第 3 卷，人民出版社 2009 年版，第 528 页。
②　《马克思恩格斯文集》第 3 卷，人民出版社 2009 年版，第 528 页。
③　《马克思恩格斯文集》第 9 卷，人民出版社 2009 年版，第 30 页。
④　《马克思恩格斯文集》第 9 卷，人民出版社 2009 年版，第 29 页。
⑤　《马克思恩格斯文集》第 9 卷，人民出版社 2009 年版，第 29 页。
⑥　《马克思恩格斯文集》第 9 卷，人民出版社 2009 年版，第 29 页。

谎言背后的社会历史根源，认为只要用真正的理性、正义这些天才头脑中的观念构想代替资产阶级的虚假的理性和正义，就可以克服社会弊病了。

例如，圣西门在《一个日内瓦居民给当代人的信》中将人类分为三个阶级，第一阶级是代表着人类理性进步的学者、艺术家、思想家，第二阶级是拒绝任何改革的有产者，第三阶级是其余人类成员。然而圣西门却并非主张通过阶级斗争去消除社会弊病，而是提出一个由科学天才治国的理想社会计划。在圣西门看来，现有社会存在诸多弊病的根源在于天才人物尤其是科学家未能真正发挥在社会中的作用。建立理想社会的关键就在于依靠那些智慧超群的天才人物去管理国家，圣西门还试图说服第二阶级，如果按照他的科学家治国的计划进行一些行政上的简单改革，就能够避免 1789 年法国大革命那样的社会大动乱，否则的话，这样的危机和动乱将难以避免。圣西门甚至还给拿破仑写信，试图说服拿破仑放弃其征服各国的计划，而和他一同建设社会主义。也就是说，圣西门极力反对通过斗争、革命的方式实现社会变革。与他有类似主张的还有欧文，欧文虽然致力于现实的社会变革以改变工人贫困的现实生活状况，但是他的构想却是号召社会上的资本家们一同和他建立一个人人劳动、财产共享的新社会。这些社会改良的主张背后的实质是他们未能认清社会弊病的根源所在，即生产的资本主义形式。

我们看到，正是这种用观念去批判观念，而不是去寻找观念背后真正决定观念的社会存在中的矛盾的唯心史观，使得他们并不能真正说明使理性原则落实为资产阶级的虚假谎言，构成资产阶级理想王国的社会存在——资本主义生产方式，"它不能说明这个生产方式，因而也就不能对付这个生产方式；它只能简单地把它当做坏东西抛弃掉"①。唯心史观构成了 19 世纪英国、法国、德国流行的社会主义只能沦为空想的重要思想根源。

而马克思恩格斯创立的唯物史观如何能够使社会主义建立在现实的基础上呢？恩格斯在《反杜林论》中回顾唯物史观的诞生过程时指出，正是通过对以往的全部历史的重新研究，马克思和恩格斯发现，"以往的全

①　《马克思恩格斯文集》第 9 卷，人民出版社 2009 年版，第 30 页。

部历史，除原始状态外，都是阶级斗争的历史；这些互相斗争的社会阶级在任何时候都是生产关系和交换关系的产物，一句话，都是自己时代的经济关系的产物；因而每一时代的社会经济结构形成现实基础，每一个历史时期的由法的设施和政治设施以及宗教的、哲学的和其他的观念形式所构成的全部上层建筑，归根到底都应该由这个基础来说明"①。也就是说，基于唯物史观的科学社会主义要求"用人们的存在说明他们的意识"②，而不是像包括空想社会主义在内的一切唯心史观持有者那样去用意识说明人们的存在。

以这种唯物史观来考察"现实的历史"——资本主义社会——在总的历史进程中的地位，就会发现空想社会主义们只看到现象，却未能找到使现实表现于此的原因。在空想社会主义者看来，启蒙学者的理性、正义原则落实在现实中却变为了非理性和非正义，那是因为真正的理性、正义的真理还未被发现。而在马克思主义的唯物史观看来，启蒙学者的理性原则——正义、平等、人权、理性国家之所以表现为当下"现实的历史"——"资产阶级的理想化王国"，不是源于人们头脑中对理性、正义的错误认识，而是具体的历史进程中阶级斗争的必然产物。理性原则表现为资产阶级摆脱被封建土地贵族压迫的现实要求，于是，正义实现为资产阶级不再被封建特权压迫；平等落实为资产阶级摆脱了对封建贵族的依附关系；人权被落实为对资产阶级财产的所有权的肯定；理性国家被落实为推翻封建王权的资产阶级民主共和国。这一切现实表现不是因为人们对启蒙原则的误视，而是在由资产阶级主导的、联合其他被压迫阶级同封建土地贵族相对立的经济关系中进行阶级斗争的产物。在这种具体的历史条件下，"理性的王国"必然落实为"资产阶级的理想化的王国"。③

从而，在唯物史观看来，对于新的理想社会形态的寻求，不是诉诸对于绝对理性和正义、平等的天才认识，而只能诉诸对"现实的历史"的考察。因此，"一切社会变迁和政治变革的终极原因，不应当到人们的头

① 《马克思恩格斯文集》第3卷，人民出版社2009年版，第544页。
② 《马克思恩格斯文集》第3卷，人民出版社2009年版，第545页。
③ 《马克思恩格斯文集》第3卷，人民出版社2009年版，第524页。

脑中，到人们对永恒的真理和正义的日益增进的认识中去寻找，而应当到生产方式和交换方式的变更中去寻找……到有关时代的经济中去寻找"①。事实上，那些被空想社会主义者视为先验的绝对观念不过是现实的历史——资本主义生产方式的观念体现。对此，马克思指出，"交换价值的交换是一切平等和自由的生产的、现实的基础。作为纯粹观念，平等和自由仅仅是交换价值的交换的一种理想化的表现；作为法律的、政治的、社会的关系上发展了的东西，平等和自由不过是另一次方上的这种基础而已"②。

恩格斯在《社会主义从空想到科学的发展》中反复强调唯物史观的这一原则，从而，科学社会主义首先面对的问题不是如何正确认识理性和正义，而是"一方面应当说明资本主义生产方式的历史联系和它在一定历史时期存在的必然性，从而说明它灭亡的必然性；另一方面应当揭露这种生产方式的一直还隐藏着的内在性质"③。这正是被恩格斯称为马克思的"两个伟大的发现"致力于解决并已经回答的问题。

需要补充的是，强调社会存在对社会意识的决定性关系，从而社会变革的根本在于推动生产方式的变更是唯物史观的重要观点。但是，唯物史观并未忽视社会意识变革的重要性。因为，社会变革是要由作为主体的人来推动的，社会意识的变革，本身构成了社会变革和人类解放的总体的重要方面。

二 对空想社会主义抽象"人类观"的揭露与批判

人类观与历史观互为表里。在这个意义上，科学社会主义与空想社会主义的人类观展现出了异质性，后者囿于近代知性、抽象的人类观，未能自觉到在历史性的社会关系下的共同活动中把握"人—社会关系"的唯物史观的地平，构成了其未能真正实现社会变革的重要思想根源。

这里涉及启蒙运动以来对作为"人之为人的道理"的理性的理解。启蒙运动伊始，理性被理解为人的本质，人的本质被抽象化、理想化，并

---

① 《马克思恩格斯文集》第3卷，人民出版社2009年版，第547页。
② 《马克思恩格斯全集》第30卷，人民出版社1995年版，第199页。
③ 《马克思恩格斯文集》第3卷，人民出版社2009年版，第545页。

形成了一种基于脱离历史性的社会关系以及在这一社会关系规定中的共同活动中理解人的存在—本质关系的构想。而空想社会主义的共同特点之一是延承了启蒙运动以来的抽象"人类观",将对现实中的不平等、工人的苦难生存状况等社会弊端的解决方案诉诸以理性这种超历史、超阶级的人的本质作为根据、标准和尺度,来使现实社会与其相吻合,即通过回归人的理性本质的方式来实现社会主义。

然而,马克思恩格斯揭示出,根本就不存在什么抽象的人的本质,理性、平等、公正等观念、意识,不过是历史性地共同活动的意识产物。在恩格斯看来,包括杜林在内的空想社会主义者所设想的自由和平等本身并非永恒真理,而不过是资本主义经济关系的不自觉的理论体现。例如,恩格斯在《反杜林论》中揭露了空想社会主义平等观念,即认为人的意志天然平等的观念并非绝对真理,恰恰相反,是"一切人类劳动由于而且只是由于都是一般人类劳动而具有的等同性和同等意义"① 这一资产阶级经济学中的价值规律的理论表现和理论诉求。资本主义经济关系要求自由和平等,因为这是其经济规律——价值规律——得以作用的客观环境。在这个意义上,封建社会的经济关系及其观念表现构成了资本主义经济关系得以顺利展开的障碍。封建等级制度中的各种特权都处处阻碍着资本主义经济关系的实现,从而,对平等的要求成了资产阶级首要的迫切需求。这是自由和平等被宣布为人权的现实根源。

尽管空想社会主义者未必是要为资产阶级的经济诉求清除障碍,但是实际上却未能超出资产阶级的成见。空想社会主义者把事实上是资产阶级理论诉求的自由和平等当作构建社会主义的理论起点,显然是荒谬的,因为资产阶级的自由和平等的理论诉求是以被剥削阶级无产阶级的存在为前提的,而无产阶级的自由和平等却是要求"消灭阶级"②,这两者显然是不相容的。

这里需要补充的是,马克思恩格斯并非用无产阶级的自由平等观念代替资产阶级的自由平等观念而作为永恒真理,而是指出,"平等的观念,无论以资产阶级的形式出现,还是以无产阶级的形式出现,本身都是一种

① 《马克思恩格斯文集》第 9 卷,人民出版社 2009 年版,第 111 页。
② 《马克思恩格斯文集》第 9 卷,人民出版社 2009 年版,第 113 页。

历史的产物，这一观念的形成，需要一定的历史条件，而这种历史条件本身又以长期的以往的历史为前提。所以，这样的平等观念说它是什么都行，就不能说它是永恒的真理"①。

在马克思看来，人的本质在其现实性上是一切社会关系的总和，不是与人的活动无关的、在历史之外的某种抽象本性。空想社会主义者将人的本质视为不变的抽象本质，实则是在近代哲学主客对立的世界观地平上形成的对在历史性的共同活动中生成的社会关系的误视，并且处于这一地平上不能自知。马克思恩格斯从唯物史观出发指出，"人们的存在就是他们的现实生活过程"②。所以，对于人们处于的不公正、不平等、不自由的状况的扬弃，只有诉诸对其现实生活过程的考察和改造。在这个意义上，马克思的政治经济学批判从来不是单纯的政治经济科学，而是为了实现人类解放而必经的理论进程。

在这一进程中，人被置于现实的历史—资本主义生产形式中，一方面，马克思揭示了这种现实的历史的特殊性，即人与人的关系不直接表现为人与人的关系，而是以物与物的关系表现出来。另一方面，马克思揭示了物与物的关系掩盖下的人与人的关系。从而，将停留于哲学思辨层次上的历史唯物主义人类—社会观落实到具体的现实的历史中，超越了在世界之外观世界，在人之外把握人的近代世界观和人类观，使得马克思得以真正超越近代的人类观，以及基于近代的人类观无法真正解决人类解放问题的资产阶级和空想社会主义者们。

此外，针对主张用爱、同情心去除资本主义弊病的社会主义浪漫派，在马克思看来，社会主义浪漫派同样没有认识到资本主义社会关系的特殊性，而将之抽象化为一般的人与人关系去理解。马克思指出，在截止到目前的人类社会形态中，个人并不具有独立性，而是受社会关系的强制。在生产力落后的自然经济时期，人受"人与人依附"的社会关系强制。而在生产力发达了许多的资本主义发达商品经济时期，人并不是彻底的独立了，而是处在"以物的依赖性"为基础的人的独立性状态下。人受资本主义生产和交换关系的强制，只要处在这种社会关系之下，人就不得不遵

---

① 《马克思恩格斯文集》第 9 卷，人民出版社 2009 年版，第 113 页。
② 《马克思恩格斯文集》第 1 卷，人民出版社 2009 年版，第 525 页。

从一些资本主义商品经济的规律。例如，马克思认为，他所研究的资本家，并不带有玫瑰色彩，而只是资本这一经济范畴的人格化和肉体承载者。作为个体的资本家可以是一个好爸爸、好丈夫，甚至是一个有爱心的人，但是如果不能尽可能地获得更多的剩余价值，并将这些剩余价值尽可能多地重新投入到资本增殖的循环中去，其个人就会在竞争中丧失其作为资本家的地位，由其他能够使资本不断增殖的代理人所取代。因而，在资本主义条件下，资本作为生产关系成为外在于人，使人被迫从属于这一生产关系的强制力量。这是马克思进行资本主义社会批判的伦理着眼点。因而，那些社会主义浪漫派诉诸抽象人性，将人视为脱离了社会关系的独立存在，就像马克思曾经批判的资产阶级政治经济学家们将社会中的人视为像鲁滨逊一样在孤岛上独立生存一样，是一种对现实的虚假构想。也就是说，在资本主义条件下，单纯谈论主体间关系，谈论爱、同情心等都只是一种空谈。

我们看到，基于不同的人类观，科学社会主义与空想社会主义在如何实现人类解放的问题上产生了决定性的差异。正如列宁指出的那样，"社会主义学说正是在它抛弃了关于合乎人的本性的社会条件的议论，而着手唯物主义地分析现代社会关系并说明现在剥削制度的必然性的时候取得成就的"①。马克思恩格斯反对以"回归"类本质的方式实现人的存在—本质、个人—类的统一的构想。因为，以"现实的生活过程"为"存在"，以社会关系的总和为"本质"的人，原本就没有应该"回归"的本质。

三 对空想社会主义形而上学立场的揭露和批判

从立场上来看，空想社会主义在本质上是一种产生于资本主义生产方式内部的自然意识，未能超越资产阶级政治经济学的形而上学立场。对于资本主义的经济关系，马克思认为，空想社会主义和以古典政治经济学为代表的资产阶级政治经济学一样，"都为既有的经济范畴所束缚"②。"既有的经济范畴"意味着一种特定的抽象范围和角度，意味着一种理解资本主义经济运行总体内在联系的方式。

---

① 《列宁选集》第1卷，人民出版社2012年版，第52页。
② 《马克思恩格斯文集》第6卷，人民出版社2009年版，第21页。

例如，资产阶级政治经济学将以货币为媒介的商品交换理解为"社会劳动的物质变换"① 过程，从而这其中蕴藏的资本主义再生产所必须完成的环节商品向货币的转化的困难被忽视和遮蔽了，进而抹杀了资本主义生产方式及其生产、交换关系的历史性和暂时性的性质，这便是资产阶级政治经济学的"形而上学"本质。

事实上，空想社会主义者约翰·格雷最早发现了资本主义商品经济形式下商品向货币转化的困难状况，并指出，既然商品交换只不过是生产者彼此的对象化劳动的交换，商品价值的"自然的价值尺度"是劳动，货币（贵金属）只不过是"想象出来的价值尺度"②，而货币的存在又造成了交换的困难，于是提出用"自然的价值尺度"劳动取代"想象出来的价值尺度"货币，消除货币对其他商品的"特权"③，建立国家银行，并让国家银行确定生产商品的劳动时间，生产者用自己生产的商品到国家银行换回作为价值凭证的银行券，这个银行券同时是作为领取存储在银行的其他商品的等价交换凭证，从而使得"为取得货币而卖，在任何时候都和现在用货币来买一样地容易"④。

我们看到，以格雷为代表的空想社会主义者将货币指认为乃是一个没有实质作用的媒介和符号，只是代表了内在于商品中的价值而使物物交换更加便捷而已，这实质上是未能超越古典政治经济学立场的表现。而马克思则指出，"劳动产品的价值形式是资产阶级生产方式的最抽象的，但也是最一般的形式，这就使资产阶级生产方式成为一种特殊的社会生产类型，因而同时具有历史的特征"⑤。也就是说，空想社会主义者未能深入到对资本主义生产方式的内在矛盾和规律的研究中去，未能超越资产阶级政治经济学将资本主义生产方式视为一种自然形式的形而上学立场，其他空想社会主义者也站在这同一个立场上提出过类似的货币改良方案，在本章第三节我们还会详细讨论。

再比如，关于被马克思称为剩余价值的那部分产品，马克思并不是第

① 《马克思恩格斯文集》第 5 卷，人民出版社 2009 年版，第 127 页。
② 《马克思恩格斯全集》第 31 卷，人民出版社 1998 年版，第 479 页。
③ 《马克思恩格斯全集》第 31 卷，人民出版社 1998 年版，第 478 页。
④ 《马克思恩格斯全集》第 31 卷，人民出版社 1998 年版，第 478 页。
⑤ 《马克思恩格斯文集》第 5 卷，人民出版社 2009 年版，第 99 页。

一个发现它存在的人。古典政治经济学早就发现了它，但它在雇佣工人和资本家的产品分配的数量比例上去考察它。而空想社会主义者也发现了它，继而将批判的焦点指向这种社会劳动产品分配的不公平。这是由于空想社会主义者将被马克思称为剩余价值的那部分产品理解为来自劳动的利息、地租和利润，所以"资本主义的弊病"仅仅在于分配的不公平。从而，一些空想社会主义者将改变社会不公平的改良方案集中于分配领域，因为生产本身没有什么可质疑的地方。

而马克思则创造了剩余价值概念，使人们能够看到贯穿于利润、地租、利息这些看起来不同的经济范畴的共同来源及其与雇佣劳动的关系，从而构成了一条理解资本主义经济运行及其社会关系的新脉络。在这一脉络的贯穿下，资本主义的弊病绝不是仅仅通过在分配、流通领域就能解决的，而是离不开生产领域。对于马克思的这一伟大成就，恩格斯将其称为使社会主义成为科学的"两大发现"之一。

我们看到，空想社会主义本质上未超越资产阶级意识形态及其构建基础——表象现实，他们从唯心史观出发诉诸抽象人性、平等、正义等抽象观念，却不知道这些似乎先验的出发点不过是商品交换构成的市场运作关系的产物；他们诉诸恢复人的某种抽象的先验本质以实现人的自由，却不知道人的本质—存在的统一只有在具体的、历史的共同实践活动中才能存在和实现；他们诉诸资本主义的表象现实试图在流通领域内进行社会改良，却不知道只要不变革生产的资本主义形式，那些社会弊病就无法消除。也就是说，唯心史观、抽象人类观和形而上学立场，构成了社会主义沦为空想的思想根源。

第三节　对空想社会主义"补缀办法"的
政治经济学批判

与马克思恩格斯同时期的一些社会主义者，已经看到了资本主义社会的种种弊病和"不合理的现实"，并对此提出了消除弊病的措施，然而这些措施都是要在保留资本主义生产方式及其生产关系的前提下，用种种"补缀办法"消除资本主义社会弊病。马克思恩格斯通过揭示了试图在保留生产的资本主义形式的前提下，在流通领域用种种"补缀办法"消除资本主义社会弊病的不可能，从而封闭了社会主义走向空想的歧途，划清了科学社会主义与空想社会主义的界限，为社会主义从空想到科学的发展扫清了道路。

一　对在商品经济条件下"贬黜货币"的改良方案的批判

以蒲鲁东为代表的小资产阶级空想社会主义的基本构想是，商品生产原本应该是永恒公平的代表，但这种公平被货币、资本歪曲了。于是他们主张按照公平的理想对现实的商品生产进行改造，保留其好的方面——商品生产形式，去除其坏的方面——货币和商品的对立。蒲鲁东、格雷和欧文等都提出了废除货币，以劳动小时券代替货币，建立交换银行的社会主义设想。

我们先来看马克思对格雷等人提出的取消金属货币对商品的优势地位，使"每种商品直接就是货币"①，以取消价格和价值的不相符造成的混乱，以及商品交换活动中的不公平的社会改良构想的批判。对此，马克思在《论蒲鲁东》中指出，这些蒲鲁东主义者"的观点的理论基础产生于对资产阶级'政治经济学'的基本要素即商品和货币的关系的误解"②。马克思要揭示的是，产品作为在自然属性上不同质的东西，并不是天然可以与所有产品相交换的。产品之间之所以能够普遍交换，是因为产品使自身转化为与其自然属性不同的东西——具有质的同一性而只存在量的差别的价值。由此，产品转化为商品，就使得商品在观念上同时具有了二重的存在——一方面是商品的不同质的自然属性，另一方面是商品的同质的经济属性或者说社会属性。而这观念上的二重存在，在实际的交换过程中，必然表现为实际的二重存在，即自然属性和经济属性（社会属性）的分离和对立——商品的价值（以交换价值表现出来）取得了和商品相独立的物质存在形式即货币。

我们在本书第二章第二节讨论过，马克思在《资本论》及其手稿中通过对商品价值形式的逻辑进程的考察，揭示了货币得以产生的奥秘，并在讨论货币的价值尺度职能时指出，并不是因为有了货币，所以商品之间

---

① 《马克思恩格斯全集》第 31 卷，人民出版社 1998 年版，第 480 页。

② 《马克思恩格斯文集》第 3 卷，人民出版社 2009 年版，第 22 页。

可以交换，"商品并不是由于有了货币才可以通约，恰恰相反。因为一切商品作为价值都是对象化的人类劳动，从而本身可以通约，所以它们能共同用一个独特的商品来计量自己的价值"①。货币只是充当了表现价值的材料，即"人类劳动的社会化身"② 才从普通商品转化为了特殊商品。货币的一切特殊属性，就是商品作为交换价值的属性。并不是货币使得"作为产品的产品和作为交换价值的产品"之间产生了矛盾和对立，而是二者的矛盾和对立的发展赋予了"货币的似乎先验的权力"——与其他一切特殊商品的非对称关系。③ 从而，货币的存在是商品生产的社会关系的必然结果。正如马克思所指出的那样，"随着劳动产品转化为商品，商品就在同一程度上转化为货币"④。劳动产品表现为商品就必然包含着商品分化为商品和货币的两极。

因而，对于蒲鲁东主义者提出的保留商品生产和交换而取消货币，使商品直接成为货币的主张，马克思指出，"设想能够同时在一切商品上打上能直接交换的印记，就像设想能够把一切天主教徒都变成教皇一样"⑤。货币不过是产品的交换价值取得的独立的物质存在形式。正如马克思明确指出的那样，"一个商品……处于能与其他一切商品直接交换的形式，或者说，处于直接的社会的形式，是因为而且只是因为其他一切商品都不是处于这种形式"⑥。"只要交换价值仍然是产品的社会形式，废除货币本身也是不可能的。"⑦

而对于交换价值这一进行社会主义改造的整个问题的基础，蒲鲁东的理解"始终是模糊、错误和不彻底的"⑧，蒲鲁东主义的空想社会主义者们主张用作为等量的对象化劳动的普通商品进行直接交换来取代货币交换，意味着将私人劳动直接等同于社会劳动。对此，马克思指出，"欧文以直接社会化劳动为前提，就是说，以一种与商品生产截然相反的生产形

---

① 《马克思恩格斯文集》第 5 卷，人民出版社 2009 年版，第 114 页。
② 《马克思恩格斯文集》第 5 卷，人民出版社 2009 年版，第 118 页。
③ 《马克思恩格斯全集》第 30 卷，人民出版社 1995 年版，第 95—96 页。
④ 《马克思恩格斯文集》第 5 卷，人民出版社 2009 年版，第 106 页。
⑤ 《马克思恩格斯文集》第 5 卷，人民出版社 2009 年版，第 85 页。
⑥ 《马克思恩格斯文集》第 5 卷，人民出版社 2009 年版，第 85 页。
⑦ 《马克思恩格斯全集》第 30 卷，人民出版社 1995 年版，第 95 页。
⑧ 《马克思恩格斯文集》第 3 卷，人民出版社 2009 年版，第 20 页。

式为前提"①。即意味着将共同的劳动时间等同于直接联合起来的个人劳动时间,从而,就不需要劳动产品表现为商品,也就不存在劳动产品表现为商品的必然结果,商品和货币的分化。可是格雷和蒲鲁东等的本意却是"产品要作为商品来生产,但不作为商品来交换"②。

而马克思揭示出的是,在商品生产的前提下,只有通过交换这唯一的路径,私人劳动才能转化为它的对立面——社会劳动。马克思指出,"商品流通不仅在形式上,而且在实质上不同于直接的产品交换"③。以货币为媒介的商品流通不仅打破了直接的产品交换的个人的和地域的限制,更为关键的是发展了"整整一系列不受当事人控制的天然的社会联系"④。"人与人的互相独立为物与物的全面依赖的体系所补充"⑤ 是商品生产的特征。货币是彼此独立的私人生产者需要经过全面交换关系才能完成私人劳动的社会化的必然结果。货币只不过是社会全面交换关系的物质表现而已。

提出用直接的产品交换替代商品交换的空想社会主义者们,实质上是"把买者和卖者的这种经济上的资产阶级身分理解为人的个性的永恒的社会形式"⑥,是默默地把商品生产条件下的私人交换的社会关系当成了永恒的自然形式,而没有认识到这只是商品生产阶段的特定表现。对此,马克思强调,在商品流通中的买者和卖者的社会身份的关系,"决不是来自人的个性"——古典政治经济学所谓物物交换、互通有无的天性,"而是来自以商品这个特定形式来生产产品的人们之间的交换关系。买者和卖者之间所表现的关系,不是纯粹的个人关系,因为他们两者发生关系,只是由于他们的个人劳动已被否定,即作为非个人劳动而成为货币"⑦。蒲鲁东主义的空想社会主义们从未想到,商品不能直接交换的特性,即货币存在的必然性,已经默默地包含在商品生产的前

① 《马克思恩格斯文集》第 5 卷,人民出版社 2009 年版,第 115 页。
② 《马克思恩格斯全集》第 31 卷,人民出版社 1998 年版,第 479 页。
③ 《马克思恩格斯文集》第 5 卷,人民出版社 2009 年版,第 134 页。
④ 《马克思恩格斯文集》第 5 卷,人民出版社 2009 年版,第 134 页。
⑤ 《马克思恩格斯文集》第 5 卷,人民出版社 2009 年版,第 129 页。
⑥ 《马克思恩格斯全集》第 31 卷,人民出版社 1998 年版,第 489—490 页。
⑦ 《马克思恩格斯全集》第 31 卷,人民出版社 1998 年版,第 489 页。

提中了。

因而，马克思指出，废除货币，意味着，"同货币一起废除交换价值，同交换价值一起废除商品，同商品一起废除生产的资产阶级形式"①。在马克思看来，在商品经济条件下要求取消货币的社会主义者的之所以陷入"平庸的空想"②，是因为他们忽视了"商品生产"这个重要前提，他们把"贬黜货币和把商品捧上天当作社会主义的核心而认真说教，从而使社会主义变成根本不了解商品和货币之间的必然联系"③。

进而，我们再来看马克思对于以"劳动货币"或劳动小时券来代替货币的空想社会主义主张的批判。欧文、格雷、蒲鲁东等都提出过用劳动小时券来取代货币的主张，这种观点的思想前提是，既然商品并不是由于货币，也不是由于其作为特殊劳动的产品而可以交换，而是由于其内在的共同的质——价值（以社会必要劳动时间为尺度）而可以互相通约，货币不过是社会必要劳动时间的化身，那为什么不能直接用社会必要劳动时间来表现商品的交换价值呢？按照这种提议，意味着将对象化 X 劳动时间的商品与代表 X 劳动时间的货币相等同而交换。他们想通过取消价格和价值名义上的差别，从而取消由货币代表的价格与商品价值不相符而导致的混乱和交换的不公平。

而马克思指出，价值和价格的不相等的可能性，是包含在商品的价值形式本身中的。"虽然价格作为商品价值量的指数，是商品同货币的交换比例的指数，但不能由此反过来说，商品同货币的交换比例的指数必然是商品价值量的指数。"④ "价格和价值之间名义上的差别，是由它们实际上的差别决定的。"⑤ 这里的关键在于，在交换价值的基础上，实际劳动只有通过交换才能转化为一般劳动。因而，正如柄谷行人所指出的那样，"'社会'劳动时间，不过是通过这种交换（等值）于事后被发现的"⑥。

① 《马克思恩格斯全集》第 31 卷，人民出版社 1998 年版，第 480 页。
② 《马克思恩格斯文集》第 5 卷，人民出版社 2009 年版，第 114—115 页。
③ 《马克思恩格斯全集》第 31 卷，人民出版社 1998 年版，第 480—481 页。
④ 《马克思恩格斯文集》第 5 卷，人民出版社 2009 年版，第 122 页。
⑤ 《马克思恩格斯全集》第 30 卷，人民出版社 1995 年版，第 88 页。
⑥ ［日］柄谷行人：《跨越性批判——康德与马克思》，赵京华译，中央编译出版社 2010 年版，第 156 页。

这个"社会"劳动时间有时与较多的实际劳动时间相交换，有时与较少的实际劳动时间相交换。大卫·哈维认为，提出商品的价值由社会必要劳动时间决定，意味着马克思非常清楚价值不是由具体的劳动时间，或者在一国经济内部决定，而是"产生于全球的商品交换"，在"全球的范围内被决定，并且将一直被重新决定"①。因而，商品价值不是固定不变的，不能用事先规定好的劳动时间直接代替。"商品价值本身只存在于商品价格的上涨和下跌之中。"② 对此，柄谷行人也指出，作为价值实体的劳动时间，是一种"社会性"的劳动时间，是"通过与货币交换的规则而被实现的劳动价值"③。

这里我们可以得出的结论是，只要产品生产仍采取商品生产的形式，那么，商品的价值就必须经由交换才能实现。这使得社会必要劳动时间成为在商品交换之后才能形成的一种关系。正如哈维指出的那样，"社会必要劳动时间不能直接作为正在发生的事情的调节者，因为它是一种社会关系。它将间接地通过货币形式的媒介起作用"④。从而，价值就"只在货币商品矛盾的、不确定的形式中被物质化地表现出来"⑤。然而，马克思明确指出，"这并不是这种形式的缺点，相反地，却使这种形式成为这样一种生产方式的适当形式，在这种生产方式下，规则只能作为没有规则性的盲目起作用的平均数规律来为自己开辟道路"⑥。由此，马克思否定了想要直接用劳动时间来代替货币表示价值的空想社会主义主张。空想社会主义者主张的作为社会平均劳动时间的代表的劳动小时券其实所根据的正是他所要取代的货币。

我们看到，正是马克思揭示出的，产品生产的商品形式产生出同产品

---

① ［美］大卫·哈维：《跟大卫·哈维读〈资本论〉》，刘英译，上海译文出版社 2014 年版，第 24 页。

② 《马克思恩格斯全集》第 30 卷，人民出版社 1995 年版，第 86 页。

③ ［日］柄谷行人：《跨越性批判——康德与马克思》，赵京华译，中央编译出版社 2011 年版，第 154 页。

④ ［美］大卫·哈维：《跟大卫·哈维读〈资本论〉》，刘英译，上海译文出版社 2014 年版，第 40 页。

⑤ ［美］大卫·哈维：《跟大卫·哈维读〈资本论〉》，刘英译，上海译文出版社 2014 年版，第 41 页。

⑥ 《马克思恩格斯文集》第 5 卷，人民出版社 2009 年版，第 123 页。

并存的货币这一事实，"才能认识到货币改革和流通革新可能改造生产关系和以生产关系为基础的社会关系的界限"①。通过在流通领域的货币改革来扬弃资本主义的矛盾，是"无法解决的任务"②。正如希法亭在其《金融资本》一书中指出的，"货币商品，这个特定的物体，现在仅仅是由商品生产的社会关系及其物的表现中产生的这种价值的直接表现"③。事实上，"货币其实就是通过物表现出来的社会关系"④。人们对货币与商品交换之间的关系之所以产生混乱，只是因为"在货币中，人们的社会关系成为物"⑤。或者说，社会关系掩盖在了物的表象之下。

而在科学社会主义看来，集中体现在货币上的商品生产的矛盾，并不是不能解决，而是可以通过消灭产品的商品生产形式的方式来解决。也就是说，不是以互相独立的劳动或劳动产品的交换为中介才能实现生产的社会性，而是将生产的社会性本身设置为前提，由此，不是交换赋予单个人的具体劳动以一般的社会性质，而是"劳动在交换以前就会被设定为一般劳动"⑥。这是马克思设定的不以产品的商品生产形式为前提，而是以产品的社会的共同生产为前提的对商品生产的矛盾的扬弃，即"废除货币，同货币一起废除交换价值，同交换价值一起废除商品，同商品一起废除生产的资产阶级形式"⑦。然而，这是将商品生产视为永恒的、公正理想之象征的空想社会主义者们所从未想到的。

二　对空想社会主义消除资本弊端改良方案的批判

如前所述，空想社会主义进行社会改良的方式正是保留资本主义生产的优点，克服资本主义生产的弊病。基于上述认识，一些空想社会主义者

①《马克思恩格斯文集》第8卷，人民出版社2009年版，第43页。
②《马克思恩格斯文集》第8卷，人民出版社2009年版，第43页。
③［德］鲁道夫·希法亭：《金融资本——资本主义最新发展的研究》，福民等译，商务印书馆1994年版，第15—16页。
④［德］鲁道夫·希法亭：《金融资本——资本主义最新发展的研究》，福民等译，商务印书馆1994年版，第22页。
⑤［德］鲁道夫·希法亭：《金融资本——资本主义最新发展的研究》，福民等译，商务印书馆1994年版，第16页。
⑥《马克思恩格斯文集》第8卷，人民出版社2009年版，第66页。
⑦《马克思恩格斯全集》第31卷，人民出版社1998年版，第480页。

认为资本的不等价交换造成了资本主义带来的不公正、不正义的弊病，并提出了消除资本带来的贫富差距，实现公平正义的方案，就是让资本像普通商品一样在交换中实行等价交换。对此，英国社会主义者约·弗·布雷提出，资本作为生产要素是好的，但是资本家使资本变坏了，因而"我们需要的是资本，而不是资本家"①。

对于空想社会主义者提出的在流通领域将资本变为普通商品以消除资本带来的贫富差距方案，马克思指出，空想社会主义者的解决方案不过是要将建立在资本基础上的发达商品经济复归于简单商品流通，即让资本"始终是简单交换价值；要求资本不应当作为资本存在"②。而这种"关于公平和正义的空谈，归结起来不过是要用适应于简单交换的所有权关系或法的关系作为尺度，来衡量交换价值的更高发展阶段上的所有权关系和法的关系"③。在此，马克思揭示出的是，空想社会主义者混淆了简单商品经济与资本主义商品经济，他们认为简单商品经济与资本主义商品经济是程度上和范围上的差别，而非质的区别。值得指出的是，这种对简单商品经济与资本主义商品经济关系的看法本身并不是空想社会主义的独创，而是早由斯密将建立在资本基础上的发达商品经济视为原始社会就已经存在的分工以及物物交换在范围和程度上的扩大，抹杀了资本作为生产关系的特殊性，直到今天仍然构成西方理解资本主义商品经济起源的主流观点，影响深远。

而在马克思看来，资本本身是在资本主义所有关系、劳动关系与生产力的相互作用中生成的生产关系总体，资本总体本身是以与简单商品流通相适应的生产关系的全面解体为前提的。从所有关系来看，与简单商品流通相适应的所有制形式主要包括小土地所有制和公共土地所有制④，其特点是劳动者占有自己劳动的客观条件。在上述两种所有权基础上，"各个个人都不是把自己当作劳动者，而是把自己当作所有者和同时也进行劳动的共同体成员"⑤。个人进行生产劳动不是为了生产交换价值，而是为了

---

①　《马克思恩格斯全集》第35卷，人民出版社2013年版，第277页。

②　《马克思恩格斯全集》第30卷，人民出版社1995年版，第279页。

③　《马克思恩格斯全集》第30卷，人民出版社1995年版，第279页。

④　参见《马克思恩格斯全集》第30卷，人民出版社1995年版，第465页。

⑤　《马克思恩格斯全集》第30卷，人民出版社1995年版，第466页。

满足个人及共同体成员需要的使用价值。这里，交换涉及的范围是非常狭窄的，因为其只涉及剩余产品。在简单商品经济的流通关系中，"双方互相交换的，实际上只是使用价值"①。而发达商品经济在历史上则是以建立在个人占有劳动的客观条件基础上的私有制形式的解体并转变为资本主义私有制为前提的，也就是以劳动和劳动的客观条件相分离为前提的。如此，个人才把自己看作劳动者；从劳动关系来看，与简单商品流通相适应的劳动关系是建立家庭手工业基础上的不发达的社会分工，而资本主义发达商品经济则是建立在前者的解体的基础上，并以其转变为社会化大生产中的普遍社会分工和协作为前提。

从所有关系和劳动关系与生产力的相互作用的结果来看，在简单商品交换阶段，占社会主导地位的人的存在形式是"人的依赖关系"②，个人总是依附于家庭、行会或是其他形式的共同体，人与人之间的统治关系构成了社会所有关系的中介。也就是说，个人只有在某种依附性关系下，才成为所有者或占有者，而依附性的统治关系同时也是社会再生产的结果，社会生产不断再生产出统治关系。而资本主义发达商品经济则从"人的依赖关系"的解体转变为"以物的依赖性为基础的人的独立性"③，其中所有关系、劳动关系以后者为中介与生产力相结合，并不断再生产出这种人的存在的"第二大形式"。因而，资本主义发达商品经济是以所谓简单商品经济的生产关系的全面解体和变迁为前提的，而资本本身是包含着上述内涵的生产关系总体。因而，要使作为资本主义总体生产关系的物质承载者——资本——在流通领域变成一般商品，其要求整个社会生产关系全面退回到简单商品流通时期的生产关系，而这是空想社会主义者未能想过的。

马克思针对英国的空想社会主义者布雷提出通过消除资本家来消除资本的弊端的观点指出，"资本被看作纯粹的物，而不是被看作生产关系，这种生产关系在自身的反映恰恰就是资本家"④。也就是说，由于资本主义私有制这一包含在资本总体内部的所有关系，使得资本家构成了资本的

---

① 《马克思恩格斯全集》第 30 卷，人民出版社 1995 年版，第 458 页。
② 《马克思恩格斯全集》第 30 卷，人民出版社 1995 年版，第 107 页。
③ 《马克思恩格斯全集》第 30 卷，人民出版社 1995 年版，第 107 页。
④ 《马克思恩格斯全集》第 30 卷，人民出版社 1995 年版，第 262 页。

自为存在。因为在以资本为基础的生产中，作为劳动本身的产物的劳动的客观条件，不断地被作为劳动者对立面生产出来，而资本家不过是这些与劳动者相对立的劳动的客观条件的"人格化"①。资本家就是作为生产关系总体的资本的肉身表现。或者说，"资本的概念中包含着资本家"②。因而，排除资本家，意味着取消劳动条件作为资本的性质，也就是会丧失空想社会主义者试图保留的资本主义生产的优点。

在马克思看来，既然资本家不过是资本作为生产关系的现实结果。那么，处理方式只有两种，一种是通过排除资本家而彻底消除资本这一生产关系，从而彻底扬弃建立在资本基础上的生产方式。这种处理方式并非空想社会主义者的原意，被认为是相当于为了治感冒而把人杀掉；另一种"只是对结果的攻击，而产生这些结果的原因仍然存在"③。这种处理方式充其量只是构成了对资本主义生产过程的干扰，但是由于生产过程的经济关系的牢固基础，生产过程可以克服并控制这些干扰，从而没有实质意义，不能消除资本主义社会的弊病。

我们看到，空想社会主义消除资本弊端的方式是：一方面，通过保留生产的资本主义形式，从而利用资本促进生产力发展的文明作用；另一方面，在资本作为总体的生产关系不变的前提下，却想要通过将交换价值在更高发展阶段上的发达商品经济的生产关系复归到交换价值在低级发展阶段上的简单商品交换的生产关系。

这种自相矛盾的处理方式表明了空想社会主义未能超越资产阶级政治经济学的立场，对资本的理解犯了在物和生产关系之间概念混淆的错误。也就是说，一方面，他们把资本从生产关系变成了物，变成了生产所需的劳动的客观条件，抹杀了资本本身是生产关系的本质属性；另一方面，他们又把物当成了资本，认为只要物作为生产要素进入生产过程就会具有生产关系才具有的属性，从而产生促进生产力发展的文明作用。基于上述自相矛盾的观念，空想社会主义消除资本弊端的社会改良方案只能沦为空想。

---

① 《马克思恩格斯全集》第 30 卷，人民出版社 1995 年版，第 508 页。

② 《马克思恩格斯全集》第 30 卷，人民出版社 1995 年版，第 508 页。

③ 《马克思恩格斯全集》第 30 卷，人民出版社 1995 年版，第 195 页。

三 "回到资产阶级经济学的立场上"的空想社会主义

在马克思看来，空想社会主义的社会改良主张不能消除资本主义社会弊病的政治经济学根源就在于其未能超越资产阶级经济学的立场。马克思在对蒲鲁东及其学派进行批判时指出，其"不是把经济范畴看做历史的、与物质生产的一定发展阶段相适应的生产关系的理论表现，而是荒谬地把它看做预先存在的、永恒的观念……又回到资产阶级经济学的立场上去"①。也就是说，空想社会主义不自觉地接受了经济学家关于资本主义生产方式和生产关系作为永恒性的天然关系的观点。因而他们的社会主义主张只是在资本主义生产方式及其生产关系的基础上采取一些改良措施，消除资本主义的弊病以维持资本主义社会的生存，而从未想过要废除这种生产关系。

例如，对于货币、资本，空想社会主义者没有认识到，货币、资本之为货币、资本，不在于其物质承载者的物理性质，它们不是外在于资本主义生产形式的东西，其本身表示的只是内在于商品生产的资本主义生产形式的生产关系而已。因而，社会弊病的症结不在于流通过程，而在于生产过程中人与人的社会关系。由此可见，空想社会主义者意图在保留资本主义生产关系的前提下，在流通领域进行一些改良措施以破除资本主义的弊病是行不通的。

空想社会主义者的诸种"补缀办法"本质上未能超越资本主义生产方式内部的人们的自然意识，未能清晰地辨别资本主义生产过程所具有的双重性。一方面，资本主义生产过程作为通过有用劳动使使用价值构成新的使用价值的实际劳动过程，其中包含生产资料和劳动等生产要素，这种劳动过程适用于任何社会形态，与人类社会并存。另一方面，资本主义的这一实际劳动过程同时又是资本增殖的过程。然而，恰恰是因为资本主义生产过程是这两个过程的统一。正如广松涉指出的那样，"在资本主义生产过程的基础上，使用价值（资本在这种使用价值上以生产资料的形式存在）和作为资本（资本是一定的社会生产关系）的生产资料即这些物的用途，是不可分割地融合在一起的；这正像在这种生产方式内，对于局

---

① 《马克思恩格斯文集》第3卷，人民出版社2009年版，第19页。

限于这种生产方式中的人来说，产品本身就被当作是商品一样。这一点构成了政治经济学拜物教的一个基础"①。可以说，空想社会主义正是未能超越产生于资本主义生产方式之内的人们的自然意识——拜物教意识。

空想社会主义往往将要素在资本主义条件下的特定表现与在和自然界相区别的一般意义上的整个人类社会条件下的表现相混同。于是，资本主义条件下的商品交换被等同于原始社会的物物交换，资本被等同于一切生产过程都需要的物质生产资料等。例如，从蒲鲁东出发的社会主义者将资本视为纯粹的物，是劳动过程所必需的客观条件，因而是永恒的范畴，而从李嘉图出发的社会主义者，则提出社会变革的关键在于如何管理和配置资本，使其为劳动者服务。这些空想社会主义者的共同特点是将资本与作为物的生产资料和劳动工具相等同，其实质是停留于古典政治经济学的拜物教立场，对资本进行了物象化理解，即将原本是一种以物为媒介的人和人之间的社会关系，误认为是其物质承载者本身所固有的属性，将在特定的社会历史阶段，以资本的存在方式出现的生产资料与一般人类学意义上的生产资料相混淆，进而将物化的资本理解为与人格化的劳动相对立的"超历史"的存在。而马克思则将对要素的抽象层次主要限定于资本主义生产过程中的特定表现，如前文所述，资本被理解为与一定物质承载者相结合的一种具体的、历史的生产关系，而不是适用于一切社会形态的过去了的人类劳动。

由此，我们看到，空想社会主义者们未能清晰地辨析出资本主义生产过程双重性的统一，未能辨析出只要资本主义生产关系不改变，生产资料的资本属性就不会改变，这种属性本身就在不断地再生产出被剥削的无产阶级和无偿占有无产阶级劳动产品的资产阶级。只有变革了社会关系，"使生产摆脱资产阶级企图永远保存的资本主义性质"②。通过消灭阶级差别，"一切由这些差别产生的社会的和政治的不平等也自行消失"③。

我们看到，空想社会主义未能超越资产阶级政治经济学的拜物教立场，未能认清资本主义社会存在诸种弊病的根本原因，试图在保留生产的

---

① ［日］广松涉：《资本论的哲学》，邓习议译，张一兵审订，南京大学出版社 2013 年版，第 398 页。
② 《马克思恩格斯文集》第 3 卷，人民出版社 2009 年版，第 437 页。
③ 《马克思恩格斯文集》第 3 卷，人民出版社 2009 年版，第 442 页。

资本主义形式的前提下，进行一些流通领域的改良，最终沦为了空想。而马克思恩格斯诉诸对资产阶级政治经济学观念范畴及其思想前提的批判，真实地揭露资本主义社会弊病的根源，最终才能超越"回到了资产阶级经济学立场上"的空想社会主义将生产的资本主义形式设定为唯一可能的社会经济模式的社会改良主张，真正探索出使社会主义走向科学的现实道路。正是在这个意义上，哲学批判、政治经济学批判和空想社会主义批判共同构成了社会主义成为"科学"的理论根基。

第 四 章

科学社会主义与
人类文明新形态

　　马克思恩格斯在"三大批判"的基础上，对实现人类解放的现实路径做了具体构想，需要指出的是，其构想并非一成不变的，而是在世界历史的形成和发展进程中，根据资本主义世界体系的矛盾展开以及革命形势的变化形成了两种不同的实现人类解放的构想。在第一种构想中，革命将率先在发达资本主义国家爆发，其逻辑理路在于，在资本主义从局限在一国、一地到逐渐扩张为世界资本主义体系后，世界市场已经被拓展到了极限，从而缓解资本主义经济危机的最后的安全阀门已被打开，革命会率先于资本主义发展得最为典型的国家爆发，进而波及整个资本主义世界体系。

　　在马克思恩格斯晚年，最为典型的资本主义国家——英国——国内的阶级矛盾在扩张了的世界资本主义体系中被稀释和缓解，其国内的无产阶级乐于与本国的资产阶级一起间接地剥削其他经济落后国家的广大人民，从而典型资本主义生产方式国家的工人革命运动形势低迷。相反，经济落后国家却因为面临国内落后生产方式衰败的同时，又在与外国资本主义形式的帝国主义的竞争中使得国内矛盾复杂化并激化，从而表现出革命的形势，处于马克思晚年时期的俄国就是典型代表。正是面对世界历史的发展形势的变化，马克思恩格斯重新思考了实现共产主义，实现人类解放的可能路径，逐渐形成了不同于第一种构想的第二种构想。在第二种构想中，革命可能率先在经济落后国家爆发，并且马克思恩格斯认为，资本主义并非一切国家、地区、民族通向共产主义的必经之路，与发达资本主义国家同时期存在的经济落后国家在一定条件下可以利用资本主义的文明成果，而不经过资本主义制度的"卡夫丁峡谷"去实现共产主义。

与马克思恩格斯关于实现人类解放的第一种构想中是由率先发展起典型资本主义生产方式的西方国家在世界历史进程中发挥更为积极、主动的作用不同，在马克思恩格斯关于实现人类解放的第二种构想中，经济落后的东方国家将在世界历史进程中发挥更为积极、主动的作用。中国在由资本主义生产方式推动历史成为世界历史的背景下对现代化道路的探索和成功实践正是证明了马克思恩格斯第二种构想的真理性力量。尤其是在苏联社会主义实践失败，资本主义现代化路径不断展现出文明危机的背景下，中国特色社会主义现代化的理论与实践证明了现代化并非只有资本主义这唯一一条路径，后发国家是可以跨越资本主义制度这一"卡夫丁峡谷"的。这不仅对于中国实现中华民族的伟大复兴有重大意义，而且对于人类探索实现解放的现实路径具有重大的世界历史意义。

第一节　马克思恩格斯关于实现人类解放路径的可能构想

贯穿于马克思恩格斯的大部分著作中关于实现人类解放的可能构想是将资本主义生产方式及其扩张视为实现共产主义和人类解放的重要前提。正是在这一思路上，我们才能理解马克思在《资本论》中的那个著名论断："工业较发达的国家向工业较不发达的国家所显示的，只是后者未来的景象。"① 在这一实现人类解放的可能构想中，经济落后国家通过被纳入资本主义世界体系中，成为资本主义世界有机体中的一个内在构成，而革命将率先在典型资本主义国家爆发，并波及整个世界资本主义体系；而在世界历史的发展进程中，马克思恩格斯开始思考不同于早期实现共产主义从而实现人类解放的另一种可能路径，在这一可能路径中，经济落后的东方国家将发挥更积极、主动的作用。

---

① 《马克思恩格斯文集》第 5 卷，人民出版社 2009 年版，第 8 页。

一 早期构想：典型资本主义国家爆发革命并波及全世界

贯穿于马克思恩格斯的绝大部分著作中的实现人类解放的可能路径的逻辑理路是：在典型资本主义国家的主导下"建成世界市场（至少是一个轮廓）和确立以这种市场为基础的生产"①，将全世界都纳入资本主义世界体系中，从而，整个人类社会的生产力在资本主义生产方式下获得极大的发展，为共产主义和人类解放的实现奠定物质基础。同时，由于资本主义生产方式内部的结构性矛盾，典型资本主义国家拓展的世界市场相对于其国内工业增长来说终究是有限度的，正如马克思在《中国革命和欧洲革命》一文中指出的那样，"如果不发生什么意外事情的话，到一定的时候，市场的扩大仍然会赶不上英国工业的增长，而这种不相适应的情况也将像过去一样，必不可免地要引起新的危机"②。当中国这最后一个市场也被开辟后，危机就会失去最后的安全阀门，典型资本主义国家国内的阶级矛盾将被激化并无法缓解，革命会率先在典型资本主义国家爆发，并扩展到全世界，进而推翻人受资本统治的生产方式和社会制度，人成为生产过程的主人，成为历史的自觉的创造者。

在这一思路中，资本主义生产方式及其扩张起到了为共产主义的实现奠定必要的物质基础的作用，共产主义的实现是要建立在"资本主义时代的成就的基础上"③。例如，在《资本论》第一卷的第七篇研究资本的积累过程的章节中，马克思总结了资本的积累及其扩张对实现共产主义所达成的物质条件的积累成就，其中包括"规模不断扩大的劳动过程的协作形式日益发展，科学日益被自觉地应用于技术方面，土地日益被有计划地利用，劳动资料日益转化为只能共同使用的劳动资料，一切生产资料因作为结合的、社会的劳动的生产资料使用而日益节省，各国人民日益被卷入世界市场网，从而资本主义制度日益具有国际的性质"④。

资本主义生产方式扩张并推动历史成为世界历史的进程同时也是典型资本主义国家以自身为中心构建资本主义世界体系的进程，在这一进程中

---

① 《马克思恩格斯论中国》，人民出版社 2018 年版，第 147 页。
② 《马克思恩格斯论中国》，人民出版社 2018 年版，第 8 页。
③ 《马克思恩格斯文集》第 5 卷，人民出版社 2009 年版，第 874 页。
④ 《马克思恩格斯文集》第 5 卷，人民出版社 2009 年版，第 874 页。

发达资本主义国家承担了"破坏"和"重建"的双重使命，马克思以英国在印度要完成的使命为例，指出了这双重使命"一个是破坏的使命，即消灭旧的亚洲式的社会；另一个是重建的使命，即在亚洲为西方式的社会奠定物质基础"①。

我们先来看"破坏"的进程，典型资本主义国家建立世界市场的进程会导致经济落后国家原有社会有机体的劳动的社会组织形式全面瓦解。需要指出的是，这一"破坏"的进程并不是完全靠市场的经济力量来完成的，而是主要靠超经济力量推进的。以旧中国为例，这一进程就表现为帝国主义国家通过超经济强制力即通过政治、军事上的强大能力发动侵略战争打击旧中国的封建王朝，强迫旧中国签订一系列不平等条约，使之沦为帝国主义半殖民地或殖民地，进而使旧中国变成帝国主义倾销工业品的市场。与此同时，西方资本帝国主义入侵旧中国，恰与旧中国封建制小农经济的衰败时期相重合，使得旧中国原有的社会矛盾更加激化且复杂化，依靠小农经济和家庭手工业相结合的经济结构原本可以勉强维持的旧中国社会"现实生活的生产和再生产"几近中断，自给自足的小农经济和家庭手工业经济结构被典型资本主义国家大工业生产的廉价劳动产品摧毁，即恩格斯所精准描述的"中国小农经济和家庭工业的整个基础的破坏；由于那里甚至没有中国的大工业来予以平衡，亿万居民将陷于无法生存的境地"②。旧中国社会面对内外双重危机表现为连绵不断且规模愈加庞大的农民起义。正是在这个意义上，马克思指认了太平天国运动爆发的直接原因，"运动发生的直接原因显然是：欧洲人的干涉、鸦片战争、鸦片战争所引起的现存政权的动摇、白银的外流、外货输入对经济平衡的破坏，等等"③。

在这一世界历史进程中，一方面，经济落后国家的社会制度、生产方式的加速解体，客观上为建立更高级的社会制度和生产方式提供了可能。例如，资本主义形式的帝国主义的入侵使得旧中国人民陷入了"现实生活的生产与再生产"几近中断的极端贫困状态，这客观上加速了旧中国

① 《马克思恩格斯文集》第 2 卷，人民出版社 2009 年版，第 686 页。
② 《马克思恩格斯论中国》，人民出版社 2018 年版，第 170 页。
③ 《马克思恩格斯论中国》，人民出版社 2018 年版，第 122 页。

封建社会的解体，从而使旧中国这种长期落后于世界先进生产方式的国家也能够打破旧的社会制度、生产方式，走上实现人类解放的现实道路。我们应该在这个意义上去理解马克思在《中国革命和欧洲革命》中的那个著名比喻，"与外界完全隔绝曾是保存旧中国的首要条件，而当这种隔绝状态通过英国而为暴力所打破的时候，接踵而来的必然是解体的过程，正如小心保存在密闭棺材里的木乃伊一接触新鲜空气便必然要解体一样"①。恩格斯在 1886 年写给倍倍尔的信中也表达了同样的观点，即"这样，这最后一个闭关自守的、以农业和手工业相结合为基础的文明将被消灭"②。

另一方面，经济落后国家由于经济落后，导致其作为世界市场的实际购买能力达不到资本帝国主义国家的预期，并因此加速和加剧了典型资本主义国家的经济危机。例如，19 世纪的旧中国原有的生产方式的衰败与帝国主义入侵对旧中国原有的经济结构的摧毁相结合，使得旧中国作为 4 亿人口的世界市场的实际购买能力大打折扣，而英国等典型资本主义国家却围绕开辟的世界市场组织了过量的生产。对此，恩格斯在 1858 年写给马克思的信中指出，"这里市侩们的议论和市场状况使我觉得，印度和中国是过量生产的直接原因"③。马克思转引过一位曼彻斯特的工厂主的话："我们怎么会有生产过多的时候呢？我们要为 3 亿人提供衣服。"④ 然而旧中国作为世界市场的真实情况是，传统的小农经济和家庭手工业相结合的生产方式被瓦解，而新的生产方式还未建立起来之前，由于社会的现实生活的生产与再生产几近中断，从而导致了市场的实际消费能力远远低于资本帝国主义对 4 亿人口的市场的消费能力的想象，这就加剧了英国国内的经济危机。

马克思指出，"在 1839 年至 1842 年的第一次英中战争期间，英国制造商曾陶醉于出口贸易会惊人扩大的妄想。他们曾一码一码地量出了准备给天朝人穿着的棉织品。然而，实际经验砸碎了帕麦斯顿这类政客锁住他们心窍的那把大锁。从 1854 年到 1857 年，向中国出口的英国工业品平均

① 《马克思恩格斯论中国》，人民出版社 2018 年版，第 8 页。
② 《马克思恩格斯论中国》，人民出版社 2018 年版，第 169 页。
③ 《马克思恩格斯论中国》，人民出版社 2018 年版，第 146 页。
④ 《马克思恩格斯论中国》，人民出版社 2018 年版，第 162 页。

不超过 125 万英镑，而这是第一对华战争以前的年份里常常达到的数字"①。在《对华贸易》中，马克思又转引驻广州的英国官员米切尔在 1852 年给英国政府的报告说："经过十年以后，商业部的表报告诉我们，亨利·璞鼎查爵士在 1843 年签订补充条约时所见到的当时的贸易量，较之他的条约本身在 1850 年底给我们带来的还要大些"②。

对此，马克思指出，"在像英国这样一些发达的资本主义国家同像印度和中国这样一些国家之间的交换上出现了严重的不适应。这是危机的原因之一"③。恩格斯在 1868 年给马克思的信中也指出，曼彻斯特"这里发生了最大的危机，而且这一次是纯粹的（虽然也是相对的）生产过剩。将近两年以来，纱厂主和制造商将这里找不到销路的商品自费运往印度和中国去委托销售，从而使得本来已经充斥了的市场加倍充斥起来。现在继续这样做已不可能了，因而他们就纷纷破产"④。

正是交换上的不适应，催生了资本主义形式的帝国主义国家对经济落后国家作为世界市场状况的不满，后者作为一种刺激因素，促使发达资本主义国家开启了对已经被其开辟为殖民地、半殖民地的经济落后国家进行"重建"的进程。为服从资本主义形式的帝国主义的需要，"摧毁中国、印度等等的旧生产方式，把它改造成为商品生产，其中也包括以国际分工为基础的商品生产（也就是改造成为具有适应资本主义生产的形式的生产）"⑤。

在这一"重建"进程中，经济落后国家的民族资本主义有了一定的发展，但是资本帝国主义是不允许经济落后国家完全发展为资本主义的生产方式从而实现生产力的发展变成一个强国的。正如毛泽东在《中国革命和中国共产党》中所尖锐地指出的那样，"帝国主义列强侵入中国的目的，决不是要把封建的中国变成资本主义的中国。帝国主义列强的目的和这相反，它们是要把中国变成它们的半殖民地和殖民地"⑥。也就是说，

① 《马克思恩格斯论中国》，人民出版社 2018 年版，第 43 页。
② 《马克思恩格斯论中国》，人民出版社 2018 年版，第 112 页。
③ 《马克思恩格斯论中国》，人民出版社 2018 年版，第 157 页。
④ 《马克思恩格斯论中国》，人民出版社 2018 年版，第 166 页。
⑤ 《马克思恩格斯论中国》，人民出版社 2018 年版，第 157 页。
⑥ 《毛泽东选集》第 2 卷，人民出版社 1991 年版，第 628 页。

资本帝国主义对经济落后国家的"改造",不是让后者发展资本主义,而是资本帝国主义在后者中发展资本主义。

以旧中国为例,具体来说,资本帝国主义对旧中国经济结构的改造是要将旧中国的农业生产改造为服从资本主义形式的帝国主义的需要,变成其原料来源。同时,帝国主义还在旧中国直接经营资本主义企业,直接掠夺旧中国的原料、自然资源和对旧中国廉价的劳动力进行剥削,并压迫旧中国自身民族工业的发展,使旧中国的生产力发展受到极大的阻碍。此外,帝国主义还在金融、财政领域通过开办银行、借款给当时的旧中国政权等方式实现了对旧中国金融和财政的控制,并在旧中国培植了买办阶级,将旧中国的封建地主阶级变成替帝国主义统治旧中国而服务的工具等。① 帝国主义在旧中国的这一切行径把一个独立的旧中国变成了一个符合资本主义形式的帝国主义经济发展需要的半殖民地和殖民地。

而在马克思恩格斯看来,对于资本主义世界体系的心脏——以英国为代表的典型资本主义国家来说,旧中国已经是最后一个被纳入资本主义世界体系中的国家,在"这最后一个闭关自守的、以农业和手工业相结合为基础的文明"② 被消灭之后,"生产过剩的最后一个安全阀门将会失灵"③。典型资本主义国家的经济危机即"社会再生产"的中断,将再无缓解和避免的办法。

恩格斯还指出,随着旧中国整个旧经济基础的瓦解,难以生存的人口数量会巨幅增加,这些人口在本国已经难以找到合适的生存机会,就会涌向国外,"千百万人将被迫离乡背井,移居国外;他们甚至会移居到欧洲,而且是大批的"④。这些中国劳工"将在劳动市场上以中国的生活水准即世界上最低的生活水准,同美洲、澳洲和欧洲的工人展开竞争"⑤。如果在那之前欧洲的资本主义生产体系还没有发生变化,那么这种大规模的海外廉价劳动力充斥到市场上而导致欧洲的无产阶级的不满,随着旧中国劳工"试图把我们工人的工资和生活水平降到中国人的水平。那时我

---

① 参见《毛泽东选集》第 2 卷,人民出版社 1991 年版,第 628—630 页。

② 《马克思恩格斯论中国》,人民出版社 2018 年版,第 169 页。

③ 《马克思恩格斯论中国》,人民出版社 2018 年版,第 169 页。

④ 《马克思恩格斯选集》第 4 卷,人民出版社 2012 年版,第 655 页。

⑤ 《马克思恩格斯论中国》,人民出版社 2018 年版,第 170 页。

们欧洲工人的时刻也就会到来。首先是英国人，他们身受这种渗入之害，就会起来斗争"①。欧洲无产阶级和资产阶级的矛盾的激化，将使得欧洲的生产体系发生改变。

也就是说，资本主义在征服旧中国，将世界市场扩展到世界上最后一个角落的同时，却将促进资本主义在其发源地的崩溃。恩格斯对此讽刺地总结道："这是又一个绝妙的历史讽刺：资本主义生产，只有中国尚待它去征服了，但当它最终征服中国的时候，它却使自己在自己祖国的存在成为不可能了。"② 并且，由于资产阶级国家已经把各个地方的小市场联合成为一个大的世界市场，历史已经成为世界历史，各个文明国家里发生的一切都会彼此影响，从而典型资本主义国家的无产阶级革命会影响到整个世界资本主义体系中的全部文明国家。对此，恩格斯指出，"如果现在英国或法国的工人获得解放，这必然会引起其他一切国家的革命，这种革命迟早会使这些国家的工人也获得解放"③。

我们看到，在马克思恩格斯关于实现人类解放道路的早期构想中，人类解放的实现要靠"西欧经济制度的变革，资本主义在最先产生它的那些国家中被消灭"④。从而将推动全世界的社会有机体实现对资本主义生产方式的扬弃，将人从受资本统治的生产方式中解放出来。

二　早期构想中的世界历史进程中的东西方文明关系

我们知道，对实现人类解放道路的早期构想曾耗费了马克思恩格斯的绝大部分精力，这条道路是以在西欧率先发展出的先进生产方式——资本主义生产方式——为中心展开的。对此，我们不能将马克思恩格斯指认为欧洲中心论者，因为在现实的历史发展进程中，确实是由西欧率先发展出了具有更发达生产力水平的生产方式。在马克思恩格斯关于实现人类解放的早期构想中，那些处在前资本主义阶段的社会被发达资本主义国家纳入资本主义世界体系中，进而实现向资本主义方式的转换，被视为全人类共同扬弃资本主义生产方式的一种可能路径。

① 《马克思恩格斯论中国》，人民出版社 2018 年版，第 171 页。
② 《马克思恩格斯论中国》，人民出版社 2018 年版，第 172 页。
③ 《马克思恩格斯论中国》，人民出版社 2018 年版，第 131 页。
④ 《马克思恩格斯选集》第 4 卷，人民出版社 2012 年版，第 639 页。

　　因而，在相当长的时期内，马克思恩格斯在面对西欧、美国等资本帝国主义国家对旧中国、印度、阿尔及利亚等经济落后国家的殖民行为时的态度表现为两个方面。一方面，马克思恩格斯强烈谴责西方资本帝国主义国家的侵略行为。马克思在《英中冲突》、《英人在华的残暴行动》、《议会关于对华军事行动的辩论》、《帕麦斯顿内阁的失败》和《英国即将来临的选举》等文章中强烈谴责英国对中国人民犯下的暴行。例如，在《英中冲突》一文中马克思谈到英国以亚美利加号轮船为借口在广州与旧中国当局发生的冲突时指出，"在全部事件过程中，错误是在英国人方面"①。并在《英人在华的残暴行动》一文中将英国其后以亚美利加号为借口对广州发动的战争称为一场"极端不义的战争"②，并严厉谴责了英国军队对中国人民的屠杀。"广州城的无辜居民和安居乐业的商人惨遭屠杀，他们的住宅被炮火夷为平地，人权横遭侵犯，这一切都是在'中国人的挑衅行为危及英国人的生命和财产'这种站不住脚的借口下发生的！英国政府和英国人民——至少那些愿意弄清这个问题的人们——都知道这些非难是多么虚伪和空洞。"③ 马克思还谴责英国报纸对英国人在华的残暴行为的包庇行径，"英国报纸对于旅居中国的外国人在英国庇护下每天所干的破坏条约的可恶行为真是讳莫如深！"④ 恩格斯的立场与马克思相一致，1857 年恩格斯在发表在《纽约每日论坛报》的文章《波斯和中国》中呼吁，"我们不要像道貌岸然的英国报刊那样从道德方面指责中国人的可怕暴行，最好承认这是'保卫社稷和家园'的战争，这是一场维护中华民族生存的人民战争"⑤。并且，马克思对待英国等殖民者对经济落后国家的暴力干涉的谴责态度是一贯的，例如在《不列颠在印度的统治》一文中，马克思谴责"英国在印度斯坦造成社会革命完全是受极卑鄙的利益所驱使"⑥。

　　另一方面，马克思恩格斯认为经济落后国家的落后的、在狭隘的区域

---

　　① 《马克思恩格斯论中国》，人民出版社 2018 年版，第 21 页。
　　② 《马克思恩格斯论中国》，人民出版社 2018 年版，第 54 页。
　　③ 《马克思恩格斯论中国》，人民出版社 2018 年版，第 54 页。
　　④ 《马克思恩格斯论中国》，人民出版社 2018 年版，第 54 页。
　　⑤ 《马克思恩格斯论中国》，人民出版社 2018 年版，第 64—65 页。
　　⑥ 《马克思恩格斯文集》第 2 卷，人民出版社 2009 年版，第 683 页。

内的民族的生产方式，被更加先进的生产方式取代是实现人类解放的必然环节。在这一逻辑理路中，经济落后国家的旧制度和生产方式越早解体，进入资本主义国家推动世界历史进程中，就越有益于全人类解放的尽早实现。对此，马克思曾将以印度和旧中国为代表的"资本主义以前的、民族的生产方式具有的内部的坚固性和结构"① 视为影响人类解放历史进程的现实障碍。例如，马克思曾愤慨地描述了清政府统治下的旧中国落后而不自知的状况，"一个人口几乎占人类三分之一的大帝国，不顾时势，安于现状，人为地隔绝于世并因此竭力以天朝尽善尽美的幻想自欺。这样一个帝国注定最后要在一场殊死的决斗中被打垮"②。

　　而恩格斯在《共产主义原理》中指出，"由于在世界各国机器劳动不断降低工业品的价格，旧的工场手工业制度或以手工劳动为基础的工业制度完全被摧毁。所有那些迄今或多或少置身于历史发展之外、工业迄今建立在工场手工业基础上的半野蛮国家，随之也就被迫脱离了它们的闭关自守状态。……因此，那些几千年来没有进步的国家，例如印度，都已经进行了完全的革命，甚至中国现在也正走向革命"③。由此，马克思恩格斯在谴责西方资本帝国主义对旧中国的侵略行径的同时，看到的是"旧中国的死亡时刻正在迅速临近"④。我们应该在这个意义上去理解马克思在《中国革命和欧洲革命》中的这一论断："满族王朝的声威一遇到英国的枪炮就扫地以尽，天朝帝国万世长存的迷信破了产，野蛮的、闭关自守的、与文明世界隔绝的状态被打破，开始同外界发生联系……"⑤ 并且在同一篇文章中，马克思用"正如小心保存在密闭棺材里的木乃伊一接触新鲜空气便必然要解体一样"⑥ 来比喻旧中国在英国殖民者的暴力打击下加速解体的状况。这些论断乍看起来会让坚持以马克思主义作为指导思想的现代中国人感到不适。马克思一向被现代中国人认为是真理的代表，可是他竟然这样看待历史上的中国，这不免让中国人感到有些颜面无存。这里，我

① 《马克思恩格斯论中国》，人民出版社 2018 年版，第 161 页。
② 《马克思恩格斯论中国》，人民出版社 2018 年版，第 70—71 页。
③ 《马克思恩格斯论中国》，人民出版社 2018 年版，第 130 页。
④ 《马克思恩格斯论中国》，人民出版社 2018 年版，第 66 页。
⑤ 《马克思恩格斯论中国》，人民出版社 2018 年版，第 6 页。
⑥ 《马克思恩格斯论中国》，人民出版社 2018 年版，第 8 页。

们要指出的是，我们应该在马克思恩格斯早年所构建的实现人类解放的可能路径的设想中去理解马克思恩格斯对旧中国的态度，在他们看来，"有一个事实毕竟是令人欣慰的，即世界上最古老最巩固的帝国……被英国资产者的印花布带到了一场必将对文明产生极其重要结果的社会变革的前夕"①，而旧中国只有扬弃前资本主义的落后状况进入资本主义推动的世界历史中，才能走上实现解放的道路。从而，他们积极地预料"过不了多少年，我们就会亲眼看到世界上最古老的帝国的垂死挣扎，看到整个亚洲新纪元的曙光"②。

马克思恩格斯把旧中国、俄国、印度等经济落后国家的旧制度及生产方式的解体，进入资本主义国家推动的以机器大工业生产为特征的世界历史阶段看作实现全人类解放的必要环节。正如恩格斯指出的那样，"大工业便把世界各国人民互相联系起来，把所有地方性的小市场联合成为一个世界市场，到处为文明和进步做好了准备，使各文明国家里发生的一切必然影响到其余各国"③。马克思和恩格斯甚至设想等到革命在欧洲爆发之时，"当我们的欧洲反动分子不久的将来在亚洲逃难，到达万里长城，到达最反动最保守的堡垒的大门的时候，他们说不定会看见上面写着：中华共和国自由，平等，博爱"④。

对于印度旧的社会经济结构状况，马克思在 1853 年《不列颠在印度的统治》一文中详尽地考察了英国殖民统治在印度原有社会经济结构解体中发挥的作用。马克思认为印度和旧中国类似，都是几千年来社会状况未有实质变化的国家。马克思指出，"从遥远的古代直到 19 世纪最初十年，无论印度过去在政治上变化多么大，它的社会状况却始终没有改变"⑤。其农业是分散的、以家庭为单位的小农经济，而手工业则同样是以家庭为单位的纺织业。印度"靠着手织业、手纺业和手耕农业的特殊结合而自给自足"⑥。

---

① 《马克思恩格斯论中国》，人民出版社 2018 年版，第 134 页。
② 《马克思恩格斯论中国》，人民出版社 2018 年版，第 66 页。
③ 《马克思恩格斯论中国》，人民出版社 2018 年版，第 130—131 页。
④ 《马克思恩格斯论中国》，人民出版社 2018 年版，第 134 页。
⑤ 《马克思恩格斯文集》第 2 卷，人民出版社 2009 年版，第 680 页。
⑥ 《马克思恩格斯文集》第 2 卷，人民出版社 2009 年版，第 682 页。

马克思从农业和手工业两方面分别考察了英国殖民统治对印度旧生产方式的破坏。从农业方面来看，印度原有的农业生产离不开高度集权的政府的干涉，而英国殖民者接替了旧的印度政府的统治职能，却未接替旧政府对农业的公共服务职能，从而导致印度的农业衰败。马克思指出，"在亚洲，从远古的时候起一般说来就只有三个政府部门：财政部门，或者说，对内进行掠夺的部门；战争部门，或者说，对外进行掠夺的部门；最后是公共工程部门"①。公共工程部门主要承载由政府服务于分散的小农经济生产方式的一种经济职能，即利用政府的中央集权来组织建设人工灌溉设施、防洪等基础社会工作。而马克思指出，"不列颠人在东印度从他们的前人那里接收了财政部门和战争部门，但是却完全忽略了公共工程部门"②。从而，印度的农业生产衰败下来。从手工业方面来看，马克思指出，"曾经造就无数训练有素的纺工和织工的手织机和手纺车，是印度社会结构的枢纽"③。并且，从远古时期开始，欧洲就从印度进口这些精美的棉纺织品。但是，"不列颠入侵者打碎了印度的手织机，毁掉了它的手纺车"④。这一历史进程是这样展开的：起先，英国用其机器大工业生产的棉织品占据了欧洲市场，将印度的手工业棉织品挤出了欧洲市场；接下来，又向印度出口其工业产品——棉纱，从而占据了印度市场。从而，造成了印度手工纺织业的衰败。

可以说，英国的殖民入侵和殖民统治摧毁了印度旧的社会经济结构，后者构成了印度现实生活生产与再生产的方式，从而造成了印度广大人民的生活陷入难以为继的灾难中。而马克思对此的看法是，虽然"从人的感情上来说，亲眼看到这无数辛勤经营的宗法制的祥和无害的社会组织一个个土崩瓦解，被投入苦海，亲眼看到它们的每个成员既丧失自己的古老形式的文明又丧失祖传的谋生手段，是会感到难过的；但是我们不应该忘记，这些田园风味的农村公社不管看起来怎样祥和无害，却终究是东方专制制度的牢固基础"⑤。这种旧的社会经济结构的解体是印度人民走上解

①《马克思恩格斯文集》第 2 卷，人民出版社 2009 年版，第 679 页。
②《马克思恩格斯文集》第 2 卷，人民出版社 2009 年版，第 680 页。
③《马克思恩格斯文集》第 2 卷，人民出版社 2009 年版，第 680 页。
④《马克思恩格斯文集》第 2 卷，人民出版社 2009 年版，第 680 页。
⑤《马克思恩格斯文集》第 2 卷，人民出版社 2009 年版，第 682 页。

放道路的必然环节。对此，在马克思看来，问题不在于英国殖民者促使印度发生社会革命的动机是否光彩，尽管其并非出于让印度走上人类解放的道路的动机，而是受"极卑鄙的利益所驱使"，但是就行为的结果来说，如果包括印度在内的亚洲没有这一社会革命就不能走上人类解放的道路的话，"那么，英国不管犯下多少罪行，它造成这个革命毕竟是充当了历史的不自觉的工具"①。

　　在马克思恩格斯看来，对于旧中国、俄国、印度这些经济落后国家来说，他们唯一具有能动性选择空间的只是在于，是由他们自己发展起大工业来破坏旧的生产方式，还是由外来的资本帝国主义的冲击来完成。例如，恩格斯在 1892 年写给俄国的尼古拉·弗兰策维奇·丹尼尔逊的信中回应丹尼尔逊对俄国国内正在发生的旧的经济结构被破坏，以致农民无法生存的状况时指出，"……您抱怨机器生产的产品正在排挤家庭工业的产品，从而破坏农民赖以生存的副业生产；可是，这是资本主义大工业的一个全然不可避免的后果"②。"俄国人必须作出抉择，他们的家庭工业是由本国的大工业还是由英国商品的输入来消灭。"③

　　总之，马克思恩格斯是从实现人类社会共同发展的角度去理解亚洲前资本主义社会在资本帝国主义的入侵中解体的。如前文所述，我们不应把这种立场理解为一种欧洲中心主义，而是应该在现实的历史进程中客观地去看待马克思恩格斯早年对实现人类解放道路的构想，即确是由欧洲率先发展出了能够为实现共产主义所需要的物质基础的生产方式。但是，在马克思恩格斯晚年，世界历史进程的变化状况使得马克思恩格斯开始思考实现共产主义从而实现人类解放的其他可能道路。

三　马克思恩格斯不同于实现人类解放早期构想的思考

　　在 19 世纪七八十年代，马克思恩格斯根据世界历史的发展形势的变化，开始思考通向共产主义从而实现人类解放的其他可能道路。世界历史的发展形势的变化主要表现为以下两方面。

----

① 《马克思恩格斯文集》第 2 卷，人民出版社 2009 年版，第 683 页。
② 《马克思恩格斯文集》第 10 卷，人民出版社 2009 年版，第 634 页。
③ 《马克思恩格斯文集》第 10 卷，人民出版社 2009 年版，第 635 页。

　　一方面，资本主义体系虽多次爆发经济危机，但经济危机尚未使资本主义体系崩溃。在1879年写给尼古拉·丹尼尔逊的信中，马克思谈到英国当前的工业危机时指出，与1857年和1866年发生的两次影响英国经济的世界经济危机相比，1879年英国的工业危机呈现出新特征：一是与此前的经济危机往往是在英国率先出现不同，"这一次的现象十分特殊……在英国的危机发生以前，在美国、南美洲、德国和奥地利等地就出现如此严重的、至今几乎已经持续五年之久的危机，这还是从来没有过的事"①。二是相比前两次危机，英国资产阶级对这次危机更加绝望。马克思说："我还从来没有经历过类似的情况，从来没有目睹过这种惶惶不可终日的现象，尽管1857年和1866年我都在伦敦。"② 在马克思看来，尽管这次危机比以往的危机波及范围更广、持续时间更长、破坏程度更强，但是由于一方面拥有大量贵金属储备的法兰西银行对英国银行的支持，另一方面则是美国对现金支付的恢复和英国其他工业区银行的较为稳定的状况。③因而英国的货币市场并未崩溃。马克思已经预料到，尽管这次危机与前两次危机有所不同，并且具体发展形势不明，但"它总会像以前的各次危机一样地过去，并且会开始一个具有繁荣等等各个不同阶段的新的'工业周期'"④。并且，资本主义国家似乎已经将周期性的经济危机带来的经济周期波动视为一种正常的生存状况。对此，恩格斯在1884年写给卡尔·考茨基的信中指出，"每隔十年一次的周期性危机引起的波动，也已经成了习以为常的生存条件"⑤。也就是说，经济危机本身尚未构成扬弃资本主义生产体系的充足力量，正如恩格斯指出的那样，"再要反对资本主义生产，就需要新的更强大的推动力"⑥。

　　另一方面，在典型资本主义国家，例如英国，阶级斗争形势并未如马克思恩格斯所曾期待那样持续地蓬勃兴起。资本主义生产方式内部的矛盾确实在英国最早暴露出来，早期的社会主义理论和无产阶级的反抗运动都

<hr/>

① 《马克思恩格斯文集》第10卷，人民出版社2009年版，第431页。
② 《马克思恩格斯文集》第10卷，人民出版社2009年版，第431—432页。
③ 参见《马克思恩格斯文集》第10卷，人民出版社2009年版，第432页。
④ 《马克思恩格斯文集》第10卷，人民出版社2009年版，第433页。
⑤ 《马克思恩格斯选集》第4卷，人民出版社2012年版，第572页。
⑥ 《马克思恩格斯选集》第4卷，人民出版社2012年版，第573页。

发源于那里就是现实表现。但是随着英国的资产阶级通过建立世界殖民体系的方式，将剥削范围扩展到世界上每一个可以利用的角落，确立了其在世界市场上的统治地位，英国的资产阶级为了缓和本国国内的阶级矛盾，将从全世界掠夺来的财富分了极小的一部分给了本国的无产阶级，这就使得英国国内的无产阶级生活状况得到改善，这使得英国内部的阶级矛盾得以缓解，再加上工会改良主义的影响，使得英国国内的阶级斗争逐渐沉寂。正如恩格斯指出的那样，"阶级斗争在英国这里也是在大工业的发展时期比较激烈，而恰好是在英国工业无可争辩地在世界上占据统治地位的时候沉寂下去的"①。

无产阶级斗争沉寂的背后的实质是英国国内的无产阶级同本国的资产阶级一起利用英国在世界市场上的垄断权间接地剥削世界上其他国家的广大劳动者。恩格斯在19世纪80年代已经注意到英国内部阶级的全体资产阶级化，即英国的无产阶级、残留的封建贵族，全部都资产阶级化了。在1882年回复卡尔·考茨基的信中恩格斯说道："您问我，英国工人对殖民政策的想法如何？这和他们对一般政策的想法一样：和资产者对它的想法一样。……工人十分安然地分享英国在世界市场上的垄断权和英国的殖民地垄断权。"②

此外，马克思还注意到发达资本主义国家的资产阶级利用本国无产阶级和外国无产阶级之间存在的利益冲突，将资产阶级和无产阶级的矛盾焦点转移为无产阶级之间的矛盾冲突。这具体表现为，当大量海外移民涌入并融入发达资本主义国家之后，这些海外移民以极低的工资水平在劳动力市场上和本国无产阶级形成了竞争，而发达资本主义国家本国的无产阶级的工资水平也随之降低。对此，发达资本主义国家本国的无产阶级并未将斗争矛头指向本国的资产阶级，反而在本国资产阶级的种族主义的煽动下，将愤怒转而针对移民，从而形成了无产阶级之间的分裂和斗争。

对此，穆斯托指出，"马克思很清楚，工人之间的冲突是资产阶级用来分散他们对资本主义社会真正问题注意力的强大武器，特别是在移民浪

① 《马克思恩格斯选集》第4卷，人民出版社2012年版，第632页。
② 《马克思恩格斯选集》第4卷，人民出版社2012年版，第548页。

潮出现之后"①。例如，马克思在 1870 年写给齐格弗里德·迈耶尔和奥古斯特·福格特的信中描述了英国工人对爱尔兰工人的敌对状态："英国所有工商业中心的工人阶级现在都分裂为英国无产者和爱尔兰无产者这样两个敌对阵营。普通的英国工人憎恨爱尔兰工人，把他们看做会降低自己生活水平的竞争者。英国工人在爱尔兰工人面前觉得自己是统治民族的一分子，正因为如此，他们就把自己变成了本民族的贵族和资本家用来反对爱尔兰的工具，从而巩固了贵族和资本家对他们自己的统治。他们对爱尔兰工人怀着宗教、社会和民族的偏见。他们对待爱尔兰工人的态度和以前美国各蓄奴州的白种贫民对待黑人的态度大致相同。而爱尔兰人则以同样的态度加倍地报复英国工人。"②此外，马克思还曾谈到过 1873 年美国经济大萧条背景下，美国无产阶级与中国工人的种族主义冲突，以及英国和美国"工人阶级之间不可能有任何认真的和真诚的合作"③等。也就是说，全世界的无产阶级不但未联合起来，相反，无产阶级内部矛盾变得日益突出，从而使典型资本主义国家内部的资产阶级和无产阶级之间的阶级矛盾被稀释和缓和。

我们看到，马克思恩格斯在世界历史的发展进程中，看到了典型资本主义国家通过建立世界市场以缓解和转移国内的经济危机和阶级矛盾，使得典型资本主义国内矛盾得以缓和，这便是迄今为止，在典型资本主义国家内，尚未发生无产阶级革命的根本原因。

正是这些世界历史进程的具体变化，使得马克思恩格斯开始思考通向人类解放的其他可能路径，如前所述，基于俄国、旧中国、印度的专制的社会政治制度、缓慢甚至停滞的经济发展等，马克思恩格斯一直把俄国、旧中国、印度视为实现人类解放总体进程中的主要障碍。但是，马克思恩

---

①　[意]马赛罗·穆斯托：《马克思的晚年岁月》，刘同舫、谢静译，人民出版社 2022 年版，第 57 页。

②　《马克思恩格斯选集》第 4 卷，人民出版社 2012 年版，第 484—485 页。

③　《马克思恩格斯选集》第 4 卷，人民出版社 2012 年版，第 485 页。事实上，这种资产阶级转移本国阶级矛盾的方式直到今天仍存在。例如，美国无产阶级与墨西哥等国移民的冲突，就是美国无产阶级并没有把自己苦难的生活状况归因于资本主义社会的真正矛盾之所在，归因于资本主义生产方式，反而将对自己生活水平的降低的愤怒指向了移民无产者，并为美国资产阶级所利用，例如被政治家特朗普利用，后者以恢复严苛的移民政策而赢得了美国底层无产阶级的选票支持。

格斯在 19 世纪七八十年代开始注意到俄国存在的革命形势。正如穆斯托所指出的那样，马克思"在他生命的最后几年里，他开始用不同的眼光看待俄国，他意识到在那里发生的一些变化可能会导致重大的社会变革。事实上，俄国似乎比英国更有可能引发一场革命"①。在 1882 年《共产党宣言》的俄文版序言中，马克思恩格斯对比了 1848—1849 年的俄国和 1882 年的俄国，指出在 1848—1849 年欧洲革命期间，俄国作为欧洲的原料产地和商品销售市场，构成了"欧洲全部反动势力的最后一支庞大后备军"②，是当时欧洲资本主义秩序的支柱。而 1882 年，在俄国沙皇亚历山大二世被革命党人刺杀后，亚历山大三世害怕被刺杀而终日躲藏在加特契纳行宫中不敢外出，被马克思戏称为"革命的俘虏"③，而"俄国已是欧洲革命运动的先进部队了"④。

里格比也指出，在马克思晚年时，"马克思提出了通向未来共产主义社会的另一种发展路径"⑤。在这种发展路径中，最先可能爆发革命的不是在资本主义世界体系的中心——英国、美国等发达资本主义国家，而是在这个资本主义世界体系的边缘——资本主义发展得较为薄弱的环节，如俄国这样资本主义经济薄弱的国家。前面我们谈到，在 1879 年英国爆发严重危机之前，在其他资本主义国家的危机已经持续五年之久。事实上，这本身表明了发达的资本主义国家因将其所有关系与社会化大生产的矛盾通过广大的世界市场和国际分工得以稀释和缓解，从而其国内矛盾只有当本国的资产阶级在世界市场上的垄断地位彻底丧失才会被激化。相反，在被纳入资本主义世界体系的经济落后国家，其国内本身的各种矛盾却由于经济发展的有限空间而被复杂化并激化。例如，俄国和旧中国不但遭受着本国内部旧的生产方式落后而导致不能满足社会对更先进生产力的需要，同时外国资本主义形式的帝国主义的压迫使得国内的矛盾更加复杂化并被

① ［意］马赛罗·穆斯托：《马克思的晚年岁月》，刘同舫、谢静译，人民出版社 2022 年版，第 70 页。
② 《马克思恩格斯文集》第 2 卷，人民出版社 2009 年版，第 7 页。
③ 《马克思恩格斯文集》第 2 卷，人民出版社 2009 年版，第 8 页。
④ 《马克思恩格斯文集》第 2 卷，人民出版社 2009 年版，第 8 页。
⑤ ［英］S. H. 里格比：《马克思主义与历史学：一种批判性的研究》，吴英译，译林出版社 2019 年版，第 13 页。

激化，从而表现出革命的形势。①

　　接下来的问题便是，如果资本主义生产体系的矛盾的激化并非率先表现在典型资本主义国家中，而是表现在被典型资本主义国家压迫而国内矛盾复杂化并激化的经济落后国家，那么，经济落后国家是否必须经历资本主义阶段才能通向共产主义？事实上，这一问题正是当时经济落后国家的社会主义者所关注的焦点问题。这一问题背后的理论逻辑是，实现共产主义需要以高度发达的社会生产力作为物质基础，而这一基础截止到马克思恩格斯所处的时代是由资本主义生产方式来创造的，因而，由前资本主义的生产方式占统治地位的国家由于其落后的生产力水平不具备实现共产主义的物质条件。例如，马克思恩格斯在《共产党宣言》中明确否定了在封建时代无产阶级通过革命直接实现自身阶级利益的可能。"无产阶级在普遍激动的时代、在推翻封建社会的时期直接实现自己阶级利益的最初尝试，都不可避免地遭到了失败，这是由于当时无产阶级本身还不够发展，由于无产阶级解放的物质条件还没有具备，这些条件只是资产阶级时代的产物。"② 也就是说，实现人类解放的共产主义的物质条件不是别的，正是高度发达的社会生产力。而在当时看来，高度发达的社会生产力在封建社会末期还不具备，而需要通过资本主义生产方式得以实现。

　　因而，这里的关键问题就在于发达的社会生产力是否只能经由生产的资本主义形式才能达成。马克思并非认为一切人类社会向共产主义的发展都必将经历资本主义社会这一阶段。在马克思给《祖国纪事》杂志编辑部的信以及给查苏利奇的信的几份草稿中都可以看到，马克思通过重新揭示其在《资本论》中关于资本主义起源的章节——原始积累章的实质，来回应其对资本主义作为社会主义的准备阶段的解读在俄国产生的误解，即将资本主义视为一切社会通向社会主义的必经之路。马克思指出，"关于原始积累的那一章只不过想描述西欧的资本主义经济制度从封建主义经

---

　　① 事实上，我们知道，俄国确实率先爆发了革命，并成功建立了社会主义政权，尽管马克思没能亲历于此，但俄国的十月革命证明了马克思晚年基于世界历史发展进程对扬弃资本主义生产方式的新思考是具有真理性的预见，后来旧中国在从 19 世纪初经历了近 150 年的社会动荡直至新民主主义革命胜利建立新中国，并进行了社会主义改造的实践亦是明证。

　　② 《马克思恩格斯文集》第 2 卷，人民出版社 2009 年版，第 62 页。

济制度内部产生出来的途径"①。马克思在给查苏利奇的信的三稿中指出，"我希望，现在我很荣幸地写给您的这一简短的说明，就足以消除对所谓我的理论的一切误解"②。并强调指出生产资料和生产者相分离作为资本主义的真正起源，这一运动只是在英国以及西欧各国进行了。"可见，这一运动的'历史必然性'明确地限制在西欧各国的范围内。"③ 但是，人们却常常将资本主义是封建社会瓦解后的自然发展趋势和必经阶段的观点指认为是马克思的观点。对此，马克思在给《祖国纪事》杂志编辑部的信中无奈地感叹道："我的批评家……一定要把我关于西欧资本主义起源的历史概述彻底变成一般发展道路的历史哲学理论，一切民族，不管它们所处的历史环境如何，都注定要走这条道路——以便最后都达到在保证社会劳动生产力极高度发展的同时又保证每个生产者个人最全面的发展的这样一种经济形态。……他这样做，会给我过多的荣誉，同时也会给我过多的侮辱。"④

马克思还举了其在《资本论》中关于古罗马的例子来论证"极为相似的事变发生在不同的历史环境中就引起了完全不同的结果"⑤ 的观点。古代罗马的自由农民也经历过土地被剥夺从而生产资料和劳动者相分离的运动，从而蕴含着大地产和大货币资本的形成。也就是说，古罗马已经具备发展资本主义生产方式的条件，一方面是除了自身劳动力以外一无所有的自由人，另一方面是占有财富的人。然而，古罗马并没有发展为资本主义社会，"罗马的无产者并没有变成雇佣工人，却成为无所事事的游民。……和他们同时发展起来的生产方式不是资本主义的，而是奴隶制的"⑥。进而，马克思要指出的是，要理解这些现象，需要到这些社会的具体历史条件中去研究它们的演变，而"使用一般历史哲学理论这一把万能钥匙，那是永远达不到这种目的的，这种历史哲学理论的最大

---

① 《马克思恩格斯选集》第3卷，人民出版社2012年版，第729页。
② 《马克思恩格斯选集》第3卷，人民出版社2012年版，第833页。
③ 《马克思恩格斯选集》第3卷，人民出版社2012年版，第833页。
④ 《马克思恩格斯选集》第3卷，人民出版社2012年版，第730页。
⑤ 《马克思恩格斯选集》第3卷，人民出版社2012年版，第730页。
⑥ 《马克思恩格斯选集》第3卷，人民出版社2012年版，第730页。

长处就在于它是超历史的"①。

也就是说，在马克思恩格斯看来，不能将西欧的发展道路视为可以强加于处于各种不同具体历史环境下的所有国家、地区和民族的宿命道路。马克思将俄国和西欧面临的社会转型问题进行对比时指出，西欧社会向资本主义转型的实质是"把一种私有制形式变为另一种私有制形式"②，而俄国面临的问题是是否必然"要把他们的公有制变为私有制"③。在马克思看来，正是因为俄国和西欧社会转型所处的历史背景和面临的关键问题截然不同，从而无论人们是否赞同俄国的公有制向私有制转变的选择，"都和我对资本主义制度起源的分析毫无关系"④。

在给查苏利奇的回信初稿中，马克思指出，"从理论上说，俄国……能够不经历资本主义制度……而占有资本主义生产使人类丰富起来的那些成果"⑤。恩格斯在 1893 年给尼古拉·弗兰策维奇·丹尼尔逊的信中也指出，"公社，在某种程度上还有劳动组合，都包含了某些萌芽，它们在一定条件下可以发展起来，使俄国不必经受资本主义制度的苦难"⑥。

正如穆斯托指出的那样，晚年的马克思开始"思考不同于他早年对共产主义构想的可能性"⑦。对此，我们要指出的是，马克思恩格斯对实现共产主义的早期构想和晚年的不同思考并非对立的，而是立足于资产阶级社会推动历史转变为世界历史后的矛盾的具体展开和变化形势。也就是说，随着世界历史进程的发展，马克思恩格斯敏锐地发现了随着世界资本主义体系确立，无产阶级和资产阶级矛盾的尖锐化并非表现在典型资本主义国家中，而是率先表现在被典型资本主义国家奴役和剥削的殖民地和半殖民地，后者中的无产阶级在遭受本国封建主义压迫的同时，已经同时遭受了外国资产阶级的压迫，因而更具爆发革命的现实基础。

---

① 《马克思恩格斯选集》第 3 卷，人民出版社 2012 年版，第 730—731 页。
② 《马克思恩格斯选集》第 3 卷，人民出版社 2012 年版，第 833 页。
③ 《马克思恩格斯选集》第 3 卷，人民出版社 2012 年版，第 833 页。
④ 《马克思恩格斯选集》第 3 卷，人民出版社 2012 年版，第 834 页。
⑤ 《马克思恩格斯选集》第 3 卷，人民出版社 2012 年版，第 826 页。
⑥ 《马克思恩格斯选集》第 4 卷，人民出版社 2012 年版，第 639 页。
⑦ ［意］马赛罗·穆斯托：《马克思的晚年岁月》，刘同舫、谢静译，人民出版社 2022 年版，第 6 页。

因而，那种以"发达工业国至今没有发生无产阶级革命"为依据来否定马克思主义社会历史理论的观点，是局限在一国、一地的狭隘视域下去看待历史唯物主义的结果。而在历史已经成为世界历史的背景下，对于实现共产主义的可能路径以及各社会形态的历史命运的判断，就不能局限于一国、一地的狭隘眼光，而应在资本主义推动构成的世界历史中的各个文明国家的交往和联系中去寻找答案。用"发达工业国"这样的词来把握一个社会，原本就是舍弃了工业国得以确立和维持其自身的生产方式的特殊性。在世界历史的进程中，先发工业国不是以别的方式，恰恰是以资本主义的方式实现和完成并继续维持其工业化的进程。而这种工业国从来不是局限于一国、一地的，而是通过对其他国家、地区、民族的人民进行海盗般的掠夺和敲诈勒索而建立了一个以先发工业国为中心，经济落后国家为边缘的世界经济体系，这是历史转变为世界历史的实质。先发工业国之所以未有无产阶级之革命，是因为其在"中心—边缘"的世界经济体系中，将中心国家的内部矛盾稀释和缓解了。而这种中心国家内部矛盾的稀释和缓解的实质是通过在空间上的扩张，从边缘国家为中心国家补充了大量廉价劳动力、自然资源以及世界市场这些资本增殖的必要因素，使得其资本主义工业生产得以维持，并缓和和稀释了中心国家内部矛盾。具体来说，中心国家通过直接在边缘国家开设跨国企业直接剥削边缘国家的廉价劳动力，掠夺其自然资源，将边缘国家的农业改造为为中心国家的资本主义工业而服务，将边缘国家作为其工业品转化为货币的市场，不仅如此，中心国家还通过银行向边缘国家政府借款，利用边缘国家买办阶级和商人高利贷阶级将剥削的触手伸向边缘国家的偏远乡镇，对偏远地区的人民进行剥削。这造成了对边缘国家的原有社会经济结构的破坏，使得边缘国家内部矛盾复杂化并激化，边缘国家的广大人民除受原有的已经腐朽了的统治阶级剥削外，现在又加上帝国主义的剥削，而本国腐朽的统治阶级在为维持其统治地位沦为帝国主义的殖民统治者的代理人之后，这种剥削加剧了。直至社会矛盾激化到只能用革命的手段来解决。以旧中国为例，19 世纪直到 20 世纪上半叶连续不断的革命浪潮就是以上述状况为社会历史根源，这些革命运动本身是资产阶级社会推动的世界历史进程中的内部矛盾的必然结果和表现。因而，发达工业国至今没有爆发无产阶级革命的历史事实，并非证伪了历史唯物主义，而是相反，除非中心国家采取新的缓解内部矛盾的方式，否则边缘国家的革命会反过来加剧中心国家的矛盾，从而加速资本主义生产体系的崩溃，在《中国革命和欧洲革命》一文中马克思就深入讨论了这一主题，前面已经讨论过，在此不再赘述。

尽管马克思恩格斯并未详细论述经济落后国家爆发革命后将如何实现生产力的发展并通向共产主义，但是，马克思以俄国为例，指明了像俄国这样的经济落后国家可以利用资本主义的文明成果却不经历资本主义制度的卡夫丁峡谷，通向共产主义。由此，我们看到，马克思恩格斯关于实现共产主义的早期构想和晚期构想实质上是基于同一个资本主义基本矛盾的不同发展阶段和具体形势，不同于在早期构想中东方社会只起到从属作用，在新的通达共产主义的可能构想中，东方社会将发挥更加积极主动的作用，甚至是主导作用。

第二节　资本主义转型的特殊性
及其狭隘之处

马克思晚年对社会发展理论的发展，被学者们概括为东方社会理论的内容，其立场是反对欧洲中心主义，后者将西方社会历史演进的特殊路径——资本主义路径视为人类社会自然演进不可避免的路径。但是，由于马克思晚年对此理论所做论述并不十分充分，从而后来的马克思主义者在阐释这一观点时，反而往往与西方主流观点共享一些基本假设，即认为如果没有阻碍资本主义发展的种种人为障碍，所有前资本主义社会按照自然演进历程都会发展至资本主义社会。尽管马克思从未断言人类社会都必然要经历资本主义阶段，但正如穆斯托指出的那样，"他发现自己不得不面对一种归咎于他的错误观点：资产阶级的生产方式在任何地方都是历史的必然"①。这种理解会导致将马克思晚年提出的"跨越资本主义制度的卡夫丁峡谷"理论视为一种偏离社会演化的自然规律的退而求其次的替代方案，其真实的世界历史意义被遮蔽。

---

① ［意］马赛罗·穆斯托：《马克思的晚年岁月》，刘同舫、谢静译，人民出版社 2022 年版，第 84 页。

一　资本主义转型的普遍性与特殊性问题

在马克思恩格斯对资本主义的批判为世人所知后，资本主义的历史性主要是在资本主义具有终点的维度上被理解。关于资本主义社会不是人类社会的千年王国，而是由于其内在矛盾有其终点的看法已为广大马克思主义者所认同。但是资本主义的起点问题未得到充分重视，具体地说，在人类社会演变历程中，向资本主义的变迁是否具有必然性、不可避免性从而具有普遍性的问题，包括马克思主义理论界在内的思想界则并没有形成类似对资本主义必然灭亡的观点的共识，表现为很多认同马克思主义的人与对资本主义起源的西方传统解释模式共享同一思想前提，即将资本主义理解为前资本主义社会发展的内在趋势和自然结果。而我们要指出的是，对资本主义转型的特殊性的揭示构成了马克思主义对资本主义历史性揭示的重要内容。对这一方面的内容的理解，直接关系到对人类社会以何种形式实现现代化，建立通向共产主义社会的物质、精神基础从而实现人类解放的现实道路的理解和选择。

在西方世界中的主流观点中，资本主义被视为人类社会历史悠久的交换活动在量上的扩张以及这种扩张带来的对封建主义的瓦解的自然历史结果，那些未能转型为资本主义社会的社会模式被认为是偏离了人类社会演化的自然规律和趋势。在这一西方主流观点中，商品交换活动从其在原始社会诞生之日起，就在本质上蕴藏着潜在的资本主义性质，只是外界的障碍——例如不恰当的国家形式、宗教以及文化上的束缚等阻滞了其发展为发达的商贸活动，一旦各种束缚、障碍被移除，资本主义就会被释放。

于是，对资本主义起源的西方主流研究将着重点放在揭示封建社会的各种障碍和束缚如何被清除，从而遵循了社会演进的自然规律而实现了进步发展，以及欧洲以外的社会如何因为种种人为障碍未能实现资本主义，从而落后而停滞。具体来说，欧洲社会之所以发展出了资本主义不是因为具有某些独特的因素，而是因为缺少某些因素，即对商贸活动的束缚和限制，而贸易的自发扩大和相伴而生的财富的积累就会自然导致资本主义的发展和成熟。由此，资本主义被认为并无什么独特的运动规律，只不过是商品交换中的一般经济逻辑获得了解放。正如伍德指出的那样，"绝大多数试图解释转型的学者都倾向于把资本主义独有的运动规律归纳总结并上升为一种普遍的历史发展原则"①。从而，根本就不存在所谓资本主义"转型"。

　　这种对资本主义起源的理解与 19 世纪的进化论思想相融合，形成了一种线性历史观，这种历史观认为历史将遵循既定的轨迹前进，社会形态的演进存在一个严格阶段序列，并且，"把资本主义世界作为它唯一的、一致的目的地"②。而这种观点在非马克思主义学者和马克思主义者中都具有深远影响。例如，在对马克思的历史唯物主义的理解中，就存在将马克思的历史观理解为线性史观，在这种阐释模式中，马克思对人类社会历史演进的设定与资产阶级线性史观的唯一区别只在于终点不同，即与资产阶级理论家认为资本主义社会是人类社会的终点不同，历史唯物主义被理解为以资本主义为必然阶段，但不是终点，而是以共产主义为终点。例如，在第二国际中就出现了这种无产阶级版本的线性史观，认为马克思主义对社会历史演进的设定"唯一不同于资产阶级版本的是，它预言了资本主义制度不可避免的'崩溃'之后会有一个最终阶段，也就是社会主义的出现"③。在这种线性史观的视域下，马克思晚年提出的"跨越资本主义制度的卡夫丁峡谷"被视为一种偏离社会演化的自然规律的勉强替代方案，其真实意义被遮蔽。

　　事实上，关于资本主义是不是不可或缺的社会阶段的问题，在马克思晚年已经构成了很多社会主义者关注的问题。例如，在 19 世纪 80 年代，俄国民粹主义者中温和的自由派代表米海洛夫斯基和俄国民粹主义激进分子查苏利奇关心的实质问题都是资本主义是不是不可或缺的社会阶段，通过二者的文章和信件，可以看出，米海洛夫斯基认为马克思更倾向于俄国应该加速进入资本主义，而查苏利奇在信中向马克思询问对俄国革命"生死攸关的问题"，并指出随着《资本论》在俄国的大受欢迎，俄国实现共产主义是否必然要经历资本主义的问题在俄国已经引起

---

① ［加］埃伦·米克辛斯·伍德：《资本主义的起源：学术史视域下的长篇综述》，夏璐译，中国人民大学出版社 2016 年版，第 44 页。

② ［意］马赛罗·穆斯托：《马克思的晚年岁月》，刘同舫、谢静译，人民出版社 2022 年版，第 45 页。

③ ［意］马赛罗·穆斯托：《马克思的晚年岁月》，刘同舫、谢静译，人民出版社 2022 年版，第 45 页。

巨大争论，并且持俄国必然要经历资本主义阶段的观点的人往往自称是"马克思主义者"，马克思"真正的学生"。① 晚年的马克思已然意识到理论界思想界将他的社会历史理论误解为资本主义是一切社会发展必经阶段的状况。尤其是查苏利奇在 1881 年写给马克思的信使马克思意识到有必要澄清自己关于资本主义转型的问题，并指出其对作为西欧的"现实的历史"——作为社会主义的前一阶段的资本主义的研究与一切社会是否必然要经过资本主义阶段才能实现社会主义完全是两回事。

事实上，这种对社会历史演进模式的线性误解对中国思想界也有深远的影响。例如，100 多年前在近代中国处在社会转型的十字路口时，作为将马克思主义译介到中国的第一人，梁启超认为，马克思提出的资本主义不是人类社会的终点，资本主义应该被共产主义所取代这一观点固然是对的，但是却认为马克思主义的革命理论并不适用于当时的中国。原因在于，马克思是基于典型资本主义国家这一社会现实基础而提出的无产阶级联合起来进行革命推翻资产阶级社会这一革命理论的，而中国根本不是一个资本主义工业国，根本没有广大的无产阶级这一革命主体，并提出，"吾以为社会主义所以不能实现于今日之中国者，其总原因在于无劳动阶级"②。从而，梁启超认为中国完全不具备利用马克思主义革命理论来解决社会问题的现实基础，并提出"故今日中国之社会运动，当以使多数人取得劳动者地位为第一义"③。也就是认为中国社会的首要任务应该是使中国人民受雇于资本家，从而使百姓温饱得以解决，然后才是如何解决接下来的社会弊病的问题。梁启超观点的思想前提正是将资本主义视为在移除封建社会的束缚后的当然之物，尽管资本主义不是人类社会的终极理想形态，但是社会主义是在资本主义之后才能到达的阶段。

这种线性史观在早期的中国共产党中也产生了影响，例如，在《中国革命与中国共产党》一文的第一章中也曾有这种说法："中国封建社会内的商品经济的发展，已经孕育着资本主义的萌芽，如果没有外国资本主

---

① 《马克思恩格斯选集》第 3 卷，人民出版社 2012 年版，第 1112 页。
② 梁启超：《梁启超全集》第 6 册，北京出版社 1999 年版，第 3331 页。
③ 梁启超：《梁启超全集》第 6 册，北京出版社 1999 年版，第 3329 页。

义的影响，中国也将缓慢地发展到资本主义社会。"① 在新民主主义革命胜利后，中国社会内部还存在走第三条道路的主张，乃至在中国的整个社会主义现代化进程中，每每在中国现代化进程遇到困难时，就有中国需要补上资本主义这一课的论调被重弹。这些观点虽然具体内容不同，但都与西方对资本主义转型的传统理解共享同一思想前提，即将资本主义作为前资本主义社会发展的内在自然趋势，将前资本主义社会中的商业贸易和商人视为潜在的资本主义和资本家，认为这些社会未能发展至资本主义社会的原因就在于种种人为障碍，包括来自社会内部的和社会外部的。只要破除了前资本主义社会中的重重障碍，其社会形式和其中的商人就会自然而然地发展为资本主义社会和资本家，并由此内在地形成了对社会形态更替的线性模式的认同。尤其是在苏联解体后，将资本主义视为人类社会历史演进的必经阶段成为西方资产阶级意识形态的主流观点，其影响被强化，无论是在其资产阶级形式还是无产阶级形式中。

正如伍德指出的那样，"从本质上讲，应该质疑的是那种将资本主义当作自然演进物的趋势，这种趋势掩盖了资本主义作为一种历史上独特的有始有终的社会形式的独特性"②。揭示资本主义社会转型作为人类社会历史演变过程中的一种特殊产物，而不是将其视为具有普遍性的一切人类社会都将遵循的自然演进结果，才能获得对历史唯物主义的正确理解，从而对当今不同现代化道路的世界历史意义的正确理解。穆斯托也指出，"马克思尤为关注资本主义的诞生和发展，他相信这将为他关于共产主义社会的理论提供更坚实的历史基础"③。

事实上，马克思在《资本论》及其手稿中对资本主义起源的考察，以及在晚年的《人类学笔记》中对前资本主义社会的考察，都揭示出了资本主义的历史特殊性，即欧洲所经历的资本主义历程并非具有普遍性，人类社会历史并非不可避免地按照一个严格的阶段次序演进。可以说，这部分研究内容没有被充分重视，是造成将历史唯物主义曲解为线性史观，

① 《毛泽东选集》第 2 卷，人民出版社 1991 年版，第 626 页。
② ［加］埃伦·米克辛斯·伍德：《资本主义的起源：学术史视域下的长篇综述》，夏璐译，中国人民大学出版社 2016 年版，第 56 页。
③ ［意］马赛罗·穆斯托：《马克思的晚年岁月》，刘同舫、谢静译，人民出版社 2022 年版，第 36 页。

以及在对历史唯物主义的线性理解模式下，对中国式现代化进程造成种种曲解的理论根源。

因此，我们认为，有必要在历史唯物主义的视域下，重新审视资本主义历史，以澄清资本主义所有关系形式对社会形式的特殊塑造，以揭示资本主义并非社会历史自然演进且不可避免的社会形式，如此，才能真正彰显超越资本主义文明形态，开辟人类文明新形态的中国式现代化道路的世界历史意义。

二　马克思对资本主义转型之特殊性的研究

马克思在深入政治经济学研究领域之后，尤其在《资本论》中对资本主义起源的考察中，得出了与西方传统理解模式不同的理解思路。在马克思的思路中，资本主义并不是先在存在于封建社会并且是社会演进的自然结果，一旦封建社会的障碍消除就会自然兴起。马克思通过对资本主义历史起点的考察，揭示了资本主义并非没有明确起点的前资本主义社会中商品贸易（市场）和财富在量上的扩大，而是揭示出，社会所有关系的转型才是真正的资本的原始积累，才是资本主义的真正起点。在马克思看来，资本主义所有关系的形成的特殊过程即"以自己的劳动为基础的私有制……被以剥削他人劳动即以雇佣劳动为基础的资本主义私有制所排挤"[1]，构成了其在给查苏利奇的复信的初稿中"明确地把这一运动的'历史必然性'限制在西欧各国的范围内"[2] 的原因。

下面我们具体来看一下马克思与以古典政治经济学为代表的西方主流观点对资本主义起源的不同理解。在以古典政治经济学为代表的西方传统观点看来，原始积累构成了资本主义起源的决定性因素。然而，在他们看来，原始积累只是物质财富的积累，与以往社会中的财富积累没有本质区别，即由精明和节俭的商人在商品贸易活动中完成的财富积累，后者使得资本主义社会中大规模投资、商品贸易得以可能。而一些马克思主义者也常常在古典政治经济学的同一框架下去理解资本主义的起源，其与后者的区别只不过是将原始积累的财富积累源泉进一步指认为帝国主义的殖民掠

---

① 《马克思恩格斯选集》第 3 卷，人民出版社 2012 年版，第 833 页。
② 《马克思恩格斯选集》第 3 卷，人民出版社 2012 年版，第 820 页。

夺行为，揭露了财富的原始积累的非正义性。这种对资本原始积累的理解佐证并强化了将资本主义理解为对原有社会在商品贸易（市场）和财富在量上的扩大，而并没有发生质的变化。可以说，在这种理解中，从前资本主义社会到资本主义社会并不存在"转型"，因为后者意味着质的变化，即资本主义社会具有全然不同的社会组织形式、运作机制，归根结底一句话，不同的运动规律。

正如伍德指出的那样，"马克思认为简单的财富积累并非资本主义起源的决定性因素"①。在马克思看来，资本主义转型的决定性前提不在于单纯的财富积累，而在于社会所有关系的转型。关于资本主义的原始财富积累，马克思认为，关键不是财富的来源问题，而是财富的性质问题。不管财富的来源是否正义，财富本身并不会构成资本，并不会产生资本主义。财富会转变为资本，其决定性因素在于社会产权关系的变革。正如马克思自己在给《祖国纪事》杂志编辑部的信中指出的那样，《资本论》原始积累"这一章叙述了使生产者同他们的生产资料分离，从而把他们变成雇佣工人（现代意义上的无产者）而把生产资料占有者变成资本家的历史运动"②。

伍德认为，"正是因为资本主义本身与先前时期商业活动的高度发展、科技的演化水平以及古典物质财富意义上的'原始积累'没有任何关系，故而要想解释资本主义的起源就是一件较难之事"③。而在马克思看来，资本主义社会正是在新的所有关系的形式下重塑了整个社会经济结构，并最终实现社会整体生产方式的变迁，构成了一种不同于前资本主义社会的独特的社会运动规律，实现了质的变化。毋宁说，这种认识在马克思进入政治经济学批判的主题研究之前尚未获得，而在《资本论》及其手稿中，马克思正是基于这一原理重新分析了资本主义的转型问题，从而与古典政治经济学及其主导的西方传统主流观点分道扬镳。

伍德指出，"至于资本主义体系的起源，即催生了独特资本主义社会产权关系及其运转机制的'所谓的原始积累'，马克思坚定地将其置于英

---

①　[加] 埃伦·米克辛斯·伍德：《资本主义的起源：学术史视域下的长篇综述》，夏璐译，中国人民大学出版社 2016 年版，第 26 页。

②　《马克思恩格斯选集》第 3 卷，人民出版社 2012 年版，第 729 页。

③　[加] 埃伦·米克辛斯·伍德：《资本主义的起源：学术史视域下的长篇综述》，夏璐译，中国人民大学出版社 2016 年版，第 56 页。

国的乡村"①。伍德考察了率先发生在英国农业领域的社会产权关系变迁，并将市场功能的转变视为决定性的力量。与法国等同时期的欧洲大陆不同，英国的封建领主们并不拥有军事、政治、司法上的巨大优势力量，即超经济权力较弱。由此，统治阶级对财富的获得并非主要依赖于用超经济强制手段直接掠夺农民的剩余劳动，而是主要依赖于其占有的大量土地所带来的经济权力，其地租的获得并非以法律形式来规定的固定地租，而是由市场条件规定的经济地租，后者并非由法律形式固定，而是主要由市场决定。在这一产权关系下，造成了经济参与者对市场的依赖性，无论是剥削阶级还是被剥削阶级都只有取得市场的成功才能获得更多经济收益。②也就是说，英国农业领域中市场的功能不仅在于提供交换他人劳动产品的机会，而且构成了对经济参与主体的迫切性压力。伍德用这一背景重新解释了圈地运动，认为圈地运动正是在以市场为导向的社会资源的配置中，土地所有者要把土地用于能够获得更多经济收益的羊毛制品所需要的原料生产的表现。"随着竞争性的市场力量逐渐确立起其在经济活动中的支配地位……市场迫切性的确加速了英国农业社会的两极分化，其中一极是更大规模的地主，另一极则是逐渐增多的无产者群体。地主、资本主义佃农、雇佣劳动力之间的著名的三角关系就是上述过程的结果。"③也就是说，正是市场的迫切性功能而不是市场的机会性功能加速了英国私有制性质的变迁。

　　毋宁说，伍德的研究为我们理解资本主义起源于英国的独特条件提供了非常大的启示，但是单凭市场迫切性功能完成社会范围内私有制性质的彻底变迁，即从"靠自己劳动挣得的私有制，即以各个独立劳动者与其劳动条件相结合为基础的私有制"向"资本主义私有制，即以剥削他人的但形式上是自由的劳动为基础的私有制"的转变④，需要一个如同达尔

----

　　① ［加］埃伦·米克辛斯·伍德：《资本主义的起源：学术史视域下的长篇综述》，夏璐译，中国人民大学出版社 2016 年版，第 35 页。

　　② 参见［加］埃伦·米克辛斯·伍德：《资本主义的起源：学术史视域下的长篇综述》，夏璐译，中国人民大学出版社 2016 年版，第 74 页。

　　③ ［加］埃伦·米克辛斯·伍德：《资本主义的起源：学术史视域下的长篇综述》，夏璐译，中国人民大学出版社 2016 年版，第 76 页。

　　④ 《马克思恩格斯文集》第 5 卷，人民出版社 2009 年版，第 873 页。

文描述的自然演化一般漫长的社会演化的过程，马克思将其称为"蜗牛爬行的进度"①。

可以说，在英国农业领域原本就存在的市场依赖性构成了私有制性质变迁的重要动因，但并非完成这一变迁的主要机理。而马克思则揭示出，在英国私有制性质变迁的社会过程中起主要作用的确是超经济强制力。以圈地运动等为代表的具有划时代意义的资本原始积累的方法对直接劳动者进行的剥夺是用最残酷无情的野蛮手段和一系列暴力方法而非市场迫切性的经济强制力完成的。对此，马克思指出，"事实上，原始积累的方法决不是田园诗式的东西"②。而主要是靠劫掠、杀戮、奴役、征服等经济强制力以外的暴力手段完成的私有制性质的变迁，并加剧了市场向迫切性功能的转变。因为在这一过程中"农村居民的被剥夺和被驱逐"意味着对劳动者不依赖于市场而获得生存的可能性的彻底消灭，"不仅为工业资本游离出工人及其生活资料和劳动资料，同时也建立了国内市场"③，并使得社会生产与再生产活动越来越依赖于市场，为工业资本主义的发展提供了条件和动力。

例如，无产者只有通过市场，把自己的劳动力卖出，才能获得生产资料的使用权和维持自身再生产所必需的生活资料。而剥削阶级则只有通过市场购买劳动力和生产资料组织生产，进而将无产者生产的商品成功卖出获得经济收益。这一社会转型过程加速了市场功能的转变。马克思将市场功能的这一转变描述为从"为买而卖"（其流通形式是 W—G—W）向"为卖而买"（其流通形式是 G—W—G'）的转换，二者的区别在于，在前者中，市场的主要功能是提供交换私人劳动的机会，是交换使用价值的中介，从而经济运动是有界限的。在后者中，市场的主要功能转变为迫切性，并构成调节生产的本原。在市场依赖性的社会再生产模式中，"这一循环的动机和决定目的是交换价值本身"④，无论多少货币都不过是"交换价值的有限的表现，从而具有相同的使命：通过量的增大以接近绝对的

① 《马克思恩格斯文集》第 5 卷，人民出版社 2009 年版，第 860 页。
② 《马克思恩格斯文集》第 5 卷，人民出版社 2009 年版，第 821 页。
③ 《马克思恩格斯文集》第 5 卷，人民出版社 2009 年版，第 857 页。
④ 《马克思恩格斯文集》第 5 卷，人民出版社 2009 年版，第 175 页。

富"①。马克思指出，"正是这种运动使价值转化为资本"②。"G—W—G'"
也就是资本运动的总公式。"因此，资本的运动是没有限度的。"③ 从而，
马克思揭示了资本的逐利本性并非源自西方主流观点所指认的某种追求自
身利益最大化的抽象的人类本性，而在于人们依赖于交换的共同活动的特
定方式。

　　现在我们再来看将资本主义等同于商品贸易活动的量上的扩增的自
然结果的传统观点，这种观点主要依托于资本主义社会表现为一种高度
发达的商品社会。所谓高度发达，是指商品构成社会财富的细胞。商品
是社会财富的最主要形式。这种传统观点将资本主义独特的运作机制及
其对提升劳动生产率的需求视为商业扩展不可避免的必然结果，即经济
因素只要在条件满足的情况下就会自动采取资本主义形式。但是，在马
克思看来，并非商品交换活动量的增加导致了资本主义，相反，马克思
专门考察过前资本主义社会的商品与资本主义社会的商品的区别，即资
本主义所有关系促使了整个社会的劳动社会化组织形式的改变，并且使
市场从一种补充性功能上升为一种对整个社会经济主体的强迫性，从而
才使得商品从前资本主义社会的从属性地位变为占据统治地位的财富形
式。因而，所谓高度发达的商品社会正是在资本主义所有关系形式下整
个社会经济结构、社会关系发生质的变迁的结果。以古典政治经济学为
代表的西方传统主流模式对资本主义起源的阐释陷入了循环论证，即以
资本主义在人类历史起点的预先存在来解释资本主义的起源问题，从而
资本主义与人类历史有着一样长的历史，起源问题被消解，随之被消解
的还有资本主义的独特性、历史性。

　　在马克思看来，正是在社会所有关系变迁的条件下，财富积累得以从
非生产性的资本主义，例如商人资本主义和高利贷资本主义转变为生产性
的资本主义——工业资本主义。也就是说，正是变革后的所有关系催生了
一种世界上从未有过的独特社会运动规律，伍德将资本主义特殊的运动规
律概括为"竞争与收益最大化的迫切性、对剩余价值进行再投资的冲动，

---

① 《马克思恩格斯文集》第 5 卷，人民出版社 2009 年版，第 177 页。
② 《马克思恩格斯文集》第 5 卷，人民出版社 2009 年版，第 176 页。
③ 《马克思恩格斯文集》第 5 卷，人民出版社 2009 年版，第 178 页。

以及对提升劳动生产率和发展生产力的系统化且持续的需求"①。与前资本主义的生产模式完全没有这种迫切性不同，资本主义生产模式恰恰"依赖于由竞争和受益最大化迫切性而导致的劳动生产率的提升"②。基于此，布伦纳将资本主义社会运行的首要原则指认为"冲动性或迫切性，而不是机会"③。所谓迫切性，指的就是竞争的压力。这种竞争压力并非市场所固有的，而是资本主义所有关系形式下对市场功能的重塑的结果。市场从看得见、透明性的交易场所变成了对社会经济主体具有压迫性的"看不见的手"的抽象机制。因而，市场规则并不是先验具备"看不见的手"的功能，后者是资本主义运动规律对市场的特殊形塑的体现。马克思指出，"交换延及一切生产关系……只有在资产阶级社会里，自由竞争的社会里，才得到充分发展，并且发展得越来越充分"④。值得指出的是，在这个意义上，并不存在所谓简单商品经济，即建立在以自己劳动为基础上的社会普遍的商品交换。因为，商品经济本身意味着以交换价值而非使用价值为目的进行生产的社会经济形式，它是以自己劳动为基础的私有制形式的全面解体为前提，同时也以生产者之间的全面依赖为前提。马克思指出，"这种互相依赖，表现在不断交换的必要性上和作为全面中介的交换价值上"⑤。这两个前提只有在资产阶级社会中才具备。

　　例如，尽管在前资本主义社会中，已经存在大量靠商品交换活动中产生的收益为生的商人，但是，这些商人的存在并不会使生产体系发生改变，不会导致后来在资本主义竞争意义下的生产方式的转型。社会的生产体系仍是以使用价值为目的的生产。伍德对资本主义与非资本主义商业活动之间的区别进行了考证，并指出，非资本主义商业活动的逻辑是"以

　　①　［加］埃伦·米克辛斯·伍德：《资本主义的起源：学术史视域下的长篇综述》，夏璐译，中国人民大学出版社 2016 年版，第 27 页。

　　②　［加］埃伦·米克辛斯·伍德：《资本主义的起源：学术史视域下的长篇综述》，夏璐译，中国人民大学出版社 2016 年版，第 41 页。

　　③　［加］埃伦·米克辛斯·伍德：《资本主义的起源：学术史视域下的长篇综述》，夏璐译，中国人民大学出版社 2016 年版，第 39 页。

　　④　《马克思恩格斯文集》第 8 卷，人民出版社 2009 年版，第 50 页。

　　⑤　《马克思恩格斯文集》第 8 卷，人民出版社 2009 年版，第 50 页。

互惠为原则的交易"①。这一原则适用于广泛的前资本主义社会，包括物物交换和以货币为中介的商品交换。以货币为中介的商品交换取代直接的物物交换本身与互惠原则并不冲突，也就是说，这个原则"本身并不产生受益最大化与竞争性生产的需求"②。

这些前资本主义社会的商人之所以能牟利，恰恰是以碎片化的市场的存在以及生产与交换之间的微弱联系为前提条件的。当资本主义竞争意义下的统一市场形成后，这些商人的牟利空间则反被挤压。柄谷行人曾研究过在不同市场之间来回移动的商人正是利用不同市场之间的价值体系的差异来牟利的状况，即"如果某种商品在某个地域因自然条件而得以大量的生产，那么，在其地域的诸商品关系中所规定的价格，便要和这种商品还没有被生产或者很缺乏的地域的价格不同。商人机敏快捷，在便宜的地方买入而在贵的地方卖出"③。这正是伍德所指出的以碎片化市场以及生产与交换之间只具有微弱联系为基本条件的前资本主义商业社会的特征。正是在这个意义上，马克思将"价格越来越由生产费用决定"④，也指认为是资产阶级社会的产物。伍德指出，"纵观历史，我们发现有许多城镇以及大规模贸易从未催生出任何资本主义。……更有甚者，某些拥有发达城市文化、成熟贸易体系以及复杂贸易网络的社会有效地利用了市场'机会'实现了贸易扩大和财富积累，然而却并未系统地经历……那种市场'迫切性'"⑤。

市场迫切性表现为对社会经济参与主体的强制力量，不论是直接生产者还是非直接生产者，在农业资本主义中是佃农和地主，在后来的工业资本主义中是工人和资本家，都以"市场成功"为其实现自身再生产的条件。正是在这个意义上，资本才构成一种社会力量。具体来说，

① ［加］埃伦·米克辛斯·伍德：《资本主义的起源：学术史视域下的长篇综述》，夏璐译，中国人民大学出版社 2016 年版，第 57 页。
② ［加］埃伦·米克辛斯·伍德：《资本主义的起源：学术史视域下的长篇综述》，夏璐译，中国人民大学出版社 2016 年版，第 57 页。
③ ［日］柄谷行人：《跨越性批判——康德与马克思》，赵京华译，中央编译出版社 2010 年版，第 202 页。
④ 《马克思恩格斯文集》第 8 卷，人民出版社 2009 年版，第 50 页。
⑤ ［加］埃伦·米克辛斯·伍德：《资本主义的起源：学术史视域下的长篇综述》，夏璐译，中国人民大学出版社 2016 年版，第 56 页。

资本"社会力量"的作用机制是以竞争作为外在强制手段施加于经济主体身上的市场迫切性压力。马克思指出,"从概念来说,竞争不过是资本的内在本性,是作为许多资本彼此间的相互作用而表现出来并得到实现的资本的本质规定,不过是作为外在必然性表现出来的内在趋势"①。只有能够以交换价值为导向进行生产要素配置、不断提高劳动生产率、加速再生产循环的资本所有者才能在市场中保住或扩大自己的财富;反之,则会丧失自己的财富。这使得既不是一个人,也不是一个机构的资本,通过资本家"有了意志和意识"②。在现实中具体表现为资本家在主观上,有谋求无休止增殖的动力;在客观上,在自由竞争的外在强制压力下要不断将占有的剩余价值重新投入资本循环中以不断实现资本积累和收益最大化。

由此,我们要指出的是,发端于英国农业领域的社会产权制度向资本主义私有制的变迁促使英国社会转型为了由市场迫切性支配的市场经济,并构成了作为生产的资本主义体系的起源。马克思将这一历史过程指认为"属于资本的形成史"③。因为这一过程展现的是人受资本统治的一种特殊形式的市场经济形式生成的历史过程,而"不属于受资本统治的生产方式的实际体系"④。换言之,以市场经济形式呈现出来的生产的资本主义体系在历史上是通过超经济强制手段以"狭隘的资产阶级形式"⑤被发明出来的,但是,与这一生产体系的历史形成过程不同,由市场迫切性支配的资本主义生产体系是以经济强制力来发挥作用的。

三 资本主义转型的社会机理及其狭隘之处

经济学家保罗·斯威齐认为,将封建社会向资本主义社会的转型过程理解为两种制度的直接对抗并一争高下的状态会犯严重的错误。⑥ 历史事

---

① 《马克思恩格斯文集》第 8 卷,人民出版社 2009 年版,第 95 页。
② 《马克思恩格斯文集》第 5 卷,人民出版社 2009 年版,第 683 页。
③ 《马克思恩格斯文集》第 8 卷,人民出版社 2009 年版,第 108 页。
④ 《马克思恩格斯文集》第 8 卷,人民出版社 2009 年版,第 108 页。
⑤ 《马克思恩格斯文集》第 8 卷,人民出版社 2009 年版,第 137 页。
⑥ 参见 [加] 埃伦·米克辛斯·伍德:《资本主义的起源:学术史视域下的长篇综述》,夏璐译,中国人民大学出版社 2016 年版,第 29 页。

实是，封建社会早已衰败并解体，经历了漫长的时期，才到达资本主义时代。在历史上，雇佣工人阶级在 14 世纪下半叶业已产生，却直到 16 世纪才开始资本主义的时代①，而其达到成熟，要推迟到 18 乃至 19 世纪。也就是说，在资本原始积累完成、资本主义私有制已经存在的相当长时间里，"生产方式本身还不具有特殊的资本主义的性质"②。也就是说，并不是资本主义冲破封建社会的桎梏，而是封建社会的衰败先行到来，资本主义的兴起是事后的事。我们要指出的是，伴随资本主义社会的转型过程，生产的资本主义体系的诸多内在矛盾也逐渐浮出水面，并展现出生产的资产阶级形式的"狭隘"之处。

1. 市场对生产力发展的形塑与生产力归资产阶级所有相结合的社会机理及其"狭隘"之处

伍德指出，"直到生存工具和自我再生产工具的生产过程都完全依赖于市场，资本主义生产模式才会出现"③。也就是说，随着工业资本主义的出现，生产方式才真正具有了马克思所说的"特殊的资本主义的性质"。下面我们就来分析一下生产方式的"特殊的资本主义性质"生成的社会机理及其内在矛盾。

一方面，以交换价值为导向的市场经济形塑了生产力发展的方向和速度，构成了资本主义生产方式具有伟大的文明作用的社会机理。也就是说，生产的资本主义形式并非如西方主流观点认为的那样，具有某种先验的运行逻辑，其运行的社会机理源自市场经济对生产力的特殊形塑。

对此，伍德批判地指出，"几乎无一例外，所有对资本主义起源的解释都变成了循环解读，即它们以假设资本主义在逻辑上的先行存在来论证其产生过程。具体而言，为了解释资本主义独特的追逐利润最大化的驱动力，它们假设在世界上存在一种追求利润最大化的普世理性。为了解释资本主义以技术手段来推动劳动生产率改进的驱动力，它们同样假设在劳动

---

① 参见《马克思恩格斯文集》第 5 卷，人民出版社 2009 年版，第 847、823 页。

② 《马克思恩格斯文集》第 5 卷，人民出版社 2009 年版，第 847 页。

③ ［加］埃伦·米克辛斯·伍德：《资本主义的起源：学术史视域下的长篇综述》，夏璐译，中国人民大学出版社 2016 年版，第 103 页。

生产率中存在一种持续不断的、几乎是自然而然发生的技术进步过程"①。这种观点直到今天仍有深远影响，例如，在对资本主义历史的研究中，学界至今存在着将以工业革命为代表的技术进步理解为一个奇迹般的技术改进，并构成了资本主义社会转型的开端的观点。

这里我们要强调的是，以工业革命为代表的技术进步本身需要在由市场迫切性支配的市场经济对经济参与主体的经济强制作用中予以解释。市场在资本主义社会主要不是发挥互补性劳动进行交换的机会的功能，而是发挥对社会生产主体的强制性功能。

在市场迫切性的强制作用下，市场经济对生产力发展的形塑表现为，市场经济形式下的生产力的发展并非没有方向，而是以获得交换价值为方向和尺度。社会生产的组织者不是为了满足社会成员的需求或是其个人消费欲望组织生产活动，相反，他们是"以发财为目的、以把一部分剩余价值再转化为资本为目的而进行生产的资本家"②。换言之，现实财富必须采取交换价值的形式，而不是使用价值本身的形式，才能被生产出来。从而，"使用价值的生产受交换价值的限制"③；从市场经济对生产力发展速度的形塑来看，以工业革命为代表的技术上的奇迹般的进步不是源自资产阶级出于推动社会进步而做出的努力，而是在市场迫切性具有的内在的持续提高劳动生产率的系统性强制作用的结果。从而，资本主义生产表现为"以生产力为尺度……进行生产"④，其具有"摧毁一切阻碍发展生产力、扩大需要、使生产多样化、利用和交换自然力量和精神力量的限制"的内在趋势。⑤ 正是在这个意义上，马克思将生产的"狭隘的资产阶级形式"下所实现的"工业进步"称为"资产阶级无意中造成而又无力抵抗"的结果。⑥

正如伍德指出的那样，"工业资本主义是资本主义运动规律的结果而

①　［加］埃伦·米克辛斯·伍德：《资本主义的起源：学术史视域下的长篇综述》，夏璐译，中国人民大学出版社 2016 年版，第 3 页。

②　《马克思恩格斯文集》第 8 卷，人民出版社 2009 年版，第 274 页。

③　《马克思恩格斯文集》第 8 卷，人民出版社 2009 年版，第 97 页。

④　《马克思恩格斯文集》第 8 卷，人民出版社 2009 年版，第 274 页。

⑤　《马克思恩格斯文集》第 8 卷，人民出版社 2009 年版，第 91 页。

⑥　《马克思恩格斯文集》第 5 卷，人民出版社 2009 年版，第 875 页。

不是原因"①。工业化并不是一个中立的技术过程，是在资本主义运动规律的作用下，在机器大生产阶段市场实现了对生产过程的彻底控制，资本主义也由此走向成熟。

另一方面，在资本主义私有制这一特殊社会关系基础上，市场经济带来的社会生产力的发展表现为机器、专利而被资产阶级占有，使得社会生产力的发展不仅不会缓解生产的资本主义形式在起源时期产生的社会贫富分化，相反，内蕴着生产力愈发展，社会贫富差距愈加大的社会趋势，市场经济的资产阶级形式的"狭隘"之处逐渐浮出水面。

马克思指出，"资本并没有发明剩余劳动"②。生产资料的所有者对社会剩余劳动的占有并非资产阶级社会独有的情况。进而，马克思揭示了资本主义剥削关系成为历史上剥削程度最强的剥削关系，源自作为市场经济与资本主义私有制相结合的社会机理。与前资本主义社会的统治阶级主要靠政治、军事上的超经济强制力来实现对直接劳动者的剩余劳动的占有方式不同，资产阶级对剩余劳动的占有完全是通过经济手段，在商品交换活动，在市场中来实现的，也就是说，市场成为资产阶级榨取剩余劳动的必要中介。而对交换价值的无限性追求，使得资产阶级与无产阶级的剥削关系，具有在历史上成为剥削程度最强的剥削关系的内在趋势。

而这一内在趋势在生产采取机器大工业体系的阶段变成了现实。我们在本书第二章中考察过，在资本主义的工场手工业阶段，由于资本和劳动者的雇佣关系以手工业生产为基础，因而劳动条件还在相当程度上依赖于直接劳动者的人身条件和经验，或者说，社会生产力还部分地与直接劳动者的自然存在结合在一起。这使得直接劳动者能够在争取社会剩余劳动的分配权力上与资本家进行一定程度的抗争。而到了劳动资料采取机器形式的阶段，如前所述，这本身是在市场迫切性的强制作用下资本家之间竞争的结果，机器作为劳动资料同过去无法与直接劳动者相分离的操纵劳动资料的技能的结合体，现在归资产阶级所有，并将一部分直接劳动者排挤出

---

① ［加］埃伦·米克辛斯·伍德：《资本主义的起源：学术史视域下的长篇综述》，夏璐译，中国人民大学出版社2016年版，第49页。
② 《马克思恩格斯文集》第5卷，人民出版社2009年版，第272页。

了生产过程，使之成为资本增殖所不需要的"过剩人口"。由于直接劳动者的生存完全依赖于市场，而市场上大量的"过剩人口"的存在构成了劳动者之间的竞争。从而，在占有和发展了的社会生产力的资产阶级面前，以原子化形式存在的直接劳动者已无力与之对抗。由此，劳动力的价值才得以被资产阶级压低到维持劳动力再生产的生活资料的价值的这一极限。正是在这个意义上，马克思指出，"工人之间的竞争仅仅是各资本竞争的另一种形式"①。

由此，资本主义私有制形式下，资产阶级对市场经济促进的生产力发展成果的占有，使得历史上剥削程度最强的剥削制度在机器大工业阶段变成现实。生产方式的"独特的资本主义性质"在此表现为，"过剩人口"的大量存在作为以社会生产力在资本主义私有制形式下发展的结果，同时构成了资本主义再生产的前提。资本主义社会再生产循环的机理使其不会因生产力的发展而缓解资本在起源阶段以超经济手段造成的贫富分化；相反，随着生产力的发展，社会贫富差距会不断加大，市场经济的资产阶级形式的"狭隘"之处由此显现。

2. 资本主义私有制形式下市场内容的重塑及其"狭隘"之处

从表面上看，市场经济的资产阶级形式似乎是虽然无产阶级受剥削，但人类社会实现了社会财富的高效积累。这也是斯密的观点，他把"资本积累看做普遍的国民财富和福利的绝对增加"②。然而，马克思指出，市场经济与资本主义私有制相结合的社会再生产循环中内蕴的"生产比市场扩大得快"③的矛盾，使得无论生产力有多发达，都避免不了周期性发生且愈演愈烈的经济危机。这其中的社会机理在于以下两方面。

一方面，资本主义私有制形式下市场内容被重塑。如前所述，生产的资本主义体系的运转方式与其历史起源的方式不同，后者主要依靠超经济强制力，而前者则主要依赖于表现为市场的迫切性的经济强制力。在作为生产的资本主义体系成熟时期的工业资本主义阶段，社会生产的组织者和直接劳动者完全依赖于市场。基于社会产权关系由"以个人劳动为基础

① 《马克思恩格斯文集》第 8 卷，人民出版社 2009 年版，第 179 页。
② 《马克思恩格斯文集》第 8 卷，人民出版社 2009 年版，第 264 页。
③ 《马克思格斯文集》第 8 卷，人民出版社 2009 年版，第 263 页。

的私有制"向"资本主义私有制"的变迁，越来越多的人成为除劳动力商品以外一无所有的无产者，而这些雇佣劳动者完全依赖市场获得维持其生存的生活必需品，这一人口规模广大的无产阶级的市场需求及其有限的消费能力，即"广大的生产者的消费只限于必需品的范围"①，使得社会生产的组织者资本家在市场依赖性模式的社会生产与再生产循环中以生产无产阶级的生活必需品为主，由此构成了市场在市场经济的"狭隘的资产阶级形式"下的特殊内容。正如伍德指出的那样，与前资本主义阶段的市场以进行贵族所需的奢侈品贸易为主要内容不同，生产的资本主义体系将市场形塑为"以廉价日常商品为主要内容的大众市场"②。从而，面对以无产阶级需求为主要内容的市场的局限性——有限的消费能力，市场迫切性的压力具体化为施加在生产者身上的"一种强调进行高收益、低成本生产的压力"③，也就是生产廉价商品的压力，这种压力强化了已经存在的市场迫切性，并且赋予了市场迫切性以特殊内容，即以经济强制力催生了具有成本敏感并通过技术改进以提高劳动生产率的投资需求。这使得资本主义市场经济表现为促进了人类基本生活用品的劳动生产率和产品的丰富程度的提升的积极效应。对此，伍德指出，"这就是人类在历史上所建立的第一种以市场'局限性'推动而不是阻碍了生产力发展的经济制度"④。

另一方面，在资本主义的市场中，"广大生产者［的需求］却总是被限制在平均的需要水平上"⑤，从而"生产比市场扩大得快"⑥，由此，生产力的不断发展的同时无法避免周期性且愈演愈烈的经济危机，在每次经济危机中越来越大的生产力被破坏这一资本主义市场经济的"狭隘"之处就浮出水面。

---

① 《马克思恩格斯文集》第 8 卷，人民出版社 2009 年版，第 268 页。

② ［加］埃伦·米克辛斯·伍德：《资本主义的起源：学术史视域下的长篇综述》，夏璐译，中国人民大学出版社 2016 年版，第 102 页。

③ ［加］埃伦·米克辛斯·伍德：《资本主义的起源：学术史视域下的长篇综述》，夏璐译，中国人民大学出版社 2016 年版，第 103 页。

④ ［加］埃伦·米克辛斯·伍德：《资本主义的起源：学术史视域下的长篇综述》，夏璐译，中国人民大学出版社 2016 年版，第 103 页。

⑤ 《马克思恩格斯文集》第 8 卷，人民出版社 2009 年版，第 275 页。

⑥ 《马克思恩格斯文集》第 8 卷，人民出版社 2009 年版，第 263 页。

这其中的社会机理在于，生产的资本主义体系是"以生产力为尺度"① 进行生产，这里的以生产力为尺度是指社会生产的组织者资产阶级"按照用一定量资本剥削最大量劳动的可能性"② 进行生产，而完全不考虑资本主义市场本身的局限性，即有限的支付能力。并且，市场迫切性的压力要求资本家作为社会生产组织者，同时也是社会剩余劳动的占有者不得不将其占有的社会剩余劳动尽可能多地投入再生产循环中，通过"投入生产的资本不断增长"以及"使用资本的效率不断提高"③，以生产力为尺度的生产不断扩大。然而，在市场经济条件下，生产出的劳动产品必须经由市场这一中介才能现实地构成社会再生产的因素，因而不断扩大的生产内在地要求一个不断扩大的市场。正是在这个意义上，马克思指出，"创造世界市场的趋势已经直接包含在资本的概念本身中"④。

而无产阶级的劳动力价值被压制到最低限度，是由要求最大限度地占有剩余劳动的生产的资本主义性质所决定的，从而导致生产必然比市场扩大得快。每经历一段时间的社会再生产循环，就会由于社会消费能力不足而使资产阶级以资本增殖为目的组织的社会生产的产品——商品——无法实现向货币的转换，而这就意味着社会再生产的中断，亦即经济危机的爆发。为了解决这一问题，在历史上资本主义国家通过战争、殖民、掠夺等方式将全世界任何一个可供掠夺的角落都纳入到资本主义再生产循环的体系中，在扩大可供掠夺的无产者数量的同时扩大世界市场。然而这一方式并不能真正避免这一危机，只在延缓危机爆发的同时，扩大危机波及的范围，使广大发展中国家人民在本国并未进入资本主义社会之时，就已经承受了资本主义内在矛盾带来的深重苦难，并构成了发展中国家在一定条件下能够转而走向社会主义的现实背景。

这里需要强调的是，建立在资本主义私有制基础上的市场依赖性的生产模式，不会因生产力的发展而缓解上述矛盾，这使得新一轮"生产比市场扩大得快"造成的社会再生产的中断，往往建立在生产力更加发达的基础上。

---

① 《马克思恩格斯文集》第 8 卷，人民出版社 2009 年版，第 274 页。
② 《马克思恩格斯文集》第 8 卷，人民出版社 2009 年版，第 274 页。
③ 《马克思恩格斯文集》第 8 卷，人民出版社 2009 年版，第 263 页。
④ 《马克思恩格斯文集》第 8 卷，人民出版社 2009 年版，第 88 页。

这也是新的经济危机往往比前一次经济危机造成更加恶劣后果的原因。对此，马克思指出，"资产阶级生产方式包含着生产力自由发展的界限"①。

此外，市场迫切性在资本主义私有制基础上的自发作用造成了社会中"每个人都互相妨碍别人利益的实现"，导致人与人的关系变成"一切人反对一切人的战争"②，使得社会再生产活动无法顾及社会全局的和长远的利益，内蕴着生态危机的必然趋势。

由此，马克思揭示出了，生产的资本主义体系带来的人类进步是与无可缓解的社会危害相伴而行的，其"狭隘"之处表现为随着社会生产力的发展，贫富分化、生态危机和周期性的经济危机不但不会缓解，反而会不断加剧。并且，马克思指明了资本主义市场经济的"狭隘"之处并非源自社会生产组织者资本家的贪婪本性，而是源自资本主义私有制形式下市场依赖性的社会生产体系运行的社会机理。

马克思对生产的资本主义体系转型的特殊性及其运作机理的揭示，使我们看到，"狭隘的资产阶级形式"并非市场经济"社会力量"作用的必然或唯一形式。正如黑格尔的辩证法可以被马克思扬弃其唯心主义形式，保留其辩证法的合理内核一样，市场经济也同样可以被扬弃其"狭隘的资产阶级形式"，而继承其"社会力量"的合理内核。从而，为跨越资本主义的卡夫丁峡谷的社会主义实践奠定了扎实的理论基础。

第三节　超越资本主义现代化道路的人类文明新形态

资本主义文明形态在创造了先进的生产力的同时，也使已经进入世界历史阶段的人类文明陷入种种危机之中，在人类尚未扬弃"以物的依赖性为基础的独立性"这一历史形态的大背景下，经济落后国家如何能够不通过"资本主义制度的卡夫丁峡谷"，既能够利用资本主义文明的先进成果实现生产力的发展，又同时能够使生产力为人民所有，走出一条不同于资本主义现代化道路的现代化道路，是扬弃生产的资本主义形式，推动

---

① 《马克思恩格斯文集》第 8 卷，人民出版社 2009 年版，第 267 页。
② 《马克思恩格斯文集》第 8 卷，人民出版社 2009 年版，第 50 页。

人类不断走向人类解放的道路的关键所在。在这个意义上，中国式现代化道路成功地创造了超越人受资本统治的资本主义文明形态的人类文明新形态，为实现人类解放贡献了中国力量，从而具有重大的世界历史意义。

一　经济落后国家不通过"资本主义制度的卡夫丁峡谷"的可能性

生产力水平落后的国家要实现生产力的发展，获得实现共产主义所必备的物质基础，是否具备不经历资本主义阶段的可能性？这是马克思恩格斯在关于共产主义构想中必须要面对的问题。在马克思看来，经济落后国家虽然并未在自己内部发展起发达的大工业，并未发展起先进的生产方式，但是因为其处于历史已经成为世界历史的阶段，各个文明国家已经不再是封闭在某个既定的地理空间中相互隔绝地自行发展，文明国家的发展已是处在广泛竞争和彼此需要的交往关系中了。在历史已经成为世界历史的背景下，尽管是由西方率先用资本主义生产方式实现了生产力的发展，但是先进的生产力已经能够被人类文明保存下来，即由于"交往成为世界交往并且以大工业为基础的时候……当一切民族都卷入竞争斗争的时候，保持已创造出来的生产力才有了保障"①。而这种被保持下来的先进生产力在一定条件下能够作为生产力水平落后国家的人民实现跨越资本主义的卡夫丁峡谷的历史前提。这是资本主义生产方式为人类文明的进步所作出的客观贡献，这个客观贡献给了经济落后国家创造历史的能动性空间，使得其具备在短时间内可以获得资本主义所创造的平均水平上的生产力，而无须自身经历资本主义的阶段。

晚年马克思在《给维·伊·查苏利奇的复信》的初稿中谈到俄国社会转型面临的关键问题抉择时指出，关于俄国的农业公社的可能发展路径问题，从先验的层面上说，农业公社在理论上同时存在着两种未来的可能，一是在资本主义生产中灭亡，二是存在直接转向共产主义的可能。"'农业公社'的构成形式只能有两种选择：或者是它所包含的私有制因素战胜集体因素，或者是后者战胜前者。先验地说，两种结局都是可能的，但是，对于其中任何一种，显然都必须有完全不同的历史环境。一切

---

① 《马克思恩格斯文集》第1卷，人民出版社2009年版，第560页。

都取决于它所处的历史环境。"① 在《给维·伊·查苏利奇的复信》的三稿中，马克思又强调，对于俄国公社的命运，绝不应以历史上"欧洲的经验为根据"②，历史上欧洲的农业公社都在私有制中消亡了，"但是，这是不是说，农业公社的历史道路必然要导致这种结果呢？绝对不是的。……一切都取决于它所处的历史环境"③。

那么，和西欧相比，俄国的历史环境有何独特性？对此，马克思指出，"它的历史环境，即它和资本主义生产同时存在，则为它提供了大规模组织起来进行合作劳动的现成的物质条件。因此，它可以不通过资本主义制度的卡夫丁峡谷，而占有资本主义制度所创造的一切积极的成果"④。也就是说，俄国选择历史发展道路的关键时期恰好是资本主义生产方式创造了巨大生产力成就的时期，从而俄国为了采用机器、铁路、轮船等，并不必然需要像西方那样先经过一段很长的机器工业的孕育期。俄国"和资本主义生产是同时存在的东西"，使得俄国存在"不经受资本主义生产的可怕的波折而占有它的一切积极的成果"的"进化的理论上的可能性"。⑤

当然，经济落后国家能够利用由发达资本主义国家创造的先进生产力这一文明成果，并非发达资本主义国家以促进经济落后国家的繁荣富强为目的，而是发达资本主义国家以将经济落后国家改造为适应资本主义生产体系，为发达资本主义国家的资产阶级利用世界上每一个可以利用的角落实现资本增殖为目的而带来的附带结果。例如，发达资本主义国家之所以愿意在经济落后国家进行修建铁路等基础设施建设，完全是为了要降低他们的企业所需要的原料的价格。他们在这些经济落后国家直接开设企业，也完全是为了直接利用当地的原材料和廉价的劳动力。但是，经济落后国家作为一个具备潜在工业资源的国家，如果工业国在落后国家运用机器，那么，落后国家就可以自己学习去制造机器。正如马克思在《不列颠在印度统治的未来结果》中指出的那样，"你一旦把

① 《马克思恩格斯选集》第3卷，人民出版社2012年版，第824页。
② 《马克思恩格斯选集》第3卷，人民出版社2012年版，第834页。
③ 《马克思恩格斯选集》第3卷，人民出版社2012年版，第836—837页。
④ 《马克思恩格斯选集》第3卷，人民出版社2012年版，第837页。
⑤ 《马克思恩格斯选集》第3卷，人民出版社2012年版，第821页。

机器应用于一个有铁有煤的国家的交通运输，你就无法阻止这个国家自己去制造这些机器了"①。至此，我们得出的结论是，在历史已经成为世界历史的阶段，经济落后国家可以利用先发国家已经取得的生产力成果。

但是接下来的问题是，以什么形式运用并发展这些生产力成果才能符合落后国家社会发展进步的需要，从根本上改善他们的社会状况。因而，就近代以来的经济落后国家来说，工业化作为现代化的重要内容，本身只是解决社会矛盾的必要条件之一，然而并不构成解决落后国家社会矛盾的充分必要条件。解决社会矛盾，需要发展了的生产力为人民所有，为人民服务。正如马克思在谈到当时作为英国殖民地的印度所指出的那样，"英国资产阶级将被迫在印度实行的一切，既不会使人民群众得到解放，也不会根本改善他们的社会状况，因为这两者不仅仅决定于生产力的发展，而且还决定于生产力是否归人民所有"②。

因而，在利用先发资本主义国家创造的人类文明成果之时，后发国家本身利用这些成果的方式构成了能否实现社会状况的改善和人民解放的重要因素。马克思对作为英国殖民地的印度的未来结果的揭示，清楚地指明了经济落后国家以作为殖民地的方式实现社会矛盾的解决是行不通的。这是因为，经济落后国家作为发达资本主义国家的无论是政治上还是经济事实上的殖民地或半殖民地，一方面，至多只能在未能引起与发达资本主义国家竞争的范围内实现生产力的发展，这构成了经济落后国家发展的上限。在发达资本主义国家能力范围内，其绝不允许经济落后国家对自己的利益的冲击和侵犯。另一方面，经济落后国家即使在这种方式下实现了"现实生活的生产与再生产"的正常社会运转，对于经济落后国家内部的各阶级来说，正如马克思所指出的那样，只是"对大地主、高利贷者、商人、铁路公司、银行家等等的确是非常有利的，但对真正的生产者来说却是非常悲惨的！"③ 也就是说，单单是被动地接受由发达资本主义国家构建的世界经济秩序是不能实现经济落后国家从根本上改善社会状况，实

---

① 《马克思恩格斯文集》第 2 卷，人民出版社 2009 年版，第 688—689 页。
② 《马克思恩格斯文集》第 2 卷，人民出版社 2009 年版，第 689 页。
③ 《马克思恩格斯选集》第 4 卷，人民出版社 2012 年版，第 533 页。

现人民解放的。独立自主,而非作为"外国征服者的猎获物"①,是经济落后国家实现发展、通向解放的道路的必要前提。

二 经济落后国家实现现代化的必要条件

下面我们以中国对现代化进程的探索为例,通过分析中国探索现代化的历史背景和社会矛盾,来揭示经济落后国家实现发展、通向解放的道路的必要条件。主要包括两方面,一是独立自主,二是实现生产方式的全面变迁以满足社会对更高水平生产力的要求。

我们首先来看第一个方面,独立自主何以作为以旧中国为代表的经济落后国家实现现代化的必要前提。这里首先需要指出的是,西方史学界流行的一种看待中国现代化进程的模式,就是"冲击—反应"模式,将中国的现代化进程视为西方对其冲击,中国的应对过程。这种观念本身仍有一定的前提,即旧中国的腐朽、静止、落后、野蛮,如果没有西方"文明"对其进行冲击,就没有其现代化的开启。换句话说,这是以欧洲历史经验为参考系去把握前现代中国社会历史进程的结果。而调换一下参考系,将欧洲历史经验参考系调换为中国历史发展参考系,就会发现所谓"冲击—反应"发生的背景恰恰是旧中国前现代化社会生产方式由盛转衰的历史时期。清朝末期社会底层的各种起义运动的连绵不断,就是农业化的郡县制衰落的表现。外国帝国主义的入侵固然起到了加速社会转型的作用,但是那种认为没有西方殖民入侵,中国将永远是僵死的腐朽的状况的观点同样是错误的。

马克思曾在谈到鸦片战争时指出,"满族王朝的声威一遇到英国的枪炮就扫地以尽,天朝帝国万世长存的迷信破了产,野蛮的、闭关自守的、与文明世界隔绝的状态被打破,开始同外界发生联系……"② 这里我们要指出的是,固然,作为封建帝国的旧中国无法与已经率先以资本主义生产方式实现工业化的英国进行竞争,构成了中国开始现代化探索之路的重要因素。然而,中国开启现代化探索,外部危机并非唯一决定性因素,而是外部危机恰与旧中国农业化郡县制的衰败这一内部危机相叠加,即旧的小

---

① 《马克思恩格斯选集》第 3 卷,人民出版社 2012 年版,第 821 页。
② 《马克思恩格斯论中国》,人民出版社 2018 年版,第 6 页。

农经济的经济结构和封建等级制度的上层建筑相结合的社会有机体已经无法满足社会有机体内部对于更发达的生产力的要求，使得旧中国原有的社会矛盾更加激化且复杂化，加剧了这一小农经济和封建等级制度结合体的社会衰败，使得原本可以勉强维持的小农经济和家庭手工业相结合的经济社会再生产几近中断。因而，从双重危机中去审视中国的现代化背景，才能理解中国现代化探索中面临的困难，以及中国共产党领导中国人民克服困难，开辟中国式现代化道路的历史意义。

近代中国面临的内部危机，是小农经济的郡县制已经走向衰落。这从17到19世纪的人均耕地面积的减少和人均粮食产量和剩余的下降可以看出。根据清代经济史专家郭松义对17—19世纪晚期的清朝农业状况的统计，1600—1887年清朝耕地总面积从725464千亩增长到1125960千亩，而总人口从120000千人增长到400000千人，因而，农民的人均土地面积从27.52亩下降为13.88亩，而农业人口人均粮食产量和余额皆大幅下降。人均粮食余额（指农民满足自身消耗后剩余）从1600年的469斤下降为1887年的47斤。[①] 从表面看来，由于人口的增长速度大于粮食等生活资料的增长速度，导致生活资料不能满足人口的需要。李怀印指出，太平天国农民运动"背后最重要原因，乃是不断膨胀的人口及其对资源的极大压力，导致经济剩余枯竭，乡村人口贫困化，以及大批游民不断涌现"[②]。这看起来似乎证实了马尔萨斯的人口理论。事实上，用马尔萨斯的人口理论来解释中国近代的衰败构成了西方研究中国近代社会危机的主流观点。这些观点都从19世纪中国人口的快速增长和土地资源的有限扩张之间的矛盾来解释19世纪中国社会危机。然而，这种阐释只是看到了表面现象，并且脱离了生产方式而单纯地谈论人口与资源的关系。而在历史唯物主义的视域下，则会发现，这是19世纪中国的农业和家庭手工业相结合的生产方式走向衰落的表现，其已无法满足社会日益增长的对更发达的生产力的要求。而这个问题也并非像马尔萨斯的人口理论所预言的那样，是个无解的永恒规律。马尔萨斯的人口理论没有考量生产方式这一变

---

① 参见李怀印《现代中国的形成：1600—1949》，广西师范大学出版社2022年版，第108页。

② 李怀印：《现代中国的形成：1600—1949》，广西师范大学出版社2022年版，第132—133页。

量，而在历史唯物主义的视域下，生产方式的转变，则可以解决马尔萨斯问题。事实上，中国后来以社会主义的形式实现了工业化，同样的土地面积上养育的中国人口已经远远超越 19 世纪的几倍，并全面建成了小康社会。

如果中国不是在封建农业文明衰败时期遭遇西方的资本帝国主义扩张，那么，中国会更加积极地应对。然而，历史没有假设。已经处于衰败期的中国封建等级制度和小农经济社会，外国帝国主义的入侵摧毁了旧中国社会原有的小农经济和家庭手工业结构，加剧了广大旧中国人民的贫困。正是在这个意义上，马克思指认了太平天国运动爆发的直接原因，"英国引起了中国革命"①。我们也应该在这个意义上去理解马克思在《中国革命和欧洲革命》中谈到西方"冲击"的那个著名比喻，"与外界完全隔绝曾是保存旧中国的首要条件，而当这种隔绝状态通过英国而为暴力所打破的时候，接踵而来的必然是解体的过程，正如小心保存在密闭棺材里的木乃伊一接触新鲜空气便必然要解体一样"②。

随着列强入侵的加剧以及地主阶级统治者与其日益结合并形成对帝国主义的依附关系，尤其是甲午中日战争后，西方主要资本主义国家先后过渡到帝国主义阶段，加紧了对海外殖民地半殖民地的争夺和剥削。对旧中国来说，表现为甲午中日战争后列强对旧中国的大量掠夺性的资本输出，直接利用旧中国的廉价劳动力和原料，把旧中国作为倾销其工业品的市场，除此之外，海关税收被外国帝国主义控制，外国银行在旧中国开办银行，以旧中国的买办商人、高利贷商人为中介，对旧中国人民进行剥削。也就是说，帝国主义的入侵使旧中国社会由一个垂死、衰败的封建社会转变为一个半殖民地半封建社会，原有的社会矛盾、社会问题不但一个也没有得到解决，更因为帝国主义的侵入，使得旧中国的社会矛盾更复杂，也更激化了。

这种特殊的历史条件使得旧中国的现代化道路不同于西方先发现代化国家探索现代化的道路的历史背景，中国不具备以向自然演化的缓慢进度自然扬弃封建社会生产方式的历史条件，社会矛盾的复杂化并激化使得旧

① 《马克思恩格斯论中国》，人民出版社 2018 年版，第 8 页。
② 《马克思恩格斯论中国》，人民出版社 2018 年版，第 8 页。

中国具有爆发革命的趋势。在鸦片战争后爆发了太平天国和捻军运动，而在后来又爆发了义和团运动，这些农民运动的爆发的历史条件与旧中国以往的农民运动不同，以往的农民运动只是农民阶级和地主阶级之间的矛盾，而马克思指出，太平天国以来的农民运动"发生的直接原因显然是：欧洲人的干涉、鸦片战争、鸦片战争所引起的现存政权的动摇、白银的外流、外货输入对经济平衡的破坏，等等"①。可以说，这些农民运动的兴起本身是帝国主义和半殖民地之间的矛盾的现实表现，而帝国主义面对作为其半殖民地的中国，其保障自己经济利益的方案就是发动第二次鸦片战争，即以海盗式的侵略和敲诈去使中国的封建统治者继续签订不平等条约，而这并不能解决上述结构性矛盾，只是激起广大中国人民的反抗，表现为农民运动接连爆发，在腐朽的地主阶级、软弱的资产阶级不能解决这些社会矛盾之时，中国无产阶级走上领导拯救民族危亡斗争的历史舞台。

我们知道，历史事实证明了中国共产党领导的无产阶级所开辟的现代化道路经受住了历史规律"事后"的检验。因而，从事后眼光对中国式现代化历程进行分析，有助于揭示在历史上时人所未能自觉到的一些历史活动的关键性作用和历史意义。但是，历史规律的强制机制只能是作为"事后"检验标准的方式发挥作用，而"结论在先"的"倒放电影"的阐释方式则往往将历史呈现为在历史规律的先验作用下注定会展开为既定的样子。因而这种阐释模式虽然肯定了中国式现代化历程对历史规律的符合，却是以将历史唯物主义的社会历史规律理解为现实必然与之相一致的先验原理为前提的，而后者却是马克思和恩格斯经由黑格尔的历史哲学并实现了对黑格尔历史哲学的唯物主义转化时早已超越了的旧历史决定论。正如恩格斯在 1886 年写给爱德华·皮斯的信中所指出的那样，"无论如何应当声明，我所在的党并没有任何一劳永逸的现成方案"②，在 1890 年恩格斯写给约瑟夫·布洛赫的信中，恩格斯再次强调，"否则把理论应用于任何历史时期，就会比解一个简单的一次方程式更容易了"③。这本身是恩格斯针对当时已经存在着将历史唯物主义矮化为一种流行的规律观的驳

---

① 《马克思恩格斯论中国》，人民出版社 2018 年版，第 122 页。
② 《马克思恩格斯选集》第 4 卷，人民出版社 2012 年版，第 582 页。
③ 《马克思恩格斯选集》第 4 卷，人民出版社 2012 年版，第 604 页。

斥。这种流行的规律观源自近代自然科学中发展起来并被扩而广之到其他领域的对规律的形而上学认识，即将规律视为恒定不变的、对事物起到单义决定的普遍必然性，乃是任何事物的发生发展都逃脱不开的普遍必然性。正如恩格斯写给查苏利奇的信中谈到俄国革命状况所指出的那样，"马克思的历史理论是任何坚定不移和始终一贯的革命策略的基本条件；为了找到这种策略，需要的只是把这一理论应用于本国的经济条件和政治条件。但是，要做到这一点，就必须了解这些条件"①。否则"不能冒昧地对那里在某一时期所应采取的策略的细节作出判断"②。

正如恩格斯在 1890 年写给约瑟夫·布洛赫的信中就历史规律的"事先"限定来指出的那样，"我们是在十分确定的前提和条件下"创造我们的历史，"其中经济的前提和条件归根到底是决定性的"③。对于中国的现代化进程来说，时人进行现代化探索的背景正是社会"现实生活的生产和再生产"的难以为继。而这正是前一阶段的社会历史进程在生产力的"归根到底"的决定性作用即"事后"作用的结果。小农经济和家庭手工业相结合的生产方式已经不能实现更高水平的生产力的发展，并在当时的社会有机体内外的复杂作用中表现为双重危机，也就是国内的连绵不断的农民起义和外国资本帝国主义入侵。这双重危机背后的实质是旧中国的生产方式及其生产关系对内不能提供维持社会有机体所需要的更加先进的生产力，对外则无法与以资本主义生产方式实现了新式生产力水平的西方国家进行国家间竞争。因而，社会陷入动荡，而这种动荡的状况一直持续了整个 19 世纪，直到 1949 年的中华人民共和国成立才结束动荡。而之所以如此，是因为在长达一个半世纪的时期内，导致"现实生活的生产和再生产"难以为继的社会矛盾始终没有得到根本解决。

在中国共产党领导中国人民取得革命胜利之前，近代中国先后经历了农民运动、地主阶级和资产阶级的改良和革命运动的失败，而失败的重要原因就在于其革命或改良不能自觉到近代中国社会的主要矛盾已经逐渐上升为帝国主义和中华民族的矛盾，不解决这一矛盾，就不可能推动社会生

---

① 《马克思恩格斯选集》第 4 卷，人民出版社 2012 年版，第 574 页。
② 《马克思恩格斯选集》第 4 卷，人民出版社 2012 年版，第 574 页。
③ 《马克思恩格斯选集》第 4 卷，人民出版社 2012 年版，第 604—605 页。

产方式的全面转型。

例如，在半殖民地半封建社会的背景下，农民是"现实生活的生产和再生产"难以为继的最终的直接承受者。因而，他们有着最强烈的意愿走出这一困境，恢复现实生活的生产。他们曾把造成这一困境的矛头指向地主阶级，如太平天国运动，后来也指向帝国主义，如义和团运动。但是，农民运动虽然切身感受到了地主阶级的腐朽、帝国主义的压迫对其现实生活的影响，其却始终未能明确帝国主义和封建主义的相互纠缠已经使得近代中国社会的主要矛盾上升为帝国主义和中华民族之间的矛盾，例如义和团运动甚至被地主阶级的代表清政府阴险地利用，一度打出"扶清灭洋"的口号，最后使得义和团所代表的近代中国革命浪潮被地主阶级投送到帝国主义列强的战争机器下而被镇压。

对此，中国共产党科学地指出，近代中国的封建主义和帝国主义紧密联合在一起。以至于不推翻帝国主义就不能推翻封建主义，不推翻封建主义就不能推翻帝国主义，就不能按照中国社会发展内部生产力和生产关系的矛盾运动的发展方向去解放生产力，真正解决社会矛盾，实现现代化。从第二次鸦片战争中外国资产阶级与近代中国地主阶级政权共同镇压太平天国革命伊始，"形成了外国侵略者与中国封建统治者联合镇压中国人民革命的形势，使中国封建统治者开始成为西方列强的附庸与工具"①。后来在中国半封建半殖民地的历史上，大地主阶级、大资产阶级的反革命政权发生过多次更替，从1861年慈禧发动的宫廷政变到袁世凯的复辟称帝，再到蒋介石的民国政府，其共同特点是每一个新反革命政权上台后都要先看西方帝国主义列强的脸色，争取获得西方帝国主义的认同、支持和贷款等援助。

而帝国主义列强要"把中国变成它们的工业品的市场，同时又使中国的农业生产服从于帝国主义的需要"②。它们非但不支持中国民族工业的发展，相反"对中国的民族工业进行直接的经济压迫，直接地阻碍中国生产力的发展"③。同时，对于近代中国已经腐朽衰败严重阻碍生

① 胡绳：《从鸦片战争到五四运动》，长江文艺出版社2019年版，第102页。
② 《毛泽东选集》第2卷，人民出版社1991年版，第629页。
③ 《毛泽东选集》第2卷，人民出版社1991年版，第629页。

产力发展的封建生产关系，帝国主义则将其作为自己统治近代中国的支柱和反动同盟。毛泽东同志在《新民主主义论》中也以日本为例明确指出，是"日本在中国发展它的资本主义，却不是什么中国发展资本主义"①。可以说，帝国主义和封建主义相互结合，共同阻碍着中国实现现代化。因而，中国共产党指出，反帝和反封建，即"民族革命和民主革命"的这两个基本任务本身是"互相关联"的。② 这里我们看到，封建主义和帝国主义是中国社会走出双重危机，实现社会进步发展、实现现代化的双重阻碍。破除这双重阻碍，是中国实现现代化的必要前提，从而才能理解中国共产党所领导的以"反帝反封建"为政治口号的新民主主义革命的历史意义。

　　中国共产党领导的中国现代化道路是在独立的基础上，利用西方资产阶级取得的生产力成果，使工业化进程与实现真正有益于中国进步发展相统一。这是将马克思的历史理论应用在中国的经济条件和政治条件的结果，并且是经过坚持不懈漫长现实斗争才争取来的。恩格斯曾指出，"无产阶级不通过暴力革命就不可能夺取自己的政治统治，即通往新社会的唯一大门"③。毛泽东同志清楚地认识到这一点，并在《中国革命和中国共产党》中指出，在异常强大的帝国主义和封建势力乃至资产阶级反对派的敌人面前，"中国革命的主要形式，不能是和平的，而必须是武装的。……因为我们的敌人不给中国人民以和平活动的可能，中国人民没有任何的政治上的自由权利"④。而恩格斯早已指明过无产阶级取得政治统治的关键保障，"无产阶级要在决定关头强大到足以取得胜利，就必须（马克思和我从 1847 年以来就坚持这种立场）组成一个不同于其他所有政党并与它们对立的特殊政党，一个自觉的阶级政党。可是，这并不是说，这一政党不能暂时利用其他政党来达到自己的目的。同样也不是说，它不能暂时支持其他政党去实施或是直接有利于无产阶级的、或是朝着经济发展或政治自由方向前进的进一步的措施。……可是，我只是在下列情况下才赞成这样做：对我们的直接的好处或对国家朝着经济革命和政治革

---

① 《毛泽东选集》第 2 卷，人民出版社 1991 年版，第 679—680 页。
② 《毛泽东选集》第 2 卷，人民出版社 1991 年版，第 637 页。
③ 《马克思恩格斯选集》第 4 卷，人民出版社 2012 年版，第 592 页。
④ 《毛泽东选集》第 2 卷，人民出版社 1991 年版，第 634—635 页。

命的方向前进的历史发展的好处是无可争辩的、值得争取的。而所有这一切又必须以党的无产阶级性质不致因此发生问题为前提。对我来说，这是绝对的界限"①。中国共产党就是这样一个代表着无产阶级利益的自觉的政党，他曾经支持资产阶级革命派的三民主义的主张。因为这一主张与无产阶级的利益在一定阶段上是一致的。后来国民党背弃了三民主义，中国共产党在毛泽东同志的领导下，坚持自己的阶级立场，坚决地与国民党进行了艰苦卓绝的斗争，并最终取得了政治胜利，即赢得了新民主主义革命的胜利，实现了民族独立和民族解放，摆脱了半殖民地半封建社会的状况，使得中国的现代化具备了必要前提，为将中国推向有利于无产阶级的利益的可能性方向去前进。

　　那么，经济落后国家要不通过资本主义的卡夫丁峡谷而利用资本主义的文明成果，独立自主只是必要前提，并不是充要条件。我们再来看经济落后国家实现现代化的第二个条件，就是实现生产方式的全面变迁以满足社会的需求。事实上，中国近代史上的农民阶级、地主阶级、资产阶级不能领导中国实现现代化的原因就在于其不能推动社会生产方式的全面变革，以更高水平的生产力对内满足社会需求，对外能够与长期并存的资本主义竞争的需求。也就是说，阶级斗争的成败与这个阶级能否使中国实现现代化是两个问题。或者说，即使某个阶级在阶级斗争中短暂获得了胜利，但如果其无法使中国完成生产方式的变迁，其就无法获得其政权的稳固性，而终将在历史规律"事后"的强制作用下，被赶下历史舞台。

　　例如，地主阶级在中国漫长的历史上确实存在着不少成功窃取了农民革命成果，将后者变为实现地主阶级主导的王朝更替的历史经验。也有很多地主阶级统治者是通过调整政策实现王朝统治的"盛世"的。但是，地主阶级内部进行调整以使封建王朝得以延续的实质是，在当时的生产方式下，可以通过生产关系的微调，缓和阶级矛盾，促进生产力的发展。从而，作为统治阶级的地主阶级能否解决社会矛盾的限定性条件是，是否可以通过在小农经济的生产关系的范围内通过生产关系的微调以缓解社会矛盾。如果可以，那么，地主阶级可以做到。例如中国历史上每个封建王朝在刚刚掌握政权时都采取轻徭薄赋的政策，以及在统治期间采取了一条鞭

---

① 《马克思恩格斯选集》第 4 卷，人民出版社 2012 年版，第 592—593 页。

法、摊丁入亩、火耗归公等诸如此类的政策都是如此。甚至在清朝统治的全部非战争时期（17世纪到19世纪的绝大部分时间），清政府都是采取轻徭薄赋的政策。因为相对于中国广袤的土地及其粮食产量来说，清政府较为固定的年消耗实在是个小数目，当然，这本身是社会的小农经济的生产方式所能容纳的生产力尚未耗尽的表现。但是如果社会矛盾的严重程度已经超出了小农经济的生产方式变革的范围，即不废除这个生产方式，就不能解决社会矛盾的程度。那么，地主阶级就做不到这样的自我革命了。因为小农经济的经济结构是地主阶级作为统治阶级的全部封建上层建筑得以矗立其上的全部社会经济基础。

从这方面可以解释为什么19世纪40年代以来面临帝国主义的入侵，地主阶级代言人清政府表现出来的一系列对外软弱妥协，对内顽强竭力镇压的态度。其社会根源在于当时地主阶级作为统治阶级的生产关系已经成为束缚生产力发展的桎梏，其表现为随着社会人口的增长，经济资源剩余耗尽，政府财政剩余严重不足，这是内部危机，而不幸的是，外部危机即帝国主义侵略在此时也出现了。在面临内部、外部几乎同时爆发的双重危机，由于国内经济衰退，政府可支配财政严重不足，统治阶级已无力同时克服双重危机。若是外部危机未在此时爆发，中国或有可能做出更为积极的应对，然而，历史没有假设。这时，在围绕地主阶级利益权衡利弊后，对外妥协，对内竭力镇压，是尚未了解资本主义这一生产方式，从而不能从世界历史的视野去看待19世纪中国面临的外部危机，还以以往历史经验中狭隘的边疆战略和边患处理方式对资本帝国主义的入侵进行衡量的清政府做出了当时最能符合统治阶级——地主阶级利益的决策。

根据清朝历史上丰富的边疆战略和边患处理方式，在以地主阶级为统治阶级的清政权看来，帝国主义与以往的蛮夷不同，其不欲颠覆其政权取而代之；相反，帝国主义还愿意帮助清政府镇压国内农民革命。① 而这在作为地主阶级代表的清政权看来，在内乱爆发之时同时爆发的外患并非以往之外患，竟可借外夷之力以平内乱，实为庆幸且窃喜之事。在今天看来

---

① 外国资产阶级虽然对清政府有着诸多的不满意，但是当他们发现如果没有这个强有力政权的镇压和维护，其在旧中国已经取得的各种利益将无法保障时，他们转而开始帮助清政府镇压农民革命，在太平天国运动和义和团运动中都如此。

这无疑是一种短视行为，然而指望这些从未了解资本主义生产方式的清政权能够用今天的全球化眼光去看待资本帝国主义的入侵，也是不可能的。因而，"封建地主阶级到了这个历史阶段已经彻底地堕落……不管外国侵略者如何欺凌与侮辱它，它也宁愿向他们妥协，甚至想依靠他们来求自己的生存。在第二次鸦片战争中，清朝封建统治者始终没有把外国侵略者当成真正的敌人，因为他们心目中的真正敌人不是别的，而只是革命的人民——太平天国"①。而内部汹涌的农民革命才是真正取而代之的，是要颠覆其政权的。因而，他们将广大被压迫的农民群众视为真正的敌人。正是基于各自的阶级利益，最终地主阶级和外国资产阶级联合起来对付他们共同的敌人——以农民为最主要群体的中国人民。当国内外的一切反革命势力团结起来的时候，革命的农民阶级却找不到任何其余能团结的阶级同盟者。结果是我们都知道了的，太平天国革命最后被旧中国地主阶级统治者和外国资产阶级反革命力量联合扼杀了。

然而，地主阶级虽然在阶级斗争中暂时获胜了，并且中国半殖民地半封建社会中的地主阶级当然愿意重新成为旧中国的真正主人，其所进行的洋务运动就是这种愿望的体现。能够船坚炮利，从而从帝国主义的威胁中解脱出来，并且能够强有力地镇压农民革命，是地主阶级利益的切身诉求。但是，由于其主导的微调性质的社会改良并不能真正改变旧中国的经济社会结构，不能实现社会生产方式的变迁以满足社会内外需求，从而使得其统治地位在 19 世纪以来的革命浪潮中不是简单由改朝换代就可以维系的，而是在一次又一次的革命浪潮中岌岌可危，并最终垮台。地主阶级不懂得，船坚炮利是要由一系列重工业支撑的，重工业又是需要轻工业和农业支撑的。在这一系列工业化的环节在旧中国全然缺失的情况下，即脱离了重工业发展的基础——发达的工商业、轻工业、农业，是不可能实现船坚炮利的目标的。

因而，在半殖民地半封建社会中地主阶级所主持的洋务运动的自我变革，只是看到了西方现代化在军事上的表现，其所谓通过学习西方的船坚炮利而自强的手段，不过是只学到了西方现代化的一些皮毛，未能看到西方军事上强大背后的社会变革，经济社会结构的整体变革。从而，洋务运

---

①　胡绳：《从鸦片战争到五四运动》，长江文艺出版社 2019 年版，第 104 页。

动因无法真正变革中国的经济社会结构，从而无法真正实现中国的现代化，中国的"自强"。在军工业上，其办洋务的过程中，兵工厂造出的各种船舰、枪械，几乎全流程需要向外国资产阶级进行购买，其实质只是丰富了外国资本家的口袋，最终对于地主阶级日益成为帝国主义统治中国的重要工具的状况没有实质改变。在工商业上，官督商办的企业一确立，就先利用封建等级制度来形成对该行业的垄断，并且是由腐朽的封建官僚进行管理，然而这一垄断只是限制了中国民族工商业的发展，而无法限制外国资本主义企业在中国的发展。其结果是中国民族工商业在封建主义和外国资本主义的夹缝中艰难生长，这就导致了中国大地主阶级和买办性质的大资产阶级占据中国统治阶级的位置，而中国民族资产阶级备受双重压迫从而弱小，同时又因为其在经济上对封建主义和外国资本主义的双重依赖而在革命中表现出软弱的面貌。因而，资产阶级虽也曾在中国近代史上短暂获得政权，但是与地主阶级的政权不能稳固的原因的实质一样，其不能推动中国社会生产方式的变迁从而解决社会内外需求，所以注定不能长久。在这个意义上，中国共产党领导的无产阶级政权在 20 世纪中叶建立后，也并不意味着社会主义获得了一劳永逸的胜利，而是只有实现生产方式的全面变迁，经受得住历史规律的"事后"的强制作用的检验，才能在与资本主义的长期并存中获得最终的胜利。

三　与资本主义并存的社会主义国家利用资本主义文明成果的条件

下面我们就讨论一下在资本主义尚未灭亡的前提下，经济落后国家采取社会主义制度而利用资本主义文明成果的有条件性。

首先我们要承认的是，在马克思恩格斯关于实现人类解放的早期构想中，社会主义与市场经济、资本是不相容的。而我们要指出的是，马克思恩格斯的这一观点是有前提的，社会主义与市场经济、资本不兼容的前提是社会主义出现在资本主义彻底消亡后，即在资本主义以市场经济的"狭隘的资产阶级形式"完成其为更高级的社会形态奠定物质基础的历史使命之后，因资本主义社会矛盾激化而爆发革命彻底消亡后才出现社会主义。在这一前提下的社会主义，是生产力高度发达的社会形态，其与市场经济的不兼容源自市场迫切性本身已经构成生产力发展的界限。正是在这个意义上，市场经济是以作为对生产力的"外部的刺激"的市场迫切性

"对生产力的控制"的方式促进生产力发展的。① 在马克思看来，市场的迫切性功能主导社会资源配置的市场经济，"只有当生产力需要外部的刺激而这种刺激同时又表现为对生产力的控制的时候，才表现为生产力发展的条件"②。这一历史阶段，人们依赖于交换的共同活动构成的生产关系独立于个人之外而与个人相对立。社会生产力以"个人从属于像命运一样存在于他们之外的社会生产"的方式实现发展。③

市场迫切性这一"外部的刺激"对生产力的控制表现为要求生产力遵守市场经济的纪律，即现实的财富、使用价值必须以交换价值的形式，才能成为生产的对象。从而，"使用价值的生产受交换价值的限制"④，或者说，交换价值构成了使用价值生产的界限。马克思进一步指出，"使生产力守纪律，在生产力发展的一定阶段上，会完全像行会等等那样成为多余和累赘"⑤。因而，市场经济"并不像经济学家们认为的那样，是生产力发展的绝对形式"⑥。以自由竞争为机制的市场经济作为只是在其作为与生产力发展水平相适应的阶段，才表现为生产力发展的条件。因而，在马克思所设想的在生产力高度发达时期登上历史舞台的社会主义时期，市场经济已因为构成了生产力发展的界限从而被扬弃。

进而我们可以合乎逻辑地推断出，如果社会主义出现在与市场经济相适应的生产力发展水平的这一历史阶段上，那么，社会主义利用市场经济恰恰是对生产关系与一定的生产力发展水平相适应，从而实现生产力发展的历史运动规律的遵循。如本章第二节所述，资本主义私有制虽然构成资本主义市场经济历史起源的实质，但要想利用资本主义的文明成果，本身并不必然要采取资本主义私有制。从而，经济落后国家是否应该利用市场经济来发展生产力，就不涉及是否向资本主义妥协的问题，而是与市场经济与生产力的关系，即市场经济表现为"生产力发展的条件"和"界限"的历史性条件，以及不通过"资本主义制度的卡夫丁峡谷"而进入社会

---

① 《马克思恩格斯文集》第 8 卷，人民出版社 2009 年版，第 96 页。
② 《马克思恩格斯文集》第 8 卷，人民出版社 2009 年版，第 96 页。
③ 《马克思恩格斯文集》第 8 卷，人民出版社 2009 年版，第 53 页。
④ 《马克思恩格斯文集》第 8 卷，人民出版社 2009 年版，第 97 页。
⑤ 《马克思恩格斯文集》第 8 卷，人民出版社 2009 年版，第 96 页。
⑥ 《马克思恩格斯文集》第 8 卷，人民出版社 2009 年版，第 96 页。

主义历史阶段的生产力发展水平密切相关。如果社会主义出现在与市场经济相适应的生产力发展水平的这一阶段之前或之后，社会主义都无须也不能采取市场经济这种形式，否则只会阻碍生产力的发展。马克思对市场经济作为"生产力发展的条件"和"界限"的研究，为社会主义探索利用市场经济的有条件性提供了最为扎实的理论依据。

我们在前文讨论过，在马克思晚年，资本主义矛盾在全球化的进程中获得其具体表现形式，使得世界革命形势发生了变化，并最终使得马克思重新思考实现人类解放的可能路径。其中机理在于，发达资本主义国家内部的社会矛盾在资本主义推动的全球化进程中被放大为资本主义发达国家和经济落后国家之间的矛盾而得以缓解，具体表现为发达资本主义国家内部的革命形势低落①，而经济落后国家在经受着封建主义生产关系已经成为生产力发展的桎梏而不能满足社会发展对先进生产力的需要的同时，还遭受着资本主义形式的帝国主义压迫而使社会矛盾复杂化并激化。经济落后国家的人民与资本主义形式的帝国主义、封建主义统治势力之间的矛盾成了经济落后国家实现社会生产方式转型过程中的主要矛盾，这使得经济落后国家可以在一定条件下建立社会主义。例如 19 世纪 80 年代的俄国就表现出了爆发革命的形势②，并构成了马克思晚年提出不通过"资本主义制度的卡夫丁峡谷"理论的现实基础。俄国通过十月革命率先于 20 世纪初建立了社会主义政权，构成了马克思恩格斯生前所不存在的资本主义和社会主义共存的状况。而中国在半殖民地半封建社会的背景下探索现代化的进程也处于类似的社会矛盾中，并在 1949 年成立中华人民共和国，摆脱了半殖民地半封建社会的状态，实现了民族独立和民族解放，获得了不通过资本主义的卡夫丁峡谷的必要前提，并于 1956 年完成社会主义改造，确立了社会主义制度，正式开始了跨越资本主义卡夫丁峡谷的社会主义探

---

① 参见《马克思恩格斯选集》第 4 卷，人民出版社 2012 年版，第 548 页。恩格斯在 1882 年回复考茨基的信中描述，"您问我，英国工人对殖民政策的想法如何？这和他们对一般政策的想法一样：和资产者对它的想法一样。……工人十分安然地分享英国在世界市场上的垄断权和英国的殖民地垄断权"。

② 参见《马克思恩格斯选集》第 4 卷，人民出版社 2012 年版，第 576 页。恩格斯在 1885 年写给查苏利奇的信中谈道："据我看来，最重要的是：在俄国能有一种推动力，能爆发革命。……在这个国家里，形势这样紧张，革命的因素积累到这样的程度，广大人民群众的经济状况日益变得无法忍受。"

索和实践。

　　需要指出的是，社会主义在生产力落后的国家率先确立，本身是资本主义矛盾在全球化进程中的具体作用方式的结果。同时，社会主义出现在生产力落后的历史阶段，意味着社会主义并非取得了实现人类解放道路上一劳永逸的胜利，而是需要在与资本主义的长期并存中实现生产力的发展方能经受得住被恩格斯所说的"经济运动"的"最强有力的、最本原的、最有决定性的"的作用的检验。① 所谓对中国社会应该先经历资本主义促进生产力的发展而后再实行社会主义，并因此质疑中国历史的不连续性的观点，其实质是混淆了生产力的发展在社会历史进程中的两种不同作用机制，即将恩格斯所指认的经济运动的"归根到底的作用"理解为生产力的发展在历史中的直接决定作用。而判断一个社会有机体的历史是否连续的实质不在于实现社会演变的具体形式，而在于这一演变最终是否实现了生产力的发展，从而成功解决了社会有机体"现实生活的生产与再生产"难以进行的现实危机。就中国的现代化道路来说，在新民主主义革命胜利后实现生产力的发展，是"事后"必须要完成的事。因而，社会主义利用作为资产阶级文明成果的市场经济、资本并非违背了马克思恩格斯的基本设想，相反是遵循马克思恩格斯所发现的历史发展规律的表现。历史表明，中国共产党领导的中国人民做到了这一点，尽管是经历了艰难的曲折探索，但终究经受住了经济运动的"归根到底的作用"的检验。

　　那么，社会主义应该在什么阶段上利用市场经济呢？是否应该在确立之初就立即利用市场经济来补生产力不够发达的课呢？例如，在中国探索现代化的进程中，"资本主义补课论"能够流行起来的原因就在于，其肯定了发展生产力对于中国社会的重要性，同时又因人们对市场经济、资本、资本主义与生产力之间的关系并不清晰，忽视了对市场经济"作为生产力发展条件"的有条件性。一种流行的关于社会主义市场经济的错误观点，用改革开放后的历史时期否定改革开放前的历史时期，即主张中华人民共和国在成立后应该立即实行市场经济，就可以尽快实现生产力的发展，少走许多弯路。这种看法则是"资本主义补课论"同一思想根源

---

　　① 《马克思恩格斯选集》第 4 卷，人民出版社 2012 年版，第 614 页。

的变种。

马克思对市场经济作为"生产力的发展条件"和"界限"的分析为经济落后国家选择实现社会主义现代化的合适手段提供了极为重要的理论依据。马克思在研究市场经济的资本主义形式时指出,"只有在生产力和交往关系发展到足以使资本本身能够开始作为调节生产的本原而出现以后"①,以往的生产关系和生产方式才成为生产力发展的限制。例如,封建行会组织在特定历史时期构成了生产力发展的条件而非桎梏,行会工业在历史上的繁荣时期正是在行会组织中找到了适应其发展起来的自由。行会组织只是构成了资本自由运动的界限和限制,进而,市场经济表现为生产力发展的适当形式,是以"生产力需要外部的刺激而这种刺激同时又表现为对生产力的控制"为前提的。②

以这一理论依据去重新审视中国的现代化探索,可以看到,新中国探索现代化的社会基础是旧中国留下来的"一穷二白"的烂摊子,基本的工业生产体系和国民经济体系尚未建立,此时以市场的自由竞争机制的"外部的刺激性"去配置有限、分散的社会资源并不是促进社会生产力快速发展的有效条件。相反,计划经济以政府的超经济强制力集聚配置已有的社会资源,才能够在短时间内完成初步实现工业化的目标,实现社会生产力的快速恢复,人民生活的迅速改善。这些历史事实证明了计划经济体制曾经是与中国生产力发展水平相适应的生产关系。而市场经济是在计划经济体制构成生产力发展的界限的阶段,表现为"地方、企业以及劳动者生产积极性受到压抑、生产效率不高、浪费比较严重、经济活力严重不足、人民生活水平提高过慢"等现象时被提上日程的。③

邓小平同志在 1992 年南方谈话中指出,"计划经济不等于社会主义,资本主义也有计划;市场经济不等于资本主义,社会主义也有市场。计划和市场都是经济手段"④。党的十四大明确将建立社会主义市场经济体制作为中国经济体制改革的目标。这里需要强调的是,作为经济手段的市场,以及建立市场经济的关键在于要使市场具备迫切性功能。也就是说,

---

① 《马克思恩格斯文集》第 8 卷,人民出版社 2009 年版,第 178 页。
② 《马克思恩格斯文集》第 8 卷,人民出版社 2009 年版,第 96 页。
③ 邱海平:《关于社会主义利用资本的几个理论问题》,《经济学动态》2022 年第 7 期。
④ 《邓小平文选》第 3 卷,人民出版社 1993 年版,第 373 页。

要使市场成为社会再生产所依赖的决定性环节，才能使市场发挥对生产力的"外部的刺激性"作用。从而，社会主义市场经济理论的产生并非向西方资本主义妥协的结果，而是中国共产党不断推进马克思主义中国化时代化的体现，其实质是要根据生产力发展的需要，调整生产关系，以市场迫切性提升社会资源的配置效率和生产效率，从而促进社会生产力的发展。对此，应该从市场经济作为"生产力发展条件"的"有条件性"去理解习近平总书记提出的"不能用改革开放后的历史时期否定改革开放前的历史时期，也不能用改革开放前的历史时期否定改革开放后的历史时期"论断的深刻内涵。① 许多落后国家在探索现代化的进程中从一开始就选择全面照搬西方资本主义市场经济模式，结果并未实现社会生产力的有效发展，可谓是现实中的反例。

对于中国式的现代化进程来说，无论是计划还是市场，其本身都只是实现生产力发展的手段，不是永恒的形式。党的二十大报告中强调"坚持社会主义市场经济改革方向"②，这并非将市场经济视为永恒的经济范畴，而是基于对"高质量发展是全面建设社会主义现代化国家的首要任务"③，而市场经济体制远未构成生产力发展的界限的科学认识的基础上。与市场经济的"狭隘的资产阶级形式"完全受制于市场迫切性，"即便是再充足的生产能力也无法对其起到缓解作用"不同④，社会主义利用市场经济的优势之一，就在于其能够克服市场经济的"狭隘的资产阶级形式"不会因生产力的发展而缓解市场依赖性的"狭隘"之处。到了市场经济本身已经构成生产力发展的界限的时期，市场以及资本将被新的手段取代，届时各种生产要素的使用价值一点儿也不会丧失，但却不是资本了。

① 《习近平谈治国理政》第一卷，外文出版社 2018 年版，第 23 页。
② 习近平：《高举中国特色社会主义伟大旗帜 为全面建设社会主义现代化国家而团结奋斗——在中国共产党第二十次全国代表大会上的报告》，人民出版社 2022 年版，第 28 页。
③ 习近平：《高举中国特色社会主义伟大旗帜 为全面建设社会主义现代化国家而团结奋斗——在中国共产党第二十次全国代表大会上的报告》，人民出版社 2022 年版，第 28 页。
④ ［加］埃伦·米克辛斯·伍德：《资本主义的起源：学术史视域下的长篇综述》，夏璐译，中国人民大学出版社 2016 年版，第 104 页。

四　中国式现代化实现"生产力的发展"和"生产力归人民所有"相统一的机理探索

马克思在《资本论》第一版序言中指出,很多国家"不仅苦于资本主义生产的发展,而且苦于资本主义生产的不发展"①。这是因为,市场经济在资产阶级的狭隘形式下具有文明和野蛮双重效应。一方面"创造出社会成员对自然界和社会联系本身的普遍占有"②。另一方面,其带来的"人类的进步……像可怕的异教神怪那样,只有用被杀害者的头颅做酒杯才能喝下甜美的酒浆"③。具体表现为伴随着生产力的发展,社会要经受严重的贫富分化、周期性爆发的经济危机和自然资源的濒临枯竭等负面效应。马克思指出,"使人民群众得到解放"并且"根本改善他们的社会状况,""这两者不仅仅决定于生产力的发展,而且还决定于生产力是否归人民所有。"④ 在马克思看来,市场经济的资产阶级形式表现出野蛮效应的根源正是在于资本主义私有制所导致的"生产力的发展"不能归人民所有。

因而,探究社会主义和市场经济相结合的机理要解决的核心问题是,如何实现以市场迫切性促进"生产力的发展"与使市场经济中的资本"服从和服务于人民和国家利益"⑤ 相统一。对此,中国式现代化在这一问题上取得了举世瞩目的成就,而解决问题的关键在于中国共产党通过对生产关系的调整扬弃了利用资本的市场经济的"狭隘的资产阶级形式",创造性地构建了"许多资本彼此间的相互作用"⑥ 的社会主义形式,并通过更好地发挥政府作用使资本在社会主义市场经济和资本主义市场经济中呈现出共性和差异来。

从市场功能转变的机理来看,资本在资本主义市场经济中必然造成巨大社会危害的根源就在于市场经济的"狭隘的资产阶级形式"不具备能够为驾驭资本的社会关系基础。因而,社会主义利用资本的核心问题就在

① 《马克思恩格斯文集》第5卷,人民出版社2009年版,第9页。
② 《马克思恩格斯文集》第8卷,人民出版社2009年版,第90页。
③ 《马克思恩格斯文集》第2卷,人民出版社2009年版,第691页。
④ 《马克思恩格斯文集》第2卷,人民出版社2009年版,第689页。
⑤ 《习近平谈治国理政》第四卷,外文出版社2022年版,第219页。
⑥ 《马克思恩格斯文集》第8卷,人民出版社2009年版,第95页。

于如何构建超越以私有制为基础的"许多资本彼此间的相互作用"的市场经济体制，这里的关键就在于中国共产党制定的社会主义基本经济制度，使得"许多资本彼此间的相互作用"的社会主义形式成为可能。

正如马克思指出的那样，"资本是而且只能是作为许多资本而存在，因而它的自我规定表现为许多资本彼此间的相互作用"①。也就是说，要使资本发挥促进"生产力的发展"的"伟大的文明作用"，就要遵循资本"社会力量"的作用机制。我国在计划经济时期，也存在市场，但这一时期的市场只是具备交换使用价值的机会性功能，并不具有迫切性功能。党的十一届三中全会以来逐步确立了"公有制为主体、多种所有制经济共同发展，按劳分配为主体、多种分配方式并存，社会主义市场经济体制等社会主义基本经济制度"②。这一基本经济制度通过允许多种所有制经济发展，构成了生产资料属于不同的所有者这一"许多资本"在市场迫切性下的"相互作用"机制，使得建立在公有制为主体的生产关系上的市场生成了迫切性功能，在生产力需要"外部的刺激性"的时期以对生产力的控制去促进生产力的发展。改革开放以来，我国的资本以国有资本、集体资本、民营资本、外国资本、混合资本等多种形态存在，构成了在"许多资本彼此间的相互作用"中实现"生产力的发展"的社会主义形式。这一形式使得资本"社会力量"得以作用，展现出资本在社会主义市场经济与资本主义市场经济中的共性，并构成了通常所说的市场经济"活力"的来源。正如习近平总书记强调的那样，"我国改革开放 40 多年来，资本同土地、劳动力、技术、数据等生产要素共同为社会主义市场经济繁荣发展作出了贡献，各类资本的积极作用必须充分肯定"③。党的十八大以来，党坚持和完善社会主义基本经济制度，并将"两个毫不动摇"作为新时代坚持和发展中国特色社会主义的基本方略。可以说，我国能够打赢人类历史上规模最大的脱贫攻坚战，历史性地解决绝对贫困问题，全面进入小康社会，离不开各类资本实现的促进生产力发展的积极作用。

党的二十大报告中强调继续坚持两个"毫不动摇"，"构建高水平社

①　《马克思恩格斯文集》第 8 卷，人民出版社 2009 年版，第 95 页。
②　《习近平谈治国理政》第四卷，外文出版社 2022 年版，第 218 页。
③　《习近平谈治国理政》第四卷，外文出版社 2022 年版，第 218 页。

会主义市场经济体制"①。这就涉及如何使"许多资本彼此间的相互作用"的社会主义形式能够高质量发挥促进生产力发展作用的问题。其中的关键在于通过政府保障公平竞争机制的运行，"充分发挥市场在资源配置中的决定性作用"②。我国建设社会主义市场经济 40 多年，在取得了巨大成就的同时，仍存在因行政垄断、贸易壁垒、地区分割等现象破坏了市场竞争机制，使得市场迫切性难以充分发挥其在生产力发展中的经济强制力。因而，"更好发挥政府作用"③ 在这里就表现为，要破除行政垄断、所有制歧视、地方保护主义和各种市场壁垒，使竞争机制充分发挥作用。党的二十大报告中强调将"深化简政放权、放管结合、优化服务改革。构建全国统一大市场，深化要素市场化改革，建设高标准市场体系。完善产权保护、市场准入、公平竞争、社会信用等市场经济基础制度，优化营商环境等"作为构建高水平社会主义市场经济体制的重要内容④，构成了高质量发挥市场调配社会资源的"伟大的文明作用"的社会机理。

　　社会主义市场经济中各资本形式内部的生产关系并不相同，如何使不同性质的资本取得的生产力发展成果能够为"人民和国家的利益服务"，构成了社会主义驾驭资本的核心问题。从所有制性质来看，我国市场经济中的资本可以分为公有资本和私有资本。公有资本包括国有资本和集体资本以及混合所有制中国有和集体控股。除私有资本中的外国资本，我国的资本并非源于通过掠夺实现的私有制性质的变迁，而是来源于计划经济时期已积累下来的人民的财富经市场经济体制改革而来。这里需要指出的是，我国在市场经济改制初期并未将国有和集体企业称为资本，是源于长期以来社会中存在的将资本与资本主义私有制下相等同的流行观点，后者实际上是未能将资本与资本运行的社会关系基础相分离。公有资本内部并非剥削关系，通过对劳动者的剥削而实现资本增殖。相反，其之所以作为

---

　　① 习近平：《高举中国特色社会主义伟大旗帜　为全面建设社会主义现代化国家而团结奋斗——在中国共产党第二十次全国代表大会上的报告》，人民出版社 2022 年版，第 29 页。

　　② 习近平：《高举中国特色社会主义伟大旗帜　为全面建设社会主义现代化国家而团结奋斗——在中国共产党第二十次全国代表大会上的报告》，人民出版社 2022 年版，第 29 页。

　　③ 习近平：《高举中国特色社会主义伟大旗帜　为全面建设社会主义现代化国家而团结奋斗——在中国共产党第二十次全国代表大会上的报告》，人民出版社 2022 年版，第 29 页。

　　④ 习近平：《高举中国特色社会主义伟大旗帜　为全面建设社会主义现代化国家而团结奋斗——在中国共产党第二十次全国代表大会上的报告》，人民出版社 2022 年版，第 29 页。

资本存在，是指其在市场迫切性的作用下，通过在与其他资本的相互作用中实现生产要素的优化配置，劳动生产率的提高和社会再生产的加速循环，从而通过促进生产力的发展来实现人民财富的保值增值。私有资本的内部则是私有制基础上的雇佣关系，这一点与资本主义市场经济中的资本内部性质相一致，非公有制经济的存在调动了一切市场经济主体创造财富的积极性，推动了社会生产力的发展。

基于我国资本的不同性质，社会主义市场经济驾驭资本就涉及两个具体问题：一是如何使资本带来的财富增长"更多更公平惠及全体人民"，促进共同富裕；① 二是如何防止私有资本无序扩张，野蛮生长，主导市场经济偏离为人民和国家的利益服务的方向的风险，并构成了"更好发挥政府作用"的重要内容。对于第一个问题，"更好发挥政府作用"就表现为积极有为地通过"完善分配制度"促进共同富裕。党的二十大报告强调通过"构建初次分配、再分配、第三次分配协调配套的制度体系"，"提高居民收入在国民收入分配中的比重，提高劳动报酬在初次分配中的比重"；"完善按要素分配政策制度，探索多种渠道增加中低收入群众要素收入""加大税收、社会保障、转移支付等的调节力度"等完善按劳分配为主体、多种分配方式并存的分配制度，使资本促进的财富增长为促进共同富裕而服务。② 由此，社会主义市场经济可以避免市场经济在资本主义私有制基础上的自发作用机理——以贫富分化为代价才能实现生产力发展的社会再生产循环模式，进而可以避免资本主义社会再生产模式中"生产比市场扩大得快"而无法避免的周期性的经济危机。

对于第二个问题，以公有制为主体的社会主义基本经济制度能够为遏制私有资本的无序扩张、野蛮生产提供制度保障，因而社会主义市场经济中对资本的无序扩张、野蛮生长的风险防范主要集中在科技进步催生的新领域中。历史上在市场经济背景中生成的每一轮科技革命浪潮中，都会涌现出私有资本巨头，其实质是源自社会生产力在市场迫切性的外部刺激的作用下实现跨越性发展的同时，私有资本将生产力的发展成果据为己有而

①　习近平：《高举中国特色社会主义伟大旗帜　为全面建设社会主义现代化国家而团结奋斗——在中国共产党第二十次全国代表大会上的报告》，人民出版社 2022 年版，第 27 页。

②　习近平：《高举中国特色社会主义伟大旗帜　为全面建设社会主义现代化国家而团结奋斗——在中国共产党第二十次全国代表大会上的报告》，人民出版社 2022 年版，第 47 页。

为资本增殖服务的社会机理，由此产生了使生产力的发展成果与人民和国家的利益相背离的风险。例如，互联网科技的发展已经对社会现实生活的诸多领域产生了巨大的形塑作用，改变了人的存在方式乃至社会生产的组织形式，在其中催生的新生经济领域内就出现了私有资本在教育、医疗、金融等领域内无序扩张、野蛮生长造成经济社会危害的风险。

对此，主动防范化解风险就不仅要坚持公有资本在量上的主体地位，更要坚持公有资本在涉及国计民生的重要领域中的主体地位。在涉及建设"制造强国、质量强国、航天强国、交通强国、网络强国、数字中国"的领域①，通过"推动国有资本和国有企业做强做优做大，提升企业核心竞争力"②，有效遏制私有资本的无序扩张和野蛮生长，就构成了"毫不动摇巩固和发展公有制经济"的重要内容；同时，明确社会主义市场经济形式下私有资本可以和不可以进入的领域，塑造社会主义市场经济为人民和国家利益服务的大环境，依法规范和引导私有资本朝向能够"实现人民对美好生活的向往"的经济领域流动③，"加强反垄断和反不正当竞争"④，就构成了"毫不动摇鼓励、支持、引导非公有制经济发展"的重要内容。

由此，资本在社会主义和资本主义中的差异就表现为，"许多资本彼此间的相互作用"的社会主义形式，结合政府的更好作用，扬弃了资本在资本主义私有制基础上自发作用构成的社会机理，从而能够扬弃资本在市场经济的"狭隘的资产阶级形式"中要以贫富分化、经济危机和生态危机为代价才能实现生产力的发展的"狭隘"之处，而使资本"始终服从和服务于人民和国家利益，为全面建设社会主义现代化国家、实现中华民族伟大复兴贡献力量"⑤。可以说，社会主义市场经济是中国共产党自

---

① 习近平：《高举中国特色社会主义伟大旗帜　为全面建设社会主义现代化国家而团结奋斗——在中国共产党第二十次全国代表大会上的报告》，人民出版社 2022 年版，第 30 页。

② 习近平：《高举中国特色社会主义伟大旗帜　为全面建设社会主义现代化国家而团结奋斗——在中国共产党第二十次全国代表大会上的报告》，人民出版社 2022 年版，第 29 页。

③ 习近平：《高举中国特色社会主义伟大旗帜　为全面建设社会主义现代化国家而团结奋斗——在中国共产党第二十次全国代表大会上的报告》，人民出版社 2022 年版，第 22 页。

④ 习近平：《高举中国特色社会主义伟大旗帜　为全面建设社会主义现代化国家而团结奋斗——在中国共产党第二十次全国代表大会上的报告》，人民出版社 2022 年版，第 30 页。

⑤ 《习近平谈治国理政》第四卷，外文出版社 2022 年版，第 219 页。

党把握历史主动性，创造出了人类文明的新形态的伟大创举，这离不开马克思主义科学理论的指导，正如党的二十大报告指出的那样，"拥有马克思主义科学理论指导是我们党坚定信仰信念、把握历史主动的根本所在"①。

毋宁说，今天人类社会仍处于马克思所说的资本表现为"生产力发展的条件"的历史阶段。资本与资本主义私有制相结合的市场经济的"狭隘的资产阶级形式"造成了人受生产过程的统治的历史状况，伴随生产力发展的是不可缓解、日益加剧的贫富分化、经济危机和生态危机。建立在对马克思政治经济学基础上的社会主义市场经济则能够超越资本主义市场经济这一市场经济的"自发"形态的"狭隘"之处，利用资本实现"生产力的发展"与"生产力归人民所有"相统一，其对人类文明新形态的创造，使马克思在晚年时设想的利用资本主义的文明成果，但不通过"资本主义制度的卡夫丁峡谷"而通向人类解放的可能路径变成了现实，并由此展现出中国式现代化的世界历史意义。

---

　　① 习近平：《高举中国特色社会主义伟大旗帜　为全面建设社会主义现代化国家而团结奋斗——在中国共产党第二十次全国代表大会上的报告》，人民出版社 2022 年版，第 16 页。

主要参考文献

一　专著

（一）马克思主义经典著作

《马克思恩格斯选集》第1—4卷，人民出版社2012年版。

《马克思恩格斯文集》第1—10卷，人民出版社2009年版。

《马克思恩格斯全集》第3卷，人民出版社2002年版。

《马克思恩格斯全集》第30卷，人民出版社1995年版。

《马克思恩格斯全集》第31卷，人民出版社1998年版。

《马克思恩格斯全集》第34卷，人民出版社2008年版。

《马克思恩格斯全集》第35卷，人民出版社2013年版。

《马克思恩格斯论中国》，人民出版社2018年版。

《列宁选集》第1—4卷，人民出版社2012年版。

《毛泽东选集》第1—4卷，人民出版社1991年版。

《习近平谈治国理政》第四卷，外文出版社2022年版。

习近平：《高举中国特色社会主义伟大旗帜　为全面建设社会主义现代化国家而团结奋斗——在中国共产党第二十次全国代表大会上的报告》，人民出版社2022年版。

（二）中文专著

高超：《现代唯物主义：不再是哲学而只是世界观》，中国社会科学出版社2020年版。

高清海：《高清海哲学文存》，吉林人民出版社1997年版。

胡绳：《从鸦片战争到五四运动》，长江文艺出版社2019年版。

黎世红等：《马克思东方社会理论与中国发展道路》，人民出版社2019年版。

李怀印：《现代中国的形成：1600—1949》，广西师范大学出版社 2022
　　年版。

刘雄伟：《历史的客观性研究》，中国社会科学出版社 2016 年版。

宋友文：《马克思主义世界观的当代阐释》，人民出版社 2020 年版。

孙利天：《论辩证法的思维方式》，吉林人民出版社 2006 年版。

孙正聿：《辩证法研究》，北京师范大学出版社 2020 年版。

孙正聿：《马克思主义辩证法研究》，北京师范大学出版社 2012 年版。

孙正聿：《思想中的时代：当代哲学的理论自觉》，北京师范大学出版社
　　2013 年版。

孙正聿：《哲学：思想的前提批判》，中国社会科学出版社 2016 年版。

孙正聿：《哲学通论》，复旦大学出版社 2013 年版。

王海锋：《历史唯物主义世界观的当代阐释》，中国社会科学出版社 2016
　　年版。

王立胜：《中国式现代化道路与人类文明新形态》，江西高校出版社 2022
　　年版。

王庆丰：《辩证法的观念》，吉林大学出版社 2020 年版。

吴晓明：《思入时代的深处：马克思哲学与当代世界》，北京师范大学出
　　版社 2006 年版。

杨耕：《重建中的反思：重新理解历史唯物主义》，北京师范大学出版社
　　2017 年版。

张定鑫：《马克思新世界观阐释形式重构》，中国社会科学出版社 2015
　　年版。

张一兵：《回到马克思——经济学语境中的哲学话语》，江苏人民出版社
　　2009 年版。

　　（三）中文译著

［波兰］莱泽克·科拉科夫斯基：《马克思主义的主要流派》第一卷，唐
　　少杰等译，黑龙江大学出版社 2015 年版。

［德邦德国］A. 施密特：《马克思的自然概念》，欧力同、吴仲昉译，商
　　务印书馆 1988 年版。

［德］费彻尔：《马克思与马克思主义：从经济学批判到世界观》，赵玉兰
　　译，北京师范大学出版社 2009 年版。

［德］黑格尔：《精神现象学》上卷，贺麟、王玖兴译，商务印书馆1962年版。

［德］黑格尔：《小逻辑》，贺麟译，商务印书馆1980年版。

［德］费尔巴哈：《未来哲学原理》，洪谦译，商务印书馆2022年版。

［德］鲁道夫·希法亭：《金融资本——资本主义最新发展的研究》，福民等译，商务印书馆1994年版。

［德］于尔根·奥斯特哈默：《中国革命：1925年5月30日，上海》，强朝晖译，社会科学文献出版社2017年版。

［法］路易·阿尔都塞、艾蒂安·巴里巴尔：《读〈资本论〉》，李其庆、冯文光译，中央编译出版社2017年版。

［加］埃伦·米克辛斯·伍德：《资本主义的起源：学术史视域下的长篇综述》，夏璐译，中国人民大学出版社2016年版。

［加］罗伯特·阿尔布瑞顿：《政治经济学中的辩证法与解构》，李彬彬译，北京师范大学出版社2018年版。

［美］伯特尔·奥尔曼：《辩证法的舞蹈——马克思方法的步骤》，田世锭、何霜梅译，高等教育出版社2006年版。

［美］大卫·哈维：《跟大卫·哈维读〈资本论〉》，刘英译，上海译文出版社2014年版。

［美］乔治·麦卡锡：《马克思与古人——古典伦理学、社会正义和19世纪政治经济学》，王文扬译，华东师范大学出版社2011年版。

［美］石约翰：《中国革命的历史透视》，王国良译，中国人民大学出版社2011年版。

［美］威廉姆·肖：《马克思的历史理论》，阮仁慧、钟石韦、冯瑞荃译，重庆出版社1989年版。

［日］柄谷行人：《跨越性批判——康德与马克思》，赵京华译，中央编译出版社2010年版。

［日］广松涉：《马克思主义的哲学》，邓习议译，张一兵审订，南京大学出版社2019年版。

［日］广松涉：《资本论的哲学》，邓习议译，张一兵审订，南京大学出版社2013年版。

［匈］卢卡奇：《历史与阶级意识——关于马克思主义辩证法的研究》，杜

章智、任立、燕宏远译,商务印书馆 1999 年版。

[意] 马赛罗·穆斯托:《马克思的晚年岁月》,刘同舫、谢静译,人民出版社 2022 年版。

[英] S. H. 里格比:《马克思主义与历史学:一种批判性的研究》,吴英译,译林出版社 2019 年版。

[英] 戴维·麦克莱伦:《马克思以后的马克思主义》,李智译,中国人民大学出版社 2016 年版。

[英] 克里斯多夫·约翰·阿瑟:《新辩证法与马克思的〈资本论〉》,高飞等译,北京师范大学出版社 2018 年版。

[英] 乔治·拉雷恩:《马克思主义与意识形态:马克思主义意识形态论研究》,张秀琴译,北京师范大学出版社 2013 年版。

[英] 肖恩·塞耶斯:《马克思与异化:关于黑格尔主题的论述》,程瑶译,中国人民大学出版社 2020 年版。

二 期刊

白刚:《"抽象力":〈资本论〉的认识论》,《哲学研究》2020 年第 3 期。

高清海、孙利天:《马克思的哲学观变革及其当代意义》,《天津社会科学》2001 年第 5 期。

韩喜平、杨春晖:《构建新发展格局中的资本健康发展》,《社会科学战线》2022 年第 10 期。

贺来:《辩证法与本体论的双重转换——马克思辩证法理论的本体论变革意蕴》,《哲学研究》2020 年第 7 期。

刘凤义:《论社会主义市场经济中资本的特性和行为规律》,《马克思主义研究》2022 年第 9 期。

孟捷、赵磊:《生产力一元决定论的超越与辩护——关于〈历史唯物主义与马克思主义经济学〉的对话》,《天府新论》2017 年第 4 期。

邱海平:《关于社会主义利用资本的几个理论问题》,《经济学动态》2022 年第 7 期。

孙正聿:《从大历史观看中国式现代化》,《哲学研究》2022 年第 1 期。

孙正聿:《从实践的观点看——当代中国马克思主义哲学研究的范式转换》,《社会科学战线》2015 年第 11 期。

孙正聿:《历史的唯物主义与马克思主义的新世界观》,《哲学研究》2007年第 3 期。

孙正聿:《历史唯物主义的真实意义》,《哲学研究》2007 年第 9 期。

孙正聿:《历史唯物主义与哲学基本问题——论马克思主义的世界观》,《哲学研究》2010 年第 5 期。

唐正东:《历史规律的辩证性质——马克思文本的呈现方式》,《中国社会科学》2021 年第 10 期。

吴宏政:《21 世纪马克思主义世界历史观的叙事主题》,《中国社会科学》2021 年第 5 期。

吴宏政:《"人类文明新形态"的世界历史贡献》,《马克思主义研究》2022 年第 3 期。

吴宏政:《马克思"历史哲学"的澄明及时代定向》,《哲学研究》2023年第 2 期。

杨耕:《论辩证唯物主义、历史唯物主义、实践唯物主义的内涵——基于概念史的考察与审视》,《南京大学学报》(哲学·人文科学·社会科学) 2016 年第 2 期。

张一兵:《马克思:资本是一种社会生产关系——〈雇佣劳动与资本〉研究》,《东岳论丛》2022 年第 7 期。

后　　记

　　从我 2013 年博士毕业后留在吉林大学马克思主义学院讲授全校本科生公共课"马克思主义基本原理",至今已 10 年。在此期间,我在重新阅读马克思恩格斯的主要著作的过程中,越发感到对于马克思主义的整体性的理解还有很多深入探讨的空间,形成了一点初步的想法以《"三大批判"与科学社会主义》的论文形式发表在 2015 年的《科学社会主义》杂志上,后来基于这篇论文不断扩展形成的一些思考获得了教育部人文社会科学研究青年基金项目、吉林大学重点基地项目的支持,遂成此书。

　　本书的出版还得到了吉林大学马克思主义学院的资助,感谢学院以及吴宏政院长的大力支持。此外,感谢出版本书的中国社会科学出版社,特别感谢编辑此书的郝玉明老师。

孙　慧

2023 年 5 月 30 日

长春 吉林大学